马云

路有多远就能走多远

LUYOUDUOYUAN JIUNENG ZOUDUOYUAN

严岐成◎著

中国财政经济出版社

图书在版编目（CIP）数据

马云：路有多远就能走多远 / 严岐成著. —北京：中国财政经济出版社，2014. 4

ISBN 978－7－5095－5161－5

Ⅰ. ①马…　Ⅱ. ①严…　Ⅲ. ①马云—生平事迹　Ⅳ. ①K825. 38

中国版本图书馆 CIP 数据核字（2014）第 044209 号

责任编辑：潘　飞　　　文字编辑：魏　超

责任校对：新　言　　　装帧设计：张子航

中国财政经济出版社 出版

URL：http//www.cfeph.cn

E-mail：cfeph@cfeph.cn

社址：北京市海淀区阜成路甲 28 号　邮政编码：100142

营销中心电话：010－88190406　北京财经书店电话：010－64033436

河北飞鸿印刷有限责任公司　各地新华书店经销

710×1000 毫米　16 开　18. 25 印张　202 千字

2019 年 5 月第 2 版　2019 年 5 月第 1 次印刷

定价：48. 00 元

ISBN 978－7－5095－5161－5/K · 0022

（图书出现印装问题，本社负责调换）

本社质量投诉电话：010－88190744

反盗版举报热线：88190492　88190446

前言

西方治理，东方智慧，教堂集市，终成太极。

——马云

20世纪中后期人类社会发生了一件大事，那就是互联网的诞生。它一出现在人世间，就以几何速度疯狂滋长。今天，它已经是一棵参天大树，其树荫足以遮蔽整个地球。

现在，我们再去回顾这棵参天大树的成长历程，会惊讶地发现：它不仅改变了人们的生活，同时，还给我们带来那么多的机遇！有人抓住了这机遇，于是，他就和这棵参天大树一同生长。今天，他已经是这棵参天大树上结出的一个丰硕的果实。当你仰视这颗果实的时候，可曾想到缔造这颗果实的人呢？

智慧！勇气！胆识！谋略！也许，他一样都不缺；也许，他一样都不具备。然而，这只是也许！江湖之远，他一路走来，凭的是什么？

一个有理想的人和一个有理想的企业，都有一个不屈的灵魂！

美好的理想，很多人都有；不屈的灵魂，则并非人人具备。少有的往往是珍稀的，珍稀的恰恰是最贵重的。

人生路上没有捷径，更没有坦途。百折不挠、坚韧不屈，也许，这就是最可贵的品质，最珍贵的财富。也许，这就是那棵参天大树上丰硕果实的由来。

阿里巴巴，源于一个财富的神话。阿里巴巴，打造了神话的现实版，创造了真实的财富，成为一个耸立于西湖之滨的商业和财富王国。至今，已经有来自240个国家和地区超过4500万的注册用户驻扎于此，它还拥有25家子公司，在世界各地设立了50多个办事处，拥有20000多名雇员。阿里巴巴两次被美国权威财经杂志《福布斯》评选为全球最佳B2B站点之一，多次被相关机构评为全球最受欢迎的B2B网站、中国商务类优秀网站、中国百家优秀网站、中国最佳贸易网。从阿里巴巴成立至今，来自全球十几种语言的400多家著名新闻传媒对其的追踪报道从未间断，媒体们称阿里巴巴是“真正的世界级品牌”。

2013年，国际投行将阿里巴巴的市值评估为700亿美元至800亿美元。

这就是阿里巴巴！

而一手缔造阿里巴巴的马云呢？他是中国大陆第一位登上国际权威财经杂志《福布斯》封面的企业家，并于2002年5月成为日本最大的财经刊物《日经》杂志的封面人物。《日经》杂志高度评价阿里巴巴在中日贸易领域所作出的贡献：“阿里巴巴已达到收支平衡，成为整个互联网世界的骄傲。自中国加入WTO

以来，日本市场逐渐复苏，大量的日本企业将目光投向阿里巴巴，并对它寄予了浓厚的兴趣和希望。”

2001 年，马去被美国亚洲商业协会评选为 2001 年度“商业领袖”。

2004 年 12 月，马云荣获十大年度经济人物奖。

2006 年至今，马云担任央视二套《赢在中国》栏目的评委，被公认为是最有特色、最具影响力的评委。他还通过雅虎中国和阿里巴巴与《赢在中国》官方网站的合作，为千百万创业者提供了平台。

2008 年 3 月，马云获选巴隆金融周刊 2008 年度全球 30 位最佳运行长。

2008 年 9 月，马云获选美国《商业周刊》评出的 25 位互联网业最具影响力的人物。他也是唯一上榜的中国企业家。

2013 年 1 月 15 日，马云向员工发出信件，宣布于 2013 年 5 月 10 日起不再担任阿里巴巴集团 CEO 一职，将全力以赴做好阿里巴巴集团董事局主席全职工作，在未来主要负责战略决策，协助 CEO 做好组织文化和人才的培养，以及阿里公益事业的开展工作。马云同时表示，2013 年阿里绝大多数生于 20 世纪 60 年代的领导将会退出管理执行角色，把领导责任交给“70 后”、“80 后”年代的同事们。

这就是马云。

互联网时代也是信息时代，当这个时代如风而至的时候，有几人能抓住它的脉搏？有人被称为“时代宠儿”，其原因就是他与这个时代紧紧相连。也许，马云说的有几分道理：“我并没有什么过人之处，我要感谢这个时代，是时代造就了我。”

是的，没有互联网哪儿有阿里巴巴？没有时代哪儿有马云？

从1999年，马云和他的十八罗汉在西湖之滨如故事里的阿里一样，大喊“芝麻开门”，到2013年5月10日，马云将拥有无限真金白银的阿里巴巴交给继任人，时间无非是弹指一挥！可这弹指一挥的十余年所包含的都是什么呢？除了表面上的掌声和鲜花外，更有背后的风雨和尘埃。也许，马云说的“阿里巴巴的一千零一个错误”更具有人生真谛，更具有哲学达观。

现在，就让我们像当年的阿里一样走进时光隧道，探寻这无限真金白银的开发之钥吧！

目录

1
父　亲

西湖边的少年

位于杭州的西子湖，因其美丽的风姿而闻名中外！

慕名而来的英国人琼斯站在金山宾馆门前，他眼前的世界似云似雾又似烟。苍茫中，明镜般的湖水，苍翠的小岛，将五颜六色的湖边亭阁、堤岸垂柳全笼罩在一片烟云之中。这里没有明显的色彩反差，没有鬼斧神工惊心骇世之作，有的是能工巧匠、妙手丹青、精心刻意而又沁人心脾的灵性。特别是一叶小舟突然荡开湖水，撑船人斗笠雨衫，手中竹篙掠起片片涟漪，那种人在画图中的美感让琼斯突然悟到：这里就是中国人常说的，烟雨江南。

目睹如此，琼斯立刻有了一种不虚此行之感！

“哈罗！”突然传来一声稚嫩而清晰的英语问候。

什么人在说英语？伫立于金山宾馆台阶下的琼斯向声音传来的方向看去，他的视野中出现了一个大男孩。那男孩上身一件挽着袖子的白衬衫，下身穿一条挽着裤腿的黑裤子，脚下穿一双塑料凉鞋。此刻，他跨在一辆单车上，一条腿支在地上，另一条腿还搭在车上，满脸含笑。刚才就是他，用英语向琼斯问候。

琼斯略感惊讶，毕竟这是在中国，一个素未平生的中国男孩如此热情地向他问候令他颇为感动。于是，琼斯手一扬用英语回答：“啊，你好，阳光的中国男孩！”

尽管没有阳光，甚至天空还有一点淅淅沥沥的雨滴，但琼斯认为他是一个阳光大男孩，究其原因，当然是他脸上所展现出来的阳光般的笑容很美好。

那男孩脑袋奇大，身材不高而且瘦弱。可他的笑容非常动人，瞳仁闪亮，牙齿洁白，似乎每一条笑纹肌都有阳光闪烁。

“喜欢西湖吗？我可以免费做你的导游，虽然不够专业，但绝对可以让你对西湖的认识提高一个层次。”

阳光男孩口齿伶俐，语言清晰，所用英语尽管有点蹩脚但琼斯能够听得懂。琼斯笑了，感到非常开心，他是一个基督教徒，初来这个神秘的国度就遇到了如此热情的阳光男孩，他认为是好兆头。因此，他向男孩点点头。

那个阳光男孩笑得更加灿烂，他拍拍自行车后座，意思是让他坐在那儿。琼斯更开心，这是一个他无论如何也想不到的建议。在世界的东方，在闻名中外的杭州西湖，坐在自行车的后座上观光，享受美丽的景色，让他觉得这本身就带有东方传奇色彩。

琼斯灵活地一跳，高大的身躯就落在了男孩的后座上。

阳光男孩脸上现出坚毅，他躬腰塌背，几乎费尽全力蹬着自行车将琼斯带进了西湖的怡人景色之中。

三潭印月、花港观鱼、平湖秋月、柳浪闻莺、苏堤春晓，西湖十景，阳光男孩娓娓道来，如数家珍。他喘着粗气，用那略显蹩脚的英语不停地向琼斯介绍。琼斯不忍，跳下自行车自己来骑，他让阳光男孩坐到车尾，自己当起了车夫。琼斯一面蹬车，一面听男孩的介绍，并反复地询问每一个景色的特点，以及背后的人文传说。这两个特殊的游客凑到一起，发生了特殊的“化学反应”。琼斯深入地了解了美丽的西湖和东方人的审美观，迷恋上了这人间美景。男孩则在与琼斯的交流中更加注意自己的英语发音，并向琼斯请教，努力让自己的英语更加流利，表达更加准确。

他们的交往是愉快的，深深地刻在了琼斯的记忆之中。

多少年后，琼斯无意间看到了一本杂志，那杂志封面上一个人物肖像让琼斯大吃一惊。他在记忆中搜索，搜索那闪光的碎片。当这些碎片集中起来时，他发现：原来，那个人就是当年的阳光大男孩。他那硕大的脑袋、明亮的眸子、灿烂的笑容带着无限魅力，让琼斯在以后岁月里尽管游历了世界不少的名山大川，仍然难以忘怀西子湖畔的一番巧遇。因此，他立刻将杂志挪到眼前，仔细地看那个肖像的名字：不错，马云！当年那个阳光男孩和他分手之际，留下的名字就是马云。琼斯再瞧了一下杂志：不错，美国权威财经杂志《福布斯》。

天哪！岁月如此神奇，昔日偶遇的一个中国少年，竟成了美国权威财经杂志的封面人物。这是巨大的荣誉，这荣誉的背后是怎样的成功？那时，酷爱旅游的琼斯正在埃及，他的一侧是尼罗河的汩汩长流，他的前面是巨大巍峨的金字塔。阳光下，历经沧海的狮身人面像毫无表情地凝视着他。这极其自然地让他想起阿里巴巴，想起这则流传千古的阿拉伯故事。当“芝麻开门”时，呈现于阿里眼前的是无数的珍珠财宝。

财富是全世界每一个人所追求的目标！

再看一眼杂志，这个马云已经是中国阿里巴巴集团董事会主席兼首席执行官。

他两个大手对敲了一下，脑海中不禁浮现出他们分手时的情景。

夕阳西下，西湖已经脱去了那如烟如雾的面纱。火红的夕阳染红了一湖碧波，两个人已经疲惫。远处又来了一辆自行车，上面一人叫道：“小云，行了，该回家吃饭了。”

那是一个中年男人，身材不高，眉眼之间和身后的大男孩很相似。琼斯立刻悟到，这是男孩的父亲。这种语气，也是他来到世界的东方之后观察到的父子之间所特有的。果然，大男孩开口叫道：“爸爸！”

那一刻，琼斯凭借他的敏感意识到，男孩的父亲是支持他到西湖来的，这也是他做免费导游的动力之一。因为，男孩已经告诉他，自己的目的就是接触外国游客，交流语言，进而提高自己的英语水平。

琼斯的敏感是对的！

马云的父亲是一位著名的曲艺演员，也是曲艺协会的负责人。有了这层关系，他经常领马云去看戏。马云对戏曲的理解不深，却对中国戏曲所表现的行侠仗义的精神和闪转腾挪的武功有浓厚的兴趣。他不学“旦”不学“生”，却愿意习武练拳，最好技击搏斗。别看他身材不高，体质瘦弱，可一点儿也不影响他“该出手时就出手”。因此，除了人缘极好之外，他经常挂花带伤，最严重的一次，在医院里让外科大夫给缝了13针。

由于对武学的迷恋，他十分欣赏金庸的作品，这种欣赏甚至影响了他以后的所作所为。后来，他建成的阿里巴巴集团新址，很多场所都用金庸小说中的地名来命名。比如：会议室叫“桃花岛”、“光明顶”，图书馆叫“枫林晚”。包括他后来召开的“西湖论剑”，都是源于马云对武学的热爱。

热衷武学，酷爱英语，这正是马云少年时代的两大特点。

看到此，母亲有话：“儿子天生不按常理出牌，说教恐怕已无用处。”

父亲说道：“那我就当一把小铁锹，一天一小铲，尽量挖出他的闪光点，再用闪光点去填埋他的劣根吧！”

父亲这把铁锹第一铲就是发掘他的英语潜质。其实说起来，这也是一桩意外。少年的马云最不缺少的大概就是叛逆精神，老爸的管理经常会遇到他的抵抗。他的抵抗很有特点，老爸教训他，他就用英语来回击。父子二人的争吵变得很有情趣，老爸是杭州普通话，而马云是半熟不通的外国英语。但老爸并没有对马云的目无尊长大发雷霆，反而从中发现了马云在英语上的天赋和兴趣。他认为，天赋和兴趣对于一个孩子至关重要，于是，只要有时间，他都会带儿子到西湖边去找老外，并鼓励他，帮助他，在他遇到困难时则会做他的参谋为他出谋划策，尽力地去发掘他的这项潜能。

在别人的眼里，西湖可能是赚钱的地方，可能是游玩的地方，也可能是谈情说爱之处。那荡漾的湖水、飞飘的垂柳，满足如织的各种各样的游人各种各样的欲望。可对于马云来讲，这就是他学习英语、实习英语的大课堂，而琼斯仅仅是他接触的无数老外之一，有的老外甚至成了他的朋友，在以后的日子里还经常联系。

在那段时间里，为了提高英语对话水平，马云有时在父亲的带领下，有时自己骑上一辆破自行车，穿行于西湖之畔，往来于外国友人之间。这种接触除了可以使他提高英语之外，也开拓了一个少年的视野。西方的文化，外国人的观念，以及他们对于自己乃至这个开放中的国家的印象和感觉，都给了少年马云以思想深处的冲击。也许，从那一刻起，他的心中就有了一个志向：冲向世界！当然，我们并不懂什么读心术，无从窥探马云当时的心理动态，但当阿里巴巴被传媒界誉为“真正的世界级品牌”时，再重新审视那个骑着破自行车的西湖少年，我们完全有理由认为他当时就有这个理想。

无疑，少年马云在英语方面的学习上是成功的。他的第一次高考，英语成绩年级第一，可数学成绩却是全年级倒数第一。这两个“第一”平均下来，结果是残酷的，他名落孙山，无缘大学。这个打击是巨大的，马云很难想象在知识飞速更新的当代，不接受大学教育，他以后如何在人生路上打拼。结论很快就来了，可是比高考成绩更残酷。

高中毕业，大学无缘，马云成了待业青年。他的面前没有“芝麻开门”，阿里的幸运也与他无缘，他只是马云。如织人流中他在蹒跚，在犹豫，他不知道路在何方。

有一天，他的表弟来找他。表弟人高马大，他说："哥，有个地方招保安，我看你武功不错，咱们去试试?"

马云看他一眼，见表弟的眼睛里全是希冀的光芒。"保安?那种戴着大盖帽，站在小区或某个公司门前的?"马云摇摇头，他的理想不是如此!

表弟开口了："哥，谁干什么也不是一辈子。我们暂时都没有事，当个保安也是一种历练。历练一下自己，学习一下别人是怎么工作的，捎带还有工资可开，有什么不好？那不比你干待在家里强吗？怎么，你天天在家里待着，到大街上去溜达，就会有什么前途、什么事业吗?"

表弟的话近乎尖刻了，大有批评之意。马云被表弟说动了，穿上衣服果断地说："走!"

到了应聘的地方，让马云吃了一惊，他看不起的保安工作，报名的也是一大堆。看来在人满为患的中国，找个工作并不容易。他们两个报上了名，简单地做了一下笔试，又接受了面试。结果公布后，表弟是榜上有名，可马云反复地看了好几遍，却找不到自己的名字。

"怎么搞的?"马云感觉笔试不错啊！尽管高考无名，一个小小的保安笔试他还是答得蛮好的。再看，表弟榜上有名！这让马云更感不爽。从小到大，都是他罩着表弟，弄了半天，表弟竟然当上了保安，他却无缘。

表弟进了保安队，第一件事就是打听一下表哥为什么没有被录取。上面告诉他：很简单，马云的个头太矮。表弟惊讶了，他争辩：你们不知道吧？他的武功好得很！上面笑了，保安的工作不是打架，需要形象！

表弟跑来把这个消息告诉马云，几乎在刹那间击溃了他的信心。马云抱着脑袋，连续数天闷闷不乐。你想啊！这身材可是先天的，个头不高是没有办法改变的。既然不能改变，连个保安都当不上，那还能干什么呢？

不知道这是不是最后的结论，可马云在这沉重的打击下难免灰心丧气。在那一个时段里，马云不知路在何方，整天闷闷不乐，几乎丧失了信心。彷徨、迷惘，让这个大脑袋的少年几乎迷失。多少年之后，马云自己也承认，那一时段连续的打击让他的信心全无，甚至连他自己也认为已经崩溃。

失去了信心是最可怕的，因为没有信心就谈不上奋斗，没有奋斗如何会有前程？少年马云处于极度的苦闷之中。

西湖遥不可及，他也再不蹬自行车去做什么免费导游了。

这一切，父亲都看在眼里，他也着急！

三轮车

夜晚，一灯如豆。杭州的夏夜闷热得很，父亲的额角闪着亮晶晶的汗珠。他摇着一个大蒲扇，目光投向马云。马云坐在床角，一语不发。

“小云，郁闷了吧？保安当不上我们就不当。天下有的是路，条条大道通罗马，我已经和几个杂志社说好了，明天你给他们送杂志，如何？”父亲说。

“真的？”马云眼睛亮了。

“没有假，就是辛苦，蹬着三轮一天得跑几十里路。你要想好了，要是怕辛苦你就趁早别去。”父亲站了起来。

马云也站起来，他弯了一下胳膊说道：“不怕，力气还有用完的？我年轻，不怕辛苦，不就是蹬三轮吗？比自行车多一个轮子而已。原来我骑自行车的时候，一天也得几十里。”

“好，明天我领你去报到。”父亲拍了拍他的肩膀，还特意地压了压。

时过数年，马云仍然能感受到父亲拍在他肩膀上的力道，仍然能记得那份压力。

第二天，西湖少年成了一个蹬三轮的青年。

三轮车不新，轮胎有无数的芝麻纹，钢丝条上锈迹斑斑，车座上的皮套已经龟裂。马云已经长高了，骑在这个三轮车上踩动轮盘，三轮车会传出一种奇怪的声响。马云明白，这三轮车老了，车老了和人老了没什么区别，难负重荷。可是，这个平板三轮上全是杂志，杂志的重量不会轻，何况是满载。

杭州的夏天是很热的，太阳晒得柏油路如海绵一样柔软。没有风，西湖边上的垂柳也一动不动，只有不停的蝉鸣让人心躁。马云踩动三轮车，在火辣辣的太阳下，冲进了滚滚车流。

有语云：天下熙熙，皆为利来；天下攘攘，皆为利往。杭州城里的人熙熙攘攘，谁会去注意一个三轮车夫呢？可别人不注意，有一个人必须注意，那就是马云的父亲，浙江省里著名的曲艺演员——马来法。

马来法青年时喜欢摄影，是一个很不错的摄影师。虽然后来成为曲艺演员，但他仍然认为曲艺表演是业余的，而摄影才是他的主业。再后来，他成为浙江省曲艺家协会主席，并且编撰了《中国曲艺志·浙江卷》《中国曲艺音乐集成·浙江卷》，是在表演和创作上都颇有造诣的一位曲艺界前辈。

前面说过，马来法曾经管教马云，马云不服竟然用英语和老爷子争吵。没想到，他开颜大笑。因为，他发现了马云身上值得发掘的英语潜质。于是，他亲自踩动自行车，驮起马云到西湖边上去找外国人，去和他们交流，学习地道的英语。如果说，马云的英语成为他日后安身立命的本钱，成为他向未来和世界进军的本钱，那么，老爸的慧眼独具，的确是造就他这一优势的重要因素。

这一次，在马云最落寞的时候，他又凭借老关系，在《山海经》《东海》《江南》三个杂志社给马云找了这么一个活计。

每天看马云汗流浃背地回到家里，那件小背心惨不忍睹，挺大的脑袋和脸盘全是疲惫，裸露的肩头被太阳的光线射破了皮，老爷子心中阵阵发疼。

“马云，怎么样？”老爷子发问。

“还行，挺好的。”马云回答。

马云这句话绝不是应景而答，实在是他的心里话。大学考不上，保安又落选，他的信心已经受到了严重的挫伤。蹬起三轮，虽然是累一点，苦一点，但收入还是可观的。融进车流里，他走的是非机动车道，身边就是飞速前行的小型汽车。那个时候，轿车还很少进入中国家庭。这些小型汽车大多是公家的，里面坐的也太多是公家的人。滚滚车流中，有轿车有吉普，也有半截卡车，偶尔还会有小型拖拉机。当然，马云的身边有自行车和其他三轮车，再向外一点是人行道，步行者也比比皆是。当大家向同一方向前行的时候，那些坐轿车吉普的自然要快一些，要舒服一些，可所有的人都是在向一个方向前行，在这前行大潮中每个人都有自己的位置。马云突然悟到：人生就是如此，总有人坐车，有人蹬车，而有人步行；也许，这就是命运，安于命运兴许是最好的选择。因此，当老爸问他时，他会回答：还行！

那时，他真有一个想法：或许蹬着三轮，给杂志社送杂志，就是我马云的位置。高考？他已经不想了。

听了他的话，老爸无言以对。到了晚间，老爸坐到他的床边，抚着他的肩头说道："你每天蹬车几十公里，多么辛苦。既然你能忍受如此辛苦，为什么不能付出努力去考大学呢？难道读书学习，比你蹬车走几十里还累吗？"

老爸的声音不高，可进入马云的耳中却有振聋发聩之效。

夜晚，万籁俱寂，马云在床上辗转反侧，他睡不着了。老爷子说得对啊！不就是数学吗？别人能考好我为什么考不好？

第二天，他找来有关数学的教材，每到晚间，像饿狼吞食一样，咀嚼着这些难解的数学题。

老爸看在眼里，乐在心里，他挥手告诉家里人，不要打扰。

那一年里，马云白天是三轮车夫，晚间就是一个复读生。生活给他注入了新的含义，艰苦的体力劳动，锻炼了他的筋骨，也磨砺了他的意志。

但是，数学的先天不足，绝对不是临阵磨枪可以解决的。那一年，他又一次参加高考。等高考分数公布的时候，打击再次降临。原来，他的数学成绩是 19 分，所有各科加在一起的分数距本科录取线差 140 分。遥不可及的数字、残酷的分数，直接摧毁了家里人的希望。这一次，再也没有人来鼓励他重进考场了。

反而是马云坚定地表示，他要全力投入复习，准备下一届高考。

多数家里人对高考二次失败的马云都不支持，唯一支持他的是父亲，他让马云辞掉了三轮车夫的工作，而且，特意请了一位数学特级教师给儿子补课。

这位数学特级教师绝非浪得虚名。他每周来给马云补课两次，其幽默的语言、诙谐的手势都极大地增加了马云对数学的兴趣。对于学习而言，兴趣是至关重要的。马云对一向厌烦的数学公式、各种计算方法有了感觉，他开始像吃饭一样吞食数学的方程式。

这一通恶补有效地提高了他的数学水平，而他的英语永远是一骑绝尘遥遥领先。

那一年，他又一次走进了杭州城的高考考场。父亲马来法亲自来送他，站在考场外什么也没说。七月的阳光射在父亲的脸上，使他两鬓的银丝闪烁着光芒。他抬手向马云坚定地摇了摇。

马云头也不回，径直走进教室，甩开书包坐到了贴有考号的小桌前。

那一年，应该是1984年。明媚的阳光使素有人间天堂之称的杭州更加妖娆多姿，西湖岸边的垂柳翠绿欲滴，风儿拂动极像少女的裙摆。苏堤、断桥如诗如画，既恰到好处地点缀着这一方美景，又记载着那么多美丽动人的故事和传说让人们鉴赏品尝。

地处江南的杭州城既高雅又悠闲，走进这里，到处可见的小吃脍炙人口，名满华夏。无所不在的美景，令人心旷神怡，流连忘返。这里人们的生活节奏不紧不慢，街道上的行人宛若漫步。杭州人的心态好像是天生的平静，也许这湖光山色陶冶了他们的情操，让他们进入了一种喜怒不惊的状态。

于是，当高考成绩单进入马云之手时，他仿佛是随便地浏览了一下就拍在了桌子上。倒是父亲有些焦急，他问道："怎么样？

数学考了多少？”

这是马云的命门，起码也是他高考中的命门。成者，自然顺利通过高考；败者，前途将愈发渺茫。想一想，连考 3 年的考生也是凤毛麟角，马云就是其中一个，而且，全部是因为数学！

“79 吧！”马云说得轻描淡写，好像是水到渠成不值一提。

果然是水到渠成，毕竟这一年的复读没有白读，数学特级教师到底是功底深厚。他的倾囊所授、马云的刻苦努力终于收到了成效。79 分和 19 分无非是一年之隔，可结果却是截然不同。由于数学成绩的提高，他的全部成绩距本科录取分数线仅差 5 分。可是，参加过高考的都明白，5 分的距离也无异于崇山峻岭，不知有多少学子在为了 5 分苦苦攀援，没有这 5 分可能会使你永远失去攀登人生险峰的机会。

可是，幸运同样是人生的必需。

杭州师范学院竟然由于本科录取名额不满，所以降低 5 分，录取了当时的小个子马云。他成了杭州师范学院的本科生，在那一年的 8 月，他意气风发地进入象牙塔，成了中国的天之骄子。

马来法看着马云离开的身影，心中顿感释然。多年的心血，他像一个小铁锹一样，一锹一锹地发掘儿子的潜力，发掘他的闪光点，今天，终于使马云跳过龙门，走向新的天地了。那一天晚上，他一夜无眠。

当然，这对于马云而言是至关重要的。这不仅是因为他跳上了龙门，进入了理想中的大学，关键是使他的信心陡增。原来，这世界上没有什么不可攀援的事，难懂的数学从 19 分到 79 分，说来漫长，其实回头再看，无非是弹指一挥间。成功就在于不屈服，永远的不屈服。

事过多年，当马云的事业已经成功时，他在自己的博客中如此回忆自己的父亲：短短的十几年，我的生活仿佛是《一千零一夜》里“芝麻开门”的神话故事，发生了翻天覆地的变化。但我没有觉得不可思议，因为父亲用十几年的父爱一铲一铲为我开凿出了最宝贵的成功真谛——发掘出你的兴趣，去做你感兴趣的事，再把它变成你的特长，最后让你的特长发挥最大的潜能。

能够有这样一位父亲是马云的幸运，能够有一个足以为人生之路奠基的兴趣和特长更为幸运。也许，那个时候的马云还没有认识到这一点。

澳大利亚行

杭州师范学院敞开了大门，迎面就是一条横幅：“热烈欢迎新生入学。”明显可以看到，大道、湖滨，楼房内外，均被打扫一新。门口就有一群人，前面一排课桌，上面放着一块临时的牌子，上面写着：“新生报到处”。

马云带着一脸的阳光，揣着满腹的憧憬，一个人走进校门。

在这里，他如愿以偿，被分配到英语系成为一名英语专业学生。这简直是如鱼得水，马云的英语成绩遥遥领先，在班级中独占鳌头。这让他的信心再一次爆棚，他出席各种活动，流利的言辞、可以打动所有人的声情并茂的演讲，使他迅速蹿红于杭州师范学院。

人生真是一条长河，这河有时会遇到险滩，七折八回，让人望而却步；有时却会遇到开阔的河床，一江春水无尽泄下，无波无澜，顺利而坦荡。

进入杭州师院英语系的马云这一段“航程”是顺利而坦荡的，不久，他就在这所学院里崭露头角，英语考试前五，学习成绩优异。同时，他延续了自己乐于助人的一贯风格，因此，他的周围从来不缺朋友。信心、进步和友谊是成正比的，他更多地参加学生社团的活动，推动学生们的聚会、交流，而他活跃的身影也使自己享誉杭州师范学院，无形地增加了他在同学中的威信，这为他以后的发展奠定了一定基础。

苦尽甘来，大学的一切看上去都是那么顺利，马云的心也重新填满了希望。

黄昏，他漫步于校园。玉皇山，古荡湾，教学楼，最后，他在一尊塑像前停了下来。

那塑像面向明媚的湖水，背依一片樱花林，凝眉注目之间神情十分严肃。小个子马云站到他的对面细细地端详那不动的双眸，端详这位杭州师范学院最受尊敬的导师之一。他的耳边情不自禁地响起了一段歌声：

人人人，代谢靡尽，先后觉新民。
可能可能，陶冶精神，道德润心身。
吾侪同学，负斯重任，相勉又相亲。
五载光阴，学与俱进，磐固吾根本。
叶蓁蓁，木欣欣，碧梧万枝新。
之江西，西湖滨，桃李一堂春。

这是杭州师范学院的校歌，它正是由马云眼前的这位大师谱曲的。这位大师名叫李叔同，他是一个造诣很深的艺术家，他谱写的曲调，恬静典雅、韵味悠长，居校期间，他由于人格高尚、学问高深，非常受学生们的爱戴。现在，杭州师范学院将他的塑像安放于此，也是出于要后人瞻仰先人，学习其精神之目的。

马云当然也知道，李叔同后来皈依佛门，法号弘一。也许，这在后来也影响了马云的境界，他退出江湖，师学太极，建立慈善不过是他 49 岁时的事情。正值华年，他从阿里巴巴首席执行官的位置上退了下来，曾经引起极大的轰动。不过，这都是后话。在当时，马云还是风华正茂，一腔热血。

看着李叔同沉静的双眸，听到耳边呼呼的风响，马云感到自己浑身都充满了力量。现在，他的周围朋友云集，崇拜者众。眼前是灿烂的金光大道，未来虽然遥远但也很现实。从杭州师范学院毕业，以现在的成绩和学院的品评，他一定会得到一个很好的安排。

此刻，他来到弘一大师的塑像前除了瞻仰之意，还怀有另外一种心情。他知道，这位老先生是中国新文化运动的先驱者，他是最早将西方油画、钢琴、话剧等引入国内的人物，为中西方的文化交流作出过突出贡献。当这些西方的舶来品进入古老的中华，荡开了国人的视野时，我们看到了世界与中国的不同。

马云在学习英语的过程中，与很多老外有接触，除了在语言上受益，他的思想也受到了外来观念的冲击。直到现在，马云还是认为他所生活的周围一切都是最好的。可进入大学之后，他所接触的来自不同国度的文化、不同的理念，比他与语言本身的接触要更多。因此，面对李叔同这位东、西方文化交流的大师，他暗下决心，要出国考察一番。

那还是 1979 年，他在西湖之滨认识了一家澳大利亚人。这一家人由父母和两个孩子组成，两个孩子分别叫约翰（化名）和维克托（化名）。从南半球到北半球，从寒冷的严冬到炎热的盛夏，他们的心理温度也在升高。见到蹬了一辆破自行车的阳光大男孩，他们很高兴，齐齐地用英语喊道："哈罗！"

其实，主动的还是马云，从12岁开始这几乎成了他的一项固定职业。看到这热情的一家人，马云心中就有了一种预感：很可能他们会成为非同寻常的朋友。接下来，马云和这一家人在一起度过了令人愉快的3天。

这一家人来自澳大利亚这个太平洋上的巨大岛国。从冰天雪地来到阳光明媚的人间天堂，他们的心情本来就很愉快；见到一个会说流利英语的中国男孩，并且这个男孩愿意免费为其导游，他们更加兴奋。特别是两个孩子，很快地和马云成了朋友。

用完晚餐，黄昏的时光里，他们在酒店的院子里玩起了飞盘游戏。约翰站在一个圈子里，维克托也给自己加了一个圈，而马云找好距离也划了一个圈，他们抛飞盘和接飞盘。这有点儿杂技功夫的游戏，马云是注定第一。他眼疾手快，抛盘如电，接盘如絮。两个澳洲孩子看得眼花缭乱，一起大叫："云、云，好样的，教我们！教我们！"

于是，马云不仅是孩子们的导游而且成了他们的飞盘教练。

孩子们的心是纯洁的，没有利益争夺的尔虞我诈，三个孩子的友谊非常真诚。

后来虽然离开了中国，但约翰和维克托并没有和马云断了联系，他们相互通信，切磋文学，交流学习心得。这一点，马云的英语特长帮了他的忙。

1985年，那对夫妇正式向马云发出邀请，邀请他到澳大利亚去度暑假。

马云也正有此意，他非常想实地考察一下外国人的生活，研究我们中国是先进的，还是有些落后；我们的国人的生活是最幸福的，还是与外国人存在差距的。于是，在一番准备之后，他踏上了飞往悉尼的国际航班。

当巨大的银鹰展开翅膀翱翔于浩瀚的太平洋上时，他的心情仍然处在忐忑和期待中。31 天别开生面的暑期生活会是怎样的呢？会给他带来什么呢？

悉尼，像镶嵌于太平洋岸边的一块闪光的宝石渐渐映入马云的眼帘。蓝色的海洋、金色的沙滩、洁白的楼房，漂亮的太平洋之珠，马云来了！

当然，那个时候，他仅是一名学生。黄皮肤、黑眼睛，一件羽绒服，挺大的脑袋，眼睛里充满睿智的光。也许，他也是一块宝石，来自东方中国的宝石。只不过，当时他还没有闪光而已。

维克托和约翰双双到机场来迎接他，这时天冷，两人都是羽绒服牛仔裤，脚下一双休闲鞋。他们和马云握手，拥抱，十分的热情。随后哥俩一人牵着马云一只手，出了机场大厅，带他上了机场地铁线。

放眼悉尼，尽管严冬，温度却不是很低，大道上非常干净，人们穿戴也非常简朴。但人们脸上那股自信、悠闲，却是一眼可见。哥俩没有开车，不知道是没有车还是什么原因。马云心中暗道：听说有车是在这些所谓发达国家起码的生活条件，这哥俩怎么如此不堪？难道他们和自己是一个等级？

从地铁终点上来，维克托拉开了停车场上一个崭新的轿车门。记不得那是一辆什么牌子的车，但很新也很亮，是棕色的。

马云有些奇怪，他问道：“你们为什么把车停在这里？”

约翰回答道："我们这里能坐地铁的从来不开车，这利于环保，节省能源。而且，地铁也方便得多。"

这段话印进了马云的脑海，原来如此！这也就是澳大利亚。在中国，有个朋友来开车相迎，那是面子。面子至关重要，什么环保，什么能源，在面子前都是毛毛雨，甚至根本没有几个人会去考虑这样的问题。

刚刚进入异国他乡，马云就发现了人类社会不同理念的碰撞。而且，他深以为然，牢记于心中。

第二天，维克托兄弟邀请他遍游悉尼。他们仍然没有开车，而是带他上了观光巴士。兄弟两个加上马云一共买了3张票，他们用这3张票乘坐巴士在任意一个站点下车，看过后，又重新上车。一天内，这3张票全部通用，不但在所有的观光巴士都可以使用，而且不受时间限制，既方便又实惠。这巴士由早上的8：20到晚间的5：20每隔20分钟一趟，在悉尼市内设26个站点，一天内悉尼风光几乎尽收眼底。

悉尼市人性化的设施，与市民和旅游者方便的理念，使马云的心灵被深深地触动。

31天的暑期，马云几乎融化在这蓝天绿地之中。真正撼动马云心灵的，不是中央海岸的旖旎风光，不是霍克伯里河如云的海鸥，也不是骏域谷风驰电掣的四驱电动车，而是澳洲人的自信、丰足和优裕。不可否认，发展中的中国比起富足的澳洲，差距巨大，但也正因如此，中国还有着很大的发展空间。

这期间他还看了悉尼歌剧院里的交响乐表演，那宏大的场面，激荡人心的乐曲，让马云震撼。音乐是世界语言，他完全领略了其深刻的内涵。坐在剧场里，他又一次想起了李叔同，想起了至今仍然伫立于学院中心湖畔的那位学贯中西、誉满江南的老前辈。他那平静的双眸，其实蕴藏着多么深沉的睿智和期待：对于这位老前辈为什么将西方的文化介绍到中国，马云此刻终于明白了，明白了老前辈振兴中国的苦心。中国应该打开国门，接收先进的科学文化理念，接收先进的人文思想，融合东西方优点，使自身迅速地发展起来。

古老的中国需要一场前所未有的革新来激荡和改变固有的理念、传统，也许，颠覆是最好的改革。于是，“逆势而行”这四个字，升起于马云的脑海，久久不去。

打开外面的世界，原来如此精彩。

那一次澳洲之行，对青年马云认识世界的理念的形成究竟起到了多大的作用？没有标准答案，但可以肯定地说，那个暑假他过得特别有意义。澳洲之行无疑大大拓展了马云的国际视野。

当然，他与澳大利亚朋友的友情也因此更上一层楼。约翰和维克托不但每年都会来中国，到马云的家中住上一段日子，而且，在马云困难的大学生活里，他们给了马云很多资助，这让马云终生难忘。

学生会主席

大学三年级的时候，马云终于被同学们推举为杭州师范学院的学生会主席。不久，他又成为杭州学联主席。

“路见不平，拔刀相助。”这是马主席自幼就有的性格，而且，这性格从来不改。正因为他乐于助人，而又颇有侠义之风，所以他在同学中广结善缘。

有一次，一个同学因为一点小错被取消了研究生考试的资格。这位同学和马云并没有特殊的关系，平常走动也不太多。可是，马云认为这个同学专业学习很不错，如果此刻被取消研究生考试的资格，那将影响他的一生。他坐不住了，当年那种为朋友敢于担当的感觉又重新回到他的心中。他以学生会主席的名义去找系领导、学院领导磋商。

这时的马云在杭州师范学院已经是头角崭露，颇有威望了。他优异的成绩、豪放的性格、出众的演讲天赋，已经使他拥有一个学生领袖必备的风范。

因此，他的到来足以引起系、院领导的重视。经过复查和进一步的思考，领导认为马云说得有理，为一件小事而毁掉一个青年的前途绝非师院教育的成功，相反，这意味着师院的失败。为了避免这失败，师院领导决心修改这个错误的决定。后来，那位同学顺利通过研究生考试。

这件事，马云做过就忘掉了。事过十年之后，马云在深圳漂泊，那个同学闻讯从广州赶来，双手握住马云的手说："我听同学说你在深圳，就立马赶来，走，我安排你。"那个时候，马云还远没风光，这落魄之中的真实友情让马云十分感动。而且，那个同学已经是某外企广州分公司的经理。

大学时期，马云以这种性格做人、处事，很得老师的青睐，也深受同学的赞扬与感激。后来，他有时会突然接到一个电话："怎么样，马云？没什么大不了的，有什么事我们给你扛着。"这便是有人听说马云遇到了困难，主动来帮忙的。

广交朋友，乐于助人，这不仅让马云在学生会主席的位置上得到了绝大多数同学的支持，也使他声名远播。后来，大学四年他能够担任师院学生会主席进而领导杭州学联，成为整个杭州大学生的领袖，这就是最主要的原因之一。

俗话说：江山易改，禀性难移。这种性格像血液一样永远驻留于他的体内。在以后的日子里，不管是走到哪儿，友情永远与马云同在。哪怕在他身无分文的情况下，友情仍然像阳光一样使他感到温暖，感到充实。也许，他之所以能在创业的路上闯关斩将，都是因为他的身边有坚实的团队，有雷打不散的友情。

当然，这是后话。在当时，略显青涩的马云，凭借他的豪爽义气，在身边聚拢了不少的同学，这是一笔巨大的财富。可能在当时，马云自己也并不完全明白，这笔财富究竟有多大价值，会在他人生路上起到怎样的作用。

人生就是这样，没有任何人可以未卜先知。回忆昨天，你总会找出抱憾之事，可谁能预先为了明天而做好今天的事呢？能做好的大概都是精英，是的，那个时候的马云就已经露出了精英之气。

大学校园是个相对自由的地方，知识的积累和增长，使学子们的思想十分活跃。这里会有很多学生们自主的活动，马云只要参加，他就是核心，就是灵魂。这个大脑袋的小个子不仅做人处事深受同学们的爱戴，他生动的演讲更能倾倒大片受众。他的演讲观点新颖，节奏明快，语言犀利，能够高度吸引听众的注意力，现场往往鸦雀无声。

有一次，演讲中他无意间向黑压压的听众席扫了一眼。突然间，他发现了一双明亮的黑眸，那晶亮如黑宝石般的眸子里布满真诚，闪着希冀的火花。如果说眼睛是心灵的窗口，马云刹那间从这个窗口看到了内心。那是感应，那是电流，那是一种无形之波，这波一旦交流，一旦碰撞，会产生什么样的后果只有天知道。这就如天空中两朵互不相干的云彩，所带的电流碰撞之后，从天到地产生的巨大光柱会如何改变两朵云彩之命运，只有用事实说话。

马云不是一个犹豫的人，他的果断气质也许与生俱来，在演讲结束之后，他立即出现在那双眸子面前。

“你好，我是马云。希望我们的认识和交流仅仅是开始，非常欢迎你能有时间来找我。”说着话他就伸出了手，脸上露出阳光灿烂的笑容。

一只小手缓缓地稍带迟疑地抬起，马云一把握住。灵感来了，他们四目相对，火花闪烁。

“好吧，认识你很高兴。希望有机会与你交流。”

这是张瑛，一个沉稳、内敛，语言不多却见解超人的女同学。

以后的日子里，他们迅速地交往、接触，由同学到恋人，由恋人到夫妻。与他人一样的平凡而甜蜜，也与他人不一样的平凡而甜蜜。

张瑛有话：“马云不是个帅男人，我看中的是他能做很多帅男人做不了的事情：组建杭州第一个英语角、为外国游客担任导游赚外汇、四处接课做兼职，同时还能成为杭州十大杰出青年教师……”

夫妻比翼双飞，这永远是人世中的佳话。张瑛不仅是马云的恋人、妻子，还是他创业的伙伴，人生路上闯关斩将的同党。失败时，张瑛站在他的身边；成功时，张瑛也站在他的身边。当马云需要时，张瑛毅然抛开荣誉和光环，为他而回归家庭。

一个男人，事业是他的全部，婚姻是他的一半。马云是幸运的，他有事业，也有婚姻。如果说大学生活让马云收获了知识，坚定了信心，那么有了张瑛，马云就在人生路上收获了一个坚定的同盟者、伙伴和益友。

四年，在人生路上而言，不算短，可也绝对不算长。然而，对于马云来说这四年和他的青春相联系，就显得格外的不同，格外的神采奕奕。说起来，杭州师范学院并不是什么著名的学府，可马云对其感情颇深。在毕业十年之后，作为阿里巴巴的首席执行官，他曾经回到母校做过一次演讲，谈到母校时，他说："前两天我刚从美国回来，在美国参加会议的时候有人问我，我的英语是哪里学的，我说中国杭州师范学院！在我们公司，尽管有来自北大、清华，也有来自哈佛、耶鲁等名校的学生，但是如果你在我公司问哪所学校最好，员工都会说：杭州师范学院！"

是的，最好的不一定是最合适的，杭州师范学院对于马云而言正是最合适的。在这里，他的英语学习有了突飞猛进的增长，这是他终生事业的有力臂助；在这里，他的性格得到保留和延续，使他成为学生领袖，为他以后带领一个优秀的团队打下坚实基础；在这里，他收获了爱情，让他在未来的人生路上有了忠诚的伴侣和可靠的后方。

1988 年，他于杭州师范学院本科毕业。走出学院的大门回首，玉皇山、教学楼、古荡湾都渐渐远去。这和他人生的四年时光一样，终于渐行渐远，直到今天，已经是遥远的回忆。可是，这四年的时光和杭州师范学院，在马云的人生路上却留下了浓墨重彩的一笔。像一座伟岸的大厦，这里是它的基石所在。

走出杭州师范学院的马云是那样的意气风发，坚定的眼睛里充满希冀、装满憧憬。当然，他不可能预见10年之后的辉煌，可他认为：人的今天很残酷，明天更残酷，后天很美好，但是绝大部分人是死在明天晚上，只有那些真正的英雄才能见到后天的太阳。

他的眼睛里是蓝天、白云，是在蓝天中飞翔的鸟儿，他迈步向前。突然，一个声音传来：“马云！”

他没有回头，只是向后伸出一只手。果然，一只小手伸过，他紧紧握住，两个人手拉手一起向前走去。那是马云和张瑛！

马云的父亲名字叫马来法，是浙江省著名曲艺演员，后来担任浙江省曲艺家协会主席。在曲艺方面有很深的造诣和研究，曾经担任《中国曲艺志·浙江卷》《中国曲艺音乐集成·浙江卷》副主编，参与和主持两本地方志的编撰。退休后，还从事浙江省非物质文化遗产曲艺类项目的保护工作，亲笔撰写论文《浙江曲艺的生态现状及思考》。

没有任何人会否认，父母是自己早的启蒙老师。在马云的回忆中他称父亲是一把小铁锹，正是父亲用这把小铁锹不停地发掘，发掘出他的闪光点，发掘出他的潜质。他能从困境中走出，能在倍受打击中坚定信心，无疑与父亲对他的教诲和鼓励是分不开的。而父亲的慧眼独具，发现他的英语天赋，并且送他到西湖景点去和外国人交流，打造他的英语特长，实际上是在他瘦弱的筋骨上注入了一种力量，这力量使他在以后的岁月中受益无穷。

马云的潜质中还有非常重要的一点，那就是他非常仗义，喜欢结交朋友。当年西湖边上无意间的一场飞盘游戏，让他与澳洲一家成了忘年之交。终于，当在大学的第一个暑假里来到澳大利亚的时候，他感触颇深。他有这样一段话：我意识到外面的世界和我之前被教导的世界差异巨大，我不能再跟随别人的意见，我要发展自己的思考方式。

也许，这是非常重要的一次实地受教，对于马云而言，他的思考方式的转变决定了他的一生，决定了他后来的发展。这虽然让人始料不及，但究其根源也有其必然性。

大学生涯对于每一个经历此阶段的人来讲都永远难忘，这不仅是因为它包含了人们最珍贵的青春岁月，更因为它是一个人为走向社会储备能量的重要阶段。这能量除了知识之外，人脉也是非常重要的一项。没有人否认，同学的概念是人生路上一个和亲友的概念几乎相同的助力。那个时段，没有利害、没有相互的利用、没有利益的角逐，友谊相对真诚。打造这样的友谊，将会受益终生。特别是打造一份真挚的爱情，让两个人携手并肩勇闯天涯。这不仅是佳话，实在是上天的恩赐。

马云有了这份恩赐，上天赐给了他张瑛。这足够了，这极为丰厚的恩赐，让他至今享用不尽。

2 起　航

电子科技大学

“马云啊，你这个机会可是来之不易，为了你的分配我们可是没少费心。如今这个时代，有不少年轻人热衷于什么下海经商。我希望你可不要随波逐流，你要牢牢记住，你肩上扛的是我们杭州师范学院的牌子，你要给我好好扛下去，至少五年不能倒下。”

马云的对面是杭州师范学院的校长，校长通达睿智，温文尔雅，语重心长。马云听得心潮汹涌，眼窝湿润。他从心里感谢母校，感谢学院的领导。杭州师范学院的毕业生，几乎全部分配到浙江各市县的中、小学里。能够留在杭州任教那都是求之不得，何况是到大学里？

地处下沙的电子工业学院，在当时的中国已经是一个崭露头角、日益上升的高等学府。

走进电子工业学院，马云的身份从一个学生变成了一个教师，从一个在课桌后听讲的学生，变成一个在讲台上教导他人的老师。对于他人来说，适应这个转变可能需要时日，可对于马云而言算不得什么，甚至有驾轻就熟之感。因为，他最不缺的大概就是口才，口若悬河这个词似乎是专门为他准备的。事过多年，他的一个学生这样回忆："马云讲话永远激情洋溢。他上课前从不备课，但课堂上常常妙语连珠，十分有意思。在他的影响下，我们大家对英语的兴趣倍增。"

马云只要是站在讲台上，就有无数的话要说，而且，他的英语表达比汉语还要流利，还要动听。到杭州工业电子学院做一名英语老师，真是物适其人，量体裁衣，使马云在大学的讲台上如鱼得水。在这里他不仅是收获了杭州"十佳青年教师"的荣誉，更主要的是，他收获了对他崇拜乃至能跟他同舟共济的学生和同事。后来，阿里巴巴很多高层管理人员都来源于马云的学生和同事。

走进课堂，他的讲台下就有黑压压的学生。学生们愿意听这个小个子教员授课，只要是马云讲课，学生们一定会事先告之。而马云每当看到台下亮晶晶的一双双眸子，一股激情便从心中油然而生。他讲的课观点独到，节奏明快，循循善诱，深入浅出。课堂上只有他抑扬顿挫的声音在飘荡，学生们在静静地听讲，小个子马云的魅力在讲台上被尽情地展现出来。

电子工业学院坐落在下沙镇，建筑规整，规模宏大。但它只是一个理工科大学，在电子、控制、机械等专业有许多优秀的教师。可是，在商务、贸易、外语等新兴学科方面的师资相对贫乏，这就给了英语极佳的马云以施展才能的机会。而且，由于他这一专长，学院又让他选择了与专长相近的国际贸易课。于是，马云在电子工业学院除了英语教学外还兼职国际贸易课，而后者在刚刚开放的中国是一个热门，也是冷门。说是热门，是因为打开国门后，贸易是一块炙手可热、谁都想染指的领域；说是冷门，是因为它刚刚开始兴起，还很少有人了解，更谈不上专长。该如何和洋大人打交道？如何去和他们做生意？他们的生意经是什么？他们做生意的规则和潜规则是什么？欧洲的、美国的、日本的，这些蜂拥而来的、中国人走出去必须接触的商人，在过去相对封闭的中国有谁能了如指掌呢？又有谁相对专业一点呢？况且贸易不是简单的贸易，除了互通有无之外，还需要赚钱。而赚钱曾经是一个国人不齿的字眼，我们知道国际援助、国际主义，而对国际贸易则稍感陌生。就马云而言，他自然也不专业。但是他以自己非常熟悉的英语，恶补这方面的知识，并以他无比聪明的头脑、以当年在西湖边上与老外接触所了解到的知识、以他远去澳洲度假的观感走上了讲台。

他讲得不错，吸引了大批的听众。这听众不仅有电子工业学院的学生，还有杭州夜校的一些学生。

中国在开放，在打开国门。一时间，很多传统的认识都被颠覆。一度令人恐惧和害怕的海外关系、港台亲戚，今天却成了人们炫耀的资本，成了身份的象征。而洋人、西方资本家成了中国改革的座上客。国际交往成了许多人的必修课，尤其是那些刚刚兴起的民营和承包的中小企业家，他们必须补上外贸这一课，因此许多人选择了在业余时间上杭州城里兴办的夜校。马云理所当然地成了夜校特聘的老师，教的和大学一样，也是英语和国际贸易。

走上讲台的马云永远是那样神采奕奕，永远是那样口若悬河，仿佛知识就在他的脑海里，只要他挥舞着手势，那些遥远的令人神往的数据和故事，就会源源不断地流出，永远不会枯竭。他吸引了自己的学生，也吸引了杭州城里很多日后有更大发展的企业家。他们尊敬小个子马老师，因为他才华横溢，也因为他们在初进国际贸易这个领域时，是在他那儿学到了最初的规则和方式。

滔滔不绝的英语演说式的教学，使马云在那个非常需要英语的年代迅速名声大震。恰恰马云又是一个不甘寂寞的人，身在大学讲台，又兼职夜校教员，后来又办起了英语角。在改革之初的中国杭州，马云迅速蹿红。有人称他为“杭州英语第一人”。

虽然如此，马云在课堂上从不歧视任何一个人，对于所有的学生一视同仁。这来源于他的品质，也来源于少年时的亲身体验。他读小学、中学时，因为数学成绩偏差，经常被一些老师当作一个“不可救药”的学生，这种经历让他终生难忘。因此，他有一句名言：没有弱智的学生，只有无能的老师。

他的话就是这么尖刻，就是这么一针见血。而他在实际的行动中，也从来没歧视过学习差的学生，而是对这样的学生重点帮教。说来也怪，那些经过他重点帮教的差生，很快地就能上台用英语讲话，成绩飙升。

在杭州电子工业学院，马云的课向来是座无虚席。一时间，弄得他的同事都设法不和他在同一时间讲课，因为，很多学生只要听说是马云讲课，都会设法逃掉其他老师的课钻进马云的讲堂。

这一段大学教师的生涯同样使马云受益终生，当后来成了阿里巴巴的董事局主席后，他也经常到国外去开会演讲。无论任何时候，他仿佛都是信手拈来，不需要备课，也不需要事前准备，更不需要演讲稿。只要一上讲台，看到台下仰视他的听众，看到那一双双亮晶晶的眸子，他的语言立刻如打开闸门的水库，丰富的词汇如流水般一泻千里。按照马云自己的说法：一开口就收不住。

一个优秀的企业家，要对对自己的团队形成巨大的吸引力，无疑，清晰的表达力、震撼人心的演说，是其必须具备的重要才能。

马云在讲台上宣读英语和国际贸易，告诉人们赚钱之道，同时，他自己也深入实践。那个时代，人们的收入不高，没有人想到要去投资。电子工业学院的教授们大多还是住在公家分配的宿舍里，可马云竟然东借西凑，在离学校不远处买下了一处较大的房子。后来，人们发现那是他一笔巨大的投资，而且回报颇丰。因为房地产的增值，房价节节攀升，他那处房子过了几年，已经是一笔巨大的财富。他毫不犹豫地将其卖掉，并且用那些钱又在西湖边上的文华路买了一套近200平方米的房子。

西湖可是蜚声中外，在西湖边上有一幢200平方米的房产，在今天意味着什么，那还用说吗？当然，这在当时却引不起什么轰动。对于马云而言，无非是无意间为他后来的阿里巴巴预购了一间办公室而已。但是，没有这幢房子，后来轰动世界的阿里巴巴将于何处安身？

也许，马云本身就有天生经商的灵敏嗅觉。在房地产尚未升温的年代里，这一步棋对于尚是教师的马云来讲，无疑是十分高明的一步。

后来，他曾经谈到这次不动产投资："如果要我投资房产，我不会投资那些流行的房型。比如说一室一厅、两室一厅。相反，如果要投资，我会选择一些比现在流行面积大一点的房子。比如当时的湖畔花园，那是比三室一厅还要大一点的别墅，这样，我就永远站在时代前面。如果有机会，我还会把现在的这套抛掉，去买个更好的。"

杭州电子工业学院，后来改成了杭州电子科技大学，在这一段时间里，马云信守了承诺，在学校做了6年教师，成了杭州十大杰出青年教师。同时，由于他的豪气、坦荡、才华，也吸引了许多同事、学生还有杭州的企业家。在实际的交往中人们发现，这个奇特的小个子，有一颗金子般的心灵。他不仅课讲得好，人也做得很好。他不歧视差等生，也不歧视任何人，包容、宽厚，乐于助人。因此，那时在他的周围就聚集了一大批朋友。

而且，他万万没有想到的是，在以后的岁月里，这些朋友竟然和他风雨兼程、不离不弃，成了他创业乃至发展的骨干和精英。比如那时的同事彭蕾，至今仍然是阿里巴巴的副总裁，还有那时的学生周悦红、韩敏、戴珊、蒋芳等人。无论是北上还是南下，他们都是他忠实的追随者。他们崇拜马云，也信任马云。崇拜马云的才华，在于他敏锐的商业嗅觉、坦荡无畏的勇气和不屈不挠的精神；信任马云的人品，他为人坦荡无私，一块黄金砸碎大伙分，跟着他从来不吃亏。

很多年以后，马云在中央电视台的演播大厅，面对亿万中国观众，无比自豪地说道：天下没有人能挖走我的团队。

这种底气和豪气，来源于团队的忠诚，而团队的忠诚来源于马云的品格。这种品格，不但使他在最困难的时候仍然有人牢牢追随，而且使许多人慕名而来，甚至是放弃了更优越的待遇走近马云身边。当然，这是后话，可马云的人格魅力在他尚是一个讲师的时候就已经展现无遗。

有了事业，有了房产，有了朋友，当然，马云还有了张瑛。放眼看去，马云应该满足。年纪轻轻就成了大学讲师，换个人可谓志得意满。可马云不同，也许，他天生就愿意折腾。与马云靠近的人经常会说：不知道什么时候，他就会有一个新的点子。出人意料的想法，在他特大的脑袋里层出不穷。

老院长的预料没有错，马云想下海经商了。可对老院长的承诺在马云这里是必须信守的。因此，尽管他兼职夜校教师，兼职许多企业的特聘翻译，还有西湖边上的英语角，甚至还想来一个全民学习英语运动，可他仍然是电子工业学院的讲师，三尺讲台仍然是他的战场。他没有退缩，可他的眼光、他的思维却有了进一步的寻求和探索。

那个时候的杭州，民营企业已经初具规模，小商品、中国制造正如钱塘江的大潮来临之前一样，暗潮汹涌，万马扬蹄，那滚滚而来之声，已经让世界有所感知。而世界也在召唤浙江，召唤中国的民营企业。许多参与外贸的企业家，对于外语还是感到头痛，在这一形势下，马云作为杭州英语第一人，其抢手的状态自然太正常不过了。

马云敏锐地感受到这一形势，敏锐地感觉到这是一个商机。如何去做呢？有着天生敏锐经商头脑的马云不想放弃这一良机。他第一个商量的对象自然是张瑛，因为张瑛已经是他的合法妻子，所以必须得到她的同意。

听到自己这个匪夷所思的丈夫果然又有了新的想法，温良贤惠的张瑛瞪大漆黑的瞳仁，目不转睛地看着马云。马云在原地转了几圈，眼睛重新注视张瑛："怎么样，老婆，你的意见是?"

张瑛当然看到了他眼睛里坚毅的目光，她也当然知道，他既然敢想就一定敢做。张瑛没有多余的语言，她只是点点头说："随你!"

"不是随我，你要参与，你要帮助我。"

"那还用说!"

于是，马云作出了一个重要的决定：办一个翻译社。搞一个能为企业排忧解难，又能为同事和朋友解决工作的小企业。

马云绝非无的放矢，他这一想法有两点考虑。一是他本人的订单多如牛毛，已经是接不胜接，杭州的企业需要有专业的翻译机构。这是市场！二是他的同事，许多已经退休的老教师，在家无事可做，生活艰难，有出来再做事的愿望和能力。这是公司!

有了公司，有了市场，生意自然形成。

于是，马云经过深思熟虑，选择了杭州青年路基督教青年会旁27号门面开设了海博翻译社。由于他还是在职教师，这所翻译社主要是由一些退休的英语教师在工作，马云白天到学校讲课，业余时间为翻译社拉订单，负责日常经营。

这时的马云，一只脚在学校的讲台，另一只脚在海博。他迈向商海的第一步，就这样意外而又不意外地开始了。

海博翻译社

20世纪90年代初，随着改革开放的大潮，中国国门大开。中国的土特产、资源类产品走向国际市场。而一些原来称为资本主义国家、现在叫先进国家的舶来品也蜂拥而入，来到中国。从工程机械到汽车，再到计算机、家用电器，琳琅满目充塞人们视野。这些洋玩意儿既好使又耐用，很快地就受到了人们的欢迎。可是，摆弄这些洋玩意儿却不是一件容易的事，不仅是在保养、修理方面，就是使用都有很多难题。它们功能多而复杂，操作相对繁复。其产品的说明、使用和保养都需要我们的消化和适应。当然，每一件产品都有它的说明，这说明跟随产品浮海而来。但是，上面全是外语，如果不懂外语就无法使这些进口产品物尽其用。而中国的产品要想走向国际市场，同样需要用外语向世界介绍自己。

浙江是中国中小企业、民营企业的摇篮，他们拼命地想和国际接轨，想融合到国际市场，赚更多的钱，并推动中国的进步。

这其中，语言和文字的交流成了瓶颈。在那时的杭州，马云素有“英语第一人”的称谓。除了教学之外，他要做的翻译工作也是应接不暇。

这时，马云那天生的、敏锐的经商嗅觉给他以信号：文字翻译有巨大的市场。

于是，经过一番筹备，1994 年 1 月，杭州青年路基督教会旁一阵鞭炮炸响，在鲜艳的花篮簇拥下，一间三十几平方米、门脸装潢简单明了的翻译社开张营业了。

马云为其起名“海博”，与英语中的“希望”谐音，马云自已对这一名字的解释为：大海一般博大的希望。

带着大海一般博大的希望，马云投身商海，搏击潮流的小小翻译社开始了它的起航之旅。

翻译社人员不多，最初只有 5 个人，马云自任社长，有两个退休的英语老教师，还有两个年轻人。其中，那两个年轻人就是在他做兼职英语教师时，杭州业余学校里被他感召的学生。

翻译社开张了，马云将其搞得有模有样，既有工商执照，也有公证认可。按道理讲，在市场需要的前提下，翻译社的业务应该有长足的发展。可是，这全杭州城里第一家翻译社并没有得到社会和市场的认同。就如今天出现的会馆一样，什么叫会馆，它的功能是什么？这尚需了解和观察。当时，人们在观察，市场在观察。翻译社的业务很差，订单不多，第一个月下来，毛利700元，而仅房租一项就需交出2000元。

事实是残酷的，没有钱，又没赚到钱，不少创业的人此时就会打起退堂鼓。而剩下的人眼睛里多了怀疑的目光，马云感受到了这个压力，他的心中也很不好受。在这打击和压力面前，马云调整了他的经营策略，将仅有的三十几平米的营业室隔出一半，那一半租出去，做了书店，减少了翻译社的支出。另外，他开始了鲜花和礼品销售业务。

鲜花和礼品都属于小商品，这小商品销售的开展颇为不易。马云是在职教师，他的业余时间只能是周末或节假日。于是，我们可以看到当初那个三轮少年又回来了。每到周末，他要先到产地，瘦弱的肩膀背上一个大麻袋或者编织袋，装满各种小商品，从鲜花到礼品、从袜子到内衣应有尽有，全是易销的小商品。然后，马云再骑上摩托车，上面挂满大包小袋，骑上大约137公里，走进义乌的市场。

他戴着一顶小圆帽，穿着一件夹克衫，尽管脸上挂满笑容，仍然没有人认出他就是杭州英语第一人。在人们的眼中，他就是一个小商品贩子。蹲在市场的众多的小商贩中，马云没有任何特点，谁也不会料到他就是将来的世界最大商品交易平台的董事局主席。

“南来的、北往的，站一站，瞧一瞧啊！不站不停的，后悔莫及啊！”马云特殊的叫卖声，很快地吸引了很多购买者，他带来的小商品没到天黑就销售一空了。

每个周末这几乎都是马云的必修课，学习小商品知识，亲历小商品销售。如果说这是在商海里游泳，那么他游得很彻底，甚至有的时候，张瑛会和他一起在小商品市场走一遭。

翻译社的所有雇员，按月发工资，马云没有克扣大家一分钱。

同时，马云还利用他的影响力，利用一切过去的可能的客户资源，拓展市场，拉近客户，争取用更优质的服务来让市场认可，让更多的客户认可。那个时段，马云四处奔波，为了翻译社的生存，他甚至去倒卖医药和医疗器械，上至大医院的院长，下至赤脚医生都是马云的服务对象。可想而知，那个时段，马云是用怎么样的毅力和精神去支撑这一切。他的付出和坚持终于有了回报，1994 年底，翻译社的营业收支基本持平。1996 年，翻译社实现了赢利。“海博”已经变成全杭州最大的翻译机构，当初的门市只能作为接待之用，整个翻译社的工作空间已经大大拓展。而马云也早在 1999 年就将翻译社交给他的学生章红管理，他又有了新的点子，新的目标。

事过多年，他重回海博翻译社。站在当初创业的门前，那些往事历历在目，他要来一支笔写下了四个大字：永不放弃。

至今，这四个大字，仍然挂在海博翻译社的网页上。

对于这个小小的翻译社，他的学生、后来的翻译社负责人有过这样一段话：当大家还没想到这个行业的时候，当大家还没看到这个商机的时候，马云首先想到了。他的想法具有前瞻性，那时我们杭州没有翻译社，我们是第一家独立存在的公司，大家都不看好，一开始也不赚钱，但马云坚持了下来，没有放弃。所以，我很佩服马云，他说的话让你振奋，没有希望的东西在他看来也充满生机，他还能给身边的人带来生活的激情。

这位负责人就是被马云感召的学生之一，她的话实际是一个小小的总结。前瞻，这是马云的特质之一，来源于他敏锐的嗅觉，来源于他对于事物的感知。在别人看不到商机的时候，他看到了，这就是人们常说的机遇。而机遇不常有，常有的不叫机遇。能够抓住机遇是因为他有准备。现在的年轻人经常抱怨缺少机遇，其实，机遇随处可见，只不过你没有准备，你不去抓而已。马云的另一个特质就是坚持，这坚持很难，正像马云说的那样，很多人倒在了更为残酷的第二天的晚上，因此，他看不到后天即第三天的阳光和美好。遇到困难是很正常的事，坚定信心、克服困难是年轻人创业道路上必须经历的磨炼。这不仅需要毅力，更需要心态，能够有这样的心态，必成大事。第三点，那就是马云作为创业者的感染力。一个人是有他的外延的，这外延是无形的，他的存在，对他人是一种感染。这感染可能是强烈的、充满激情向上的，那就是正能量；这感染也可能是消极的、让人失望的，甚至是让人丧失信心的，那就是负能量。而马云显然是一个天才的演说家，他富有激情的语言化作强烈的感染力，让周围的人信服他，跟着他义无反顾，总会感到光明就在前面。无疑，这就是一个领袖的特质。

海博翻译社的成功，并没有让马云赚到多少钱，也没有让他的生活有多大的改变。他仍然站在三尺讲台上，面对电子工业学院的学生和市里夜校、技校的学生侃侃而谈，而且更多的是用英文交谈。但是，海博翻译社走出困境，取得成功，还是给马云带来了很高的声誉以及更大的知名度。

他顽强的精神、可贵的品格、仗义的言行，感动了许多人。当时他的很多学生无偿地为他服务，他们到杭州的百货大楼门前帮翻译社发传单、拉横幅，制造声势，拓展市场。那种场面是很感人的，年轻的学生打着横幅为一种精神而战，为永不放弃的精神，进行新时代的商场之战。

同时，马云通过翻译社的发展壮大，接触到了更多的商界人士、企业家和社会各界的朋友。这一切，都成了马云储备的人脉资源，谁也不知道，在未来的时间里这些朋友会对马云有怎样的帮助。

下一个点

有人说，哥伦布航海没有目的地，只有下一个点。就是说，他发现了一块新陆地或新的岛屿，这就成了他的一个点。然后，他会再向下一个点去航行，再发现一块新的陆地或岛屿。永不放弃，永不停止，这就是一个人的伟大之处。也许，这种伟大在某一节点上并不显著，可持之以恒，结局就会完全不一样。

1994 年，马云在杭州电子工业学院的英语讲师位置上已经站了 5 年，当初对老校长的承诺已经完成。而马云的心里早就萌生了一种冲动，这冲动是什么呢？往大的说，自然是下海经商，寻找更多的财富。但对于具体的目标，他始终还不太明晰。在他的海博翻译社已经取得成功之时，一时间，马云心中的目标还没确立，也就是说，他的下一个“点”还不太清楚。

然而，对于有准备的人来说，机会总是会降临的，甚至是不期而遇。

大胡子比尔，是电子工业学院聘请的一个外教。他非常健谈，又和马云私下的关系很好。两个人经常地把酒畅谈，交流话题海阔天空，从远古到近代，从宇宙到海洋。二人虽属不同国籍，却属同一类型，他们对于世界永远是在探索、求知，对于未来永远是那么富于激情与幻想。

马云是出生于杭州的中国青年，他的经历属于中国，唯一的一次出国经历就是他的澳洲之行，这让他知道了外面有五彩的世界。当然，秀才不出门便知天下事。由于马云有非常好的英语才能，他可以涉猎很多没有翻译却精彩纷呈的外文书籍、报刊、杂志。因此，对于新生事物，对于更多的来自于外部的信息，他了解得更多。

可比尔是一个生于美国、走于世界的年长之人。丰富的阅历、走过的岁月，都让他比马云有更多的见识、更广的视野、更大的收获。

马云喜欢葡萄酒，至今在张裕葡萄酒公司的地窖里都有为他专备的葡萄美酒。那个时候，他当然没有那个条件，但普通的葡萄酒是没有问题的。他将比尔约到家里，张瑛备上几个菜，马云打开香醇甘甜的红葡萄酒。酒味升起，比尔的脸颊升起兴奋的红晕。比尔有着与马云相同的爱好，他认为葡萄酒是最好的饮料，这天然的发酵果汁，除了营养还有让你不喝就陶醉的芬芳。他的大鼻子抽动起来，一只手跷起大拇指：“马先生，很好，你的酒很好，你的媳妇更好。”

也许，这就是洋鬼子，坦荡直爽。马云咧开嘴笑了，他会拽上张瑛坐在一旁。

这时的马云已经是杭州十大优秀青年教师，许多夜校和技校的英语特聘教师，许多企业的特聘翻译，还是海博翻译社的老板。业务应接不暇，收入节节攀升。坦诚地讲，当时的马云收入不菲，生活完全有保障。也许，按照这条路走下去，他不可能做到轰动世界，但在现在的杭州作为一个中上阶层，生活优裕应该没有问题。可马云是谁？他天生不安分，连和他生活在一起的张瑛都会说：谁也不知道，他下一分钟会拿出一个什么主意。

更巧的是他碰上了比尔，这让他没有新的想法、没有下一个“点”都成为不可能。

在海阔天空的交流中，比尔告诉马云现在的世界上有了一个神奇的东西，它的名字叫互联网。这种东西的诞生和使用，可以使地球浓缩，使人类居住的这个星球变成一个村落。举一个例子，隔着浩瀚的太平洋，两个人可以面对面地聊天，交流见闻，分享成果。它可以使人类进入一个时代，什么时代呢？比尔抹抹嘴巴，他用不敢肯定的语气说：应该是信息时代。

马云长了一个特别大的脑袋，那里的大脑容积究竟是多少，谁也没有查考，但可以肯定的是，他的大脑细胞超多。马云瞬时间就弄明白了比尔的意思，感悟到了这个神奇的东西对于人类意味着什么。

他感到身体里有一股莫名的激动，这激动使他坐不安席。他在地板上走动，拿着酒杯，挥舞着拳头，滔滔不绝地发表着自己的感想。他的感想是什么呢？是对比尔的响应，是对互联网的向往，是对于这一个信息时代就要到来的某种提前感悟。

如果要问：一个优秀学生和差一点的学生之间，其差距究竟在哪儿？其实，很简单，那就是悟性的高低。

有语谓，师傅领进门，修行在个人。为什么一样的师傅，一样的经文，有的人修为要高，有的低呢？就在于你心中的那个悟性，对于事物的潜在感悟。感悟得快、深、准，自然你的收获就要大，你就是高人。

也许，人类社会就是这样进步的。

也许，大胡子比尔和很多人谈论过这个，谈论过互联网。可是，没有一个人如马云这样激动，没有一个人有马云这样的感悟。马云从比尔的嘴里知道了互联网，虽然他还没有见到，可心中的感悟使他当时就认为，这将改变世界，改变人类的生活乃至生存方式。

信息的迅速传递，信息的瞬间可达，将使人们长上千里眼、顺风耳。它对于人类社会的作用，怎么估量也不为过。

当时的马云还不知道真实的互联网，也没有见过互联网，甚至见过的计算机都没有和互联网发生半毛钱的关系。但是，他相信比尔，相信这个世界已经到了信息时代。

于是，他心中的下一个“点”形成了，那就是互联网。尽管当时还很模糊，一切都是预感，可这模糊和预感是真实而有效的，一旦遇到合适的时机，将立刻变为现实。

比尔走后，马云久久不能入睡。他和张瑛谈论着这个神奇的事物，憧憬和想象着它如果被引进杭州，走进人们的现实生活会是一个什么样子？

“它将使知识更新更加迅捷，使交流更加简单，使人类文明成果更快地被分享；它将会更快地促使社会的进步，人类的融合。”马云就是这样认为的。

张瑛靠着他，听着马云的心跳，她知道，这个她深爱着的小个子男人又有了新的想法。从他的眸子里，张瑛就已经感到，他已经有了下一个“点”。在张瑛眼里，马云就是一艘航船。她打造的家庭就是一所港湾，马云的航船在这儿寻求补给，加上淡水，然后，肯定是下一次远航。

那个时候，张瑛就敏锐地感到，马云的下一个“点”肯定是比尔说的互联网。可机遇在哪儿呢？毕竟，当时的互联网对于中国人来讲还很陌生。

天降大任，必然眷顾。果然，不久以后，机会来了。

中国在开放，中国人在摸着石头过河。打开国门，激流涌进，大潮汹涌中难免泥沙俱下，鱼龙混杂。当时的杭州准备修一条杭州至安徽阜阳的高速公路，这公路将会改变浙江省内的交通状况，有效加快物流，促进经济发展。

这条高速公路也是开放的产物，因为，它是一条外国人投资，合股经营分享利润的高速公路。这位外国人长得人高马大、金发碧眼，名字叫什么卡文纳。他作为一名外商走进杭州，并受到了浙江省交通厅的热情接待。

开放的中国吸引了无数外资，特别是浙江，自古就是膏腴之地，天下赋税，大多出自江浙，其原因就是这里得天独厚的自然生态和长江三角洲便利的交通条件。此刻，再修一条高速公路，那是锦上添花之举，将使浙江经济更上一层楼。

卡文纳的到来，没有让任何人怀疑。因为，他衣着豪华，谈吐豪爽，讲述中让官员们听得出自己是一个国际投资商。他曾经在许多地方投资，家中拥资数亿，目的就是帮助贫穷、落后的地区。当然，他从中也有收益。比如这条高速公路建成之后，就有他的股份，他可以坐地分成，收取分红。

合同很快签订，卡文纳肥吃肥喝一番，大笔一挥在合同书上签上了自己的英文名字。然后，交通厅组织上万民工，在征地之后，便开工建设了。

可是，工程进行中，卡文纳在应该履行责任的时候却迟迟不履行。他的资金不到位，工程无法进展不说，那数万民工的工资谁来发呢？

但是，要和卡文纳打交道，必须会外语。他在和交通厅交谈之时，从来不说中文，按照他的说法，他对中文是一窍不通。此刻，这也是非常别扭的事。即使是越洋电话，交通厅的官员们也弄不清楚卡文纳的意思。无奈之下，浙江省交通厅找到了马云。

“马云同志，希望你代表我们，直接与卡文纳打交道。目的就一个，让他履行合同，资金立即到位。”官员郑重地将相关文件交到马云手里。

马云有一种责无旁贷之感，当初，卡文纳和交通厅官员谈判的时候，他就是唯一的翻译。此刻，那么多的民工，那么重要的工程，其命运都在他的手上。一时间，马云能感到肩膀上的担子有多重。

他被感动了，他义无反顾！如果卡文纳不履行合同，马云甚至想凭借他的散打功夫，掐住脖子也要叫这个大言不惭的老外将答应的资金吐出来。

可惜啊！道高一尺，魔高一丈。这个卡文纳可不是一般的人物，在接下来的日子里，马云就像阿里巴巴，遇上了四十大盗一样。他的这次人生历险足以像一部好莱坞大片一样，让人惊心动魄，叹为观止。

可这一切，与马云的下一个“点”有什么关系呢？又与互联网有什么关系呢？鬼使神差吧！许多事也许一开始就是那么神奇，而结局同样神奇。

遇险美国

站在卡文纳面前，马云立刻觉得自己的想法是个错误。卡广纳人高马大足有7英尺，而马云呢？差了一个头还多。马云要想掐住他的咽喉，几乎是个不可能完成的任务。

但是，违背协议，毕竟理亏，即使是个洋人也悖不过理去。卡文纳信誓旦旦，要求马云和他到香港，说董事会在香港，动用这么大的资金必须经董事会表决。这个洋人也是口若悬河，非常会说话：“马，你一定会说动我们的董事会，你的口才会让所有的人折服。我相信你，也只有你可以办到。”

这种吹捧在任何时候都是有效的武器，马云一方面是出于无奈，另一方面也确实对自己的口才有信心。如果能让香港的董事们在他的一番言辞下，投资杭州至阜阳的高速公路，他马云将会是怎样的信心爆棚？

于是，马云经交通厅的同意后和卡文纳飞往香港。

1995年的香港，维多利亚湾的上空还飘扬着米字旗，这颗东方明珠还镶嵌在中华民族昔日的耻辱柱之上。马云拿出护照通过海关，举目望去，九龙半岛上车水马龙，一片繁荣。英国殖民者都在纷纷地忙着撤出这块曾经给他们带来巨大利益的海外福地，那卡文纳说的董事会会在哪儿呢？

卡文纳带着他先找了一家酒店住了下来，然后，就是东一头、西一头地盲目穿行。不是某个董事不在，就是董事局现在无法开会。总之，卡文纳的董事局在这个特殊时期，忙于从香港撤出，没有功夫研究远在杭州的什么高速公路。

在这种情况下，即使马云有张仪的口舌之利，没有秦王，他也无能为力。

在香港待了一段时间，眼看着是白白浪费时间。于是，在马云的力主下，他们又重返杭州。

在杭州，事态已经变得更加严峻，时值年底，数万民工的工资没有着落，公路面临着半途而废的风险。交通厅的官员急得如热锅上的蚂蚁，他们对卡文纳似乎是忍无可忍。这位外国人真是有如簧之舌，不知道他用什么办法说服交通厅的官员同意派出马云为代表，和自己一起回到美国，到那里去说动美国的董事局。

这是马云的一次万里之行，他的后面是数万民工期盼的目光，是交通厅的信任与委托，马云颇有单刀赴会之感。此去事事难料，他身边没有足智多谋的鲁肃，也没有高大魁梧的关云长，只有马云他自己。但他仍然与卡文纳一起登上了越洋飞机，这一次的目标是美国洛杉矶。

飞机上，卡文纳该睡睡，该吃吃，而且食量尤其大，连马云的一份他也风卷残云，全部报销。

到了洛杉矶，这可是卡文纳的家，他如鱼得水。有人接站，有人接风，也是一番场面浩大的安排。结果，他给马云安排了一栋单独的别墅。

宽敞明亮的大别墅让马云很舒适地睡了一觉。第二天，他默默地准备着到卡文纳董事会上的演说辞。他希望说动董事们，因为杭州至阜阳的高速路建设是一个再好不过的投资项目，而且浙江省交通厅一定会信守承诺，保证在收费中按照合同提成给卡文纳及他的董事局以最好的回报。

可是，一天的时间里，他都没有见到卡文纳。这个美国大个子，在马云抵达洛杉矶的第二天就消失了。找不到卡文纳，马云觉得自己是条被潮水冲到沙滩的鱼儿，只能张大嘴巴艰难地喘气。虽然一日三餐什么也不缺，可这焦急和恼火让马云坐不安席。他想出去走走，没想到，门口两个保镖模样的人将他推了回来。

“对不起，卡文纳说了，你一个中国人，单独出去不安全。为了保证你的安全，你哪儿也不能去。”

两个保镖态度蛮横，根本没有商量的余地。马云岂能服他们，自幼练就的散打功夫让他跃跃欲试。大概有一个保镖看出了他的意思，“唰”的一声，从腰间抽出一把手枪。他食指伸进手枪的扳机套圈里，手腕一抖，那柄做工精良的手枪在他的手指上飞快地转了数圈。突然，他大手一伸，正好抓住了枪柄。然后，那黑洞洞的枪管在马云眉心处压印了几个圆圈。于是，一股冷森森的感觉透入骨髓。这里是大洋彼岸，这里是异国他乡，这里他举目无亲——马云的理智告诉自己：不行，人在矮檐下，不能不低头。

无奈，他只好退进房内，勉强地吃掉卡文纳给他准备的食物。

接下来，逐渐消逝的时间告诉马云：卡文纳就是一个国际大骗子，想叫他出资，门都没有。这个时候，唯一的办法只能是采用孙子兵法三十六计的第一计——走为上了。可是，怎么走呢？门外有两个如狼似虎的保镖，手中还拿着要人命的“小东西”。

好在马云头脑清楚，口舌伶俐。当卡文纳终于出现的时候，马云按着他的思路回答了他的问题。那个大骗子也是匪夷所思，也许自以为聪明的人都认为别人是傻瓜。于是，他提出了一个建议，让马云与他合作，回到杭州成立一个网络公司。

马云在稍作思索之后，应承了卡文纳的提议。卡文纳派了一个手下，送马云到拉斯维加斯，说在那边有什么业务要办。他的这个手下，更加凶悍，明显是个黑社会的打手。卡文纳扣押了马云的所有行李，让他自由活动，到时候回来报到。

可怜的马云衣袋里只有25美分，想要逃脱卡文纳的控制，此刻是最好的时机。可是，手中无钱，在资本主义的美国寸步难行。

无奈之下的马云走进了拉斯维加斯的赌场，这里的灯火彻夜通明，这里的娱乐无休无止。如果说人间还有天堂，那么，拉斯维加斯绝对有资格算上一个。

五彩的霓虹灯变幻着色彩，马路上车流如云，点燃的是流动的灯火的长河。宾馆、酒店、夜总会明亮的灯光镂空了所有的大厦，人工设计精美绝伦的喷泉，将无数的水滴抛向空中，经过灯火的润色如散碎的珍珠向人们的眼帘抛撒道道华光。这里没有黑暗，有的只是人的影子。富人们在这里开怀大笑，一掷千金。有人称其为销金窟，也有人叫它不夜城。这里只有无尽的享乐，没有休息。

这是地球上最著名的四大赌城之一，很多有钱人都到这儿休假。他们在这儿可以躺在摇椅上，观赏各种最为刺激的表演，享受世界各地的美酒，飞转的灯火下，他们予取予求。但是这一切的前提是你必须有钱。然而，马云只有25美分。

马云不能不祈祷好运，他毅然地走向了一台老虎机。那台老虎机张开大嘴，无情地吞噬人们的钱币，没有笑容，也没有眼泪，不感动也不激动。这是先进的电子设备，一切都在无形的控制之中。马云将他仅有的25美分陆续地扔进老虎机的嘴里。一美分，又一美分，老虎机不为所动，吃进一美分根本就塞不住它的牙缝。毛毛雨，真正的毛毛雨，它眼皮都不眨一下。也许，这根本不值得它眨一下眼皮。

马云身边的孩子看着他笑，头上的灯光一闪一闪。

也许，那一刻，马云想到了大洋彼岸，想到了他的"海博"。他长叹一口气，心中的郁闷仿佛得到了发泄。他双手摇了摇，手心中的美分硬硬地撞击他的手掌心。他继续投下，那张嘴仿佛是个无底洞，投下去音信皆无。

第23个美分又是有去无回，他的手中只剩下两个了。他又看了一下老虎机，血盆大口，真正的血盆大口，食量肯定惊人。那么多的硬币全部被他无情地吞下，这让他突然间想起了卡文纳的吃相，真是个吃货，杭州交通厅的接待宴，他风卷残云，有多少就吃多少。难道这个老虎机也像卡文纳一样，光吃不吐？

马云愤怒地投出仅有的两个美分中的一个，突然，机器乱叫，灯光闪烁，身旁的孩子们大叫："中了，中了！"

这标准的英文，马云当然听得懂，他睁大了眼睛，喜出望外。果然，老虎机一阵颤抖，大概它也心痛，一阵"哗哗"的响声，老虎机竟然给马云吐出了600美元。

天哪！奇迹果然出现，马云用他仅有的25美分，赢来了600

美元。真没想到能起死回生，马云拿着600美元头也不回地跑出了赌场。

跑出赌场的马云毫不犹豫，他必须离开这里，他已经看透了卡文纳的面目，他就是一个具有黑社会背景的国际大骗子。马云已经没有任何幻想，唯一的想法就是赶紧逃脱。于是，他立即用刚刚到手的600美元买了一张到西雅图的机票。

事实上，他的判断没错，没过多久，国际骗子卡文纳就落入国际刑警手中。

马云依靠他的机智和没来由的好运气，终于逃脱了卡文纳的樊笼。在坐上飞机、系上安全带的那一刻，马云终于长长地舒了一口气。什么保镖，什么黑社会，滚吧！马云经历了一个多月的软禁，终于摆脱卡文纳，获得自由。

飞上万里蓝天，喝着飞机上的咖啡，马云才意识到，人身自由是最珍贵的。他自由地飞翔，自由地降落，自由地用电话联系上了比尔。

老比尔在电话中热情依旧，他无比惊讶和热情地询问了马云的身体和其他状况，为他平安抵达西雅图而划了好几个十字。他不在西雅图，但他立即派出了他的女婿开车直奔机场迎接马云。

马云被感动了，真是有人群的地方就有好人与坏人之分。就如中国人和中国人不一样，美国人和美国人也不一样，有卡文纳也有比尔。

在西雅图，比尔的女婿像比尔一样欢迎了马云。他给马云安排了食宿，让他得到了及时的休息。

休息过后，精神恢复的马云脑海里盘算起了一个问题，这问题就是缠绕他很久的互联网。这个玩意儿，比尔和他说过，卡文纳也和他说过，甚至卡文纳就是以在中国办一个他们合作的网络公司为条件才释放马云。看来，不仅是好人比尔喜欢互联网，坏蛋卡文纳也喜欢互联网。那么，互联网是个什么东西呢？马云认为，他好不容易来一趟美国，如果这个问题搞不清楚，他是不应该走的。也许，这还是他的灵感和嗅觉在起作用。

他向比尔的女婿提出了要见识见识互联网的要求，比尔的女婿听了哈哈大笑："好，很好办，你跟我来。"

比尔的女婿很支持他的想法，带他到了一家网络公司，指着一大排电脑说："来，马云，你试试看，非常好的网络，不管你想找什么，基本都能找出来。"

马云当时的心情是既惊喜又忐忑，他事后回忆自己那时的想法时说："我甚至害怕触动电脑的按键，我当时想，谁知道这玩意多少钱哪？我要是把它弄坏了可赔不起。"

这就是当时的马云，人生第一次接触互联网的马云。在中国，他是不是第一个接触互联网的人无从考察，但那个时候，能接触互联网的人肯定是凤毛麟角。而马云在一次像阿里巴巴遇见四十大盗一样的历险之后，终于面对面地接触到了梦寐以求的互联网，实际上，对于互联网，马云一开始仅仅是有一种朦胧的感觉。他万万想不到，这种感觉在多少年之后，在他的阿里巴巴成为世界著名的互联网企业时，人们会肯定地认为那不仅是感觉，而更是一个企业家的先知先觉。

如果说马云打造的阿里巴巴是行驶于商海中的一艘巨舰，那么，在马云从事教师这个职业的时候，它刚刚开动，准备起航。

我们现在来看马云的人生经历，似乎他一开始就是那么睿智，那么伟大，简直就是一个先知先觉的大师。其实，就马云自己而言，他也无非是凭着感觉一路走来。马云自己也意识不到自己当时脚下的一步是多么伟大，只是走一步看一步，然而，这一步步的正确却成就了他终点的辉煌。

不要小视这感觉，这感觉是每一个人都有的，但它又是不同的。这感觉的来源也是千锤百炼，生活的积累。当马云意识到市场需要一个专业的翻译机构时，也许别人还在迷惘中。当马云根据这一感觉而采取行动的时候，别人或许还在嘲笑他的匪夷所思。

这就是除了感觉之外的又一个差别，由感觉而入行动，这才是创业者。更多的人是有了感觉却没有行动，畏难的情绪，观望的想法，使他们失去了一个又一个机遇。事过多年，可能回忆起来，人们大谈如果。如果当初，如果那时，其时生活中哪儿有那么多如果？说到底，就是你没有行动，没有行动，机遇只能放飞。因此，多少年后你剩下的只有“如果”。

行动起来，如何进行呢？困难、挫折必会如影随形。谁都懂：前途是光明的，道路是曲折的。这世界上没有坦途好寻，只有通过荆棘的路才会攀上无限风光的险峰。可在生活实践中，有多少人能挺得住？一个“挺”字，曾经是曾国藩引以为座右铭的经典。当马云写下“永不放弃”时，他们已经渡过了难关，但这精神能够领悟而且实施的毕竟只有少数生活中的勇者。

人生就如台阶，上了一个，你的眼前就会有一片风光。你再上一个，风光又会再上一个层次。那么，很多人在有了一片风光之后，就会停止艰难的攀缘。但马云没有，他的目光永远有延伸，他的灵感永远有飞跃。

当马云离开阿里巴巴首席执行官的位置时，他曾经说，是时代造就了他，是互联网造就了他。这是一个事实，可随着互联网的诞生，有几个人敏锐地意识到它可以打造一个电子商务的平台、造就一个世界级的电子商务航母呢？这就是眼光，就是一个人的嗅觉，就是一个人的敏锐洞察力了。换句话说，那就是一个人的灵感。

也许，有人会说，可惜了，互联网现在已经是参天大树，当初的机会早已经丧失。可我们应该明白：世界在前进。互联网虽然长成参天大树，但一定还有什么网，或者什么其他的新生事物，刚刚破土。只要你有心，只要你有灵感，如互联网一样的机会随时都在。只不过，它需要你的寻找。

3

下　海

创立中国黄页

在比尔女婿的热情帮助下，马云小心翼翼地在键盘上用英语打了“啤酒”这样一个单词。然后，他又点下了雅虎搜索引擎。不一会儿，显示器上出现了5个公司，有美国的，有德国的，就是没有中国的。马云感到很奇怪，在他的印象里青岛啤酒、燕京啤酒都是很有名的，怎么这上面没有它们呢？马云想了一下，又打了一个“中国啤酒”，结果，雅虎显示没有相关结果。于是，他又敲了一组单词“中国历史”，这一次在雅虎页面上出现了50多个字的简单介绍。

马云兴趣大增，他认真地向比尔女婿的朋友请教互联网的知识，这个网站就是这位朋友开的。那位朋友很耐心地向他介绍说：目前的中国，没有网站，也没有人来做网页。你必须做一个网页，将你们公司或者是某个单位的情况放上去，然后加在搜索引擎里。这样，有人用相关词组一搜就会出现。而且，那个朋友还建议马云做个网页，将某一个公司的状况放进去，加入搜索引擎，看一看效果。

马云被吸引住了，他就势委托这位朋友将他的海博翻译社做成一个网页发到了互联网上。当然，这个匆忙做出的网页很丑陋，很一般，连个像样的图片都没有，有的仅是文字说明，内容是海博的员工和业务，充其量就是一个简单至极的文字广告。

于是，在互联网上就有了第一个中国网页，这网页的名字就叫海博。这是中国公司的网页第一次登录互联网。

这是漫不经意的一招，就如太极中似乎随随便便的一拳击出。可就是这随随便便的一拳，收到了意想不到的成效。网站上午 9 点登陆，中午 12 点朋友就给马云打来电话：快来看看吧，已经有 5 封邮件。马云正在逛街，听到消息急忙跑回，果然是 5 封邮件。有来自美国本土的，也有来自日本和欧洲的，有公司也有留学生。信上说道：你们是我发现的第一家中国网站，你们在哪儿，我们要和你们谈生意。

马云的心中如浪潮在撞击，他能感受到胸口激烈的撞击声。虽然看上去是漫不经意，实则从比尔和他讲述互联网开始，互联网就如同他脑海上空的一只鹰一样始终在盘旋。今天，经过实地接触和运作，这只鹰落在了他的臂弯。他能看到它闪亮的羽毛、灵活的眼睛，他甚至可以听到那只鹰在和他说：来吧，马云，我会驼起你飞过浩瀚的大洋，在这世界的上空盘旋。

据说马云最崇拜的是金庸武侠小说《笑傲江湖》中的人物风清扬，喜欢出手无形实有形。也许，当时他这看似无形的一招，实则是岁月的积累，是敏感的凝聚，是他对于事物敏锐嗅觉的一次飞跃。总之，他立刻就感受到了这一简单的事件所蕴藏的无限商机。

做一个商业网站，收集国内所有企业的资料放到网上，向全世界发布，从中收取中介费用。马云迅速地作出了这个决定，并且，他立即投入了行动。

他对美国的朋友说：我们合作，你们负责技术，我回国内组建公司。

美国朋友热情地回应：OK!

于是，在那一瞬间，一个全球首创的B2B电子商务模式就有了其最初的创意。

说干就干，他先用兜里靠玩老虎机挣来的钱买了一台386电脑，然后飞越重洋回到杭州。到了杭州，他立即召集了一次会议。

什么会议呢？

这是次实际上不算什么会议的会议，参加的人员除了妻子张瑛之外，全是他的朋友和他的学生。参会者共24名，这些都是马云多年积累的朋友。有人说，友情也是一种储蓄，这种储蓄一样会让你充实，会让你像阳光一样温暖。

看到集聚于家中的24位朋友，马云的心中如阳光一样灿烂。这灿烂的阳光使他充满激情，充满信心，于是，他手舞足蹈地开始了对于互联网的讲解。他再一次发挥他的演说才能，将这24位朋友当成他的学生，他要把一个崭新的、可能会给整个世界带来变化的东西讲给他们听，希望他们像以往一样陶醉其中，为他所征服，为他的教诲而踊跃投身于这一伟大陌生却富有希望的互联网行业，建立一个中国最早的网络公司。

他讲得绘声绘色，声情并茂，也许在电子工业学院 6 年，这一次是他最精彩的一堂课。起码，他自己是这样认为。

讲得口干舌燥之时，他接过张瑛递上的一杯水，借机他扫了一下 24 名听众。这一扫让他大吃一惊，因为，他从来没有见过在自己讲完课之后，台下会有如此茫然的眼神、如此涣散的注意力。有几个人甚至心不在焉地将目光投向了窗外，这让马老师情何以堪？

“怎么样，大家觉得如何？”既然如此，马云图穷匕见，直接问道。

24 个人，包括张瑛，全部是面面相觑。好半天，有一个人问道：“马云，你说的不错，可这事是不是太早？政府这边还没有动作呢！出头的椽子先烂。”

“对呀！整个中国都没有，你搞得了什么呢？”

看来他自己觉得非常精彩的一课并没有人接受，这么好的东西人家不认。马云不服，他采取了最后的办法：投票表决。结果，24 个与会者，23 票反对，只有一个人说：“可以试试，不行再退呗。”

马云的这次关于互联网的讨论、关于建立一个中国人自己网站的建议就这样被他的朋友否决了。会议也就在这一片反对声中终结，人们纷纷散去。

马云留住了一个人，那就是唯一的没有投反对票的何一冰。

那一夜，马云是长夜无眠。张瑛什么也没说，她虽然也是反对者中的一人，可她此刻不想影响丈夫的思考。

第二天，东方的太阳照常升起，可马云早就晨练归来。张瑛发现他神清气爽，她明白这件事他已经决定要做了。

随后，他找到学校领导递上了他的辞职报告。

当时的电子工业学院，根本没有想到马云会有此想法，学校甚至已经给马云安排了驻外办事处主任的工作，这报告让他们措手不及。

校领导对他的举动很不解，问他：“怎么了，学校委屈你了？”

马云回答：“不是，学校对我很好，我就是想趁着年轻出去闯一闯。”

那一天，在学校的领导办公室里马云整整解释了一个上午。校领导一再挽留，这让马云十分感动，可他的决心已定，最后还是坚持了自己的请求。

1995 年 9 月，马云辞去了公职，当时他正好是而立之年。岁月风尘的积淀，他不仅有了一定的商场经验，也有了充足的人脉。于是，长风破浪会有时，直挂云帆济沧海。一股激情让马云义无反顾地走出了象牙塔，前面当然是波翻浪涌之商海。从此，没有人来保障他的收入，能掌握这艘航船的只有他自己。

马云倾囊所出，凑了 6000 元，从亲友处借了几万元，拆卖了部分海博翻译社的办公用具，加上两个股东，一共筹集了 10 万元，开始创办第一家商业网站——“中国黄页”，其公司的名字叫作：浙江海博网络技术有限公司。

公司共有 3 名员工：经理马云，副经理何一冰，工作人员张瑛。公司的分工是，马、何两位经理跑业务拉客户，张瑛坐摊。

这家公司带有明显的股份制色彩，马云夫妇出资 8 万，何一冰 1 万，还有一个股东宋卫星出资 1 万，各按出资比例占有公司股份。

在一阵鞭炮声中，这家中国最早的网络公司在美丽的杭州开张营业了。整个公司唯一的办公工具就是马云从美国捎回的一台 386 电脑，这在现在看来简直是寒酸至极，可在当时，可是个稀罕玩意儿。马云让张瑛迅速学习电脑知识，亲自操控，主要工作就是发电子邮件。他与何一冰出去跑市场，宣传网络营销，推广电子商务。

这是一桩陌生的生意，所有人都不理解甚至还不知道什么是电子商务营销，公司像一只风雨飘摇的小舟，就这样，任瘦小的马云两臂轻轻一摇，橹槁一点驶进了无边的商海。

事后想起来，马云没有为他敏锐的商业嗅觉而自得，而是赞扬了自己的勇气。他这样说道："因为我知道我看见了这个东西，我太想做一样东西了。很多年轻人是晚上想想千条路，早上起来走原路。中国人的创业，关键不是你有出色的想法，而是你愿不愿意为此付出代价，全力以赴地去做它，证明它是对的。"

"其实最大的决心并不是我对互联网有很大的信心，而是我觉得做一件事，经历就是一种成功。你去闯一闯，不行你还可以掉头。但是如果你不做，就像天天晚上千条路，早上起来走原路一样的道理。"

他说的话到底有几分道理呢？首先可以肯定，马云不是哲学家，他不能高屋建瓴地去总结人生经验并指导人类。但他是一个成功的企业家，他的话是自己经验的总结，是实践出真知的典范。这些话的意思很清楚：有了好的主意，必须还得有好的行动。看到还要做到，这才叫创业。创业是实践，是潜进商海的游泳，绝对不是存在于幻想中的观望。

在1995年，接触互联网的人绝对不止马云一个，即使在中国，接触互联网、认识互联网的也大有人在，可是，一接触到互联网立即行动的大概只有马云一个。特别是发现互联网所蕴含的商机，认识到电子商务的无限发展远景并付诸行动的，只有马云。

于是，“中国黄页”享有了这份荣誉：中国第一家电子商务网络平台。

运营第一家电子商务平台

公司是注册了，网站也开始运营了。可是，互联网还没进入杭州，它进入杭州，是“中国黄页”开办4个月之后的事了。

这期间，一家没有网络的网站是如何经营的呢？

首先，他们将中国企业的资料（图片和文字说明）翻译成英文，然后寄到美国西雅图，由美国方面的朋友将资料做成网页放进互联网。然后，美国方面的朋友将上网的主页用彩色喷墨打印机打印，再寄回中国杭州。“中国黄页”再拿着这些彩色打印纸给相关企业看，告诉他们已经进入互联网。如果客户不相信，那就将主页的网址和美国朋友的电话号码通报给客户，让他们去查询。

这样复杂的程序过后，马云的“中国黄页”收费标准为2万~3万元。

这一番操作，费时、费财、费人力又费资源。从时间上看，一个周转需要半个月左右；从财务上看，国际邮件要价不菲。更主要的是，那个时候杭州没有互联网，人们也根本不认识互联网，没有人信任互联网，也就没有人想在这虚无的互联网上做什么生意了。即使是马云他们费尽九牛二虎之力拉来一单业务，美国方面还要分成60%，马云的公司只能分成40%。

如果这个方式放在美国，应该不算什么。美国人对于互联网已经有了足够的认识，想在互联网上做个主页，介绍一下自己的公司和产品已经是习惯。因此，美国的客户足够多，分给你一部分利润也足够你生存和发展，可马云这边不行。多少年来，中国人做的都是传统的生意，而且，他们更喜欢墨守成规。即使是做广告，也是兴起不久的一项业务。到报纸上、电视上去做个广告，不管效益如何，起码也是眼见为实，能看得实实在在，他们心里踏实！可这个什么网却有点虚无缥缈，做上一个广告，介绍一下企业状况，看到的还只是一张彩色打印机的打印件。这让很多企业领导摇头否决，坚决不干。

看起来，这东西虽好，可过于超前也让人很难接受。

马云不气馁，他决定先易后难，先找那些有交情、曾经有过来往的企业，以亲情、友情、人情拓开市场。

他先从与海博翻译社有业务来往的单位下手，做好网页拿给他们看，给钱就接着，没钱就免费。

首先上网的是杭州望湖宾馆、杭州电视机二厂，还有一个和海博有来往的律师事务所。而且很快地，这几个单位都接到了海外电话和传真。这就说明，马云和美国朋友制作的网页有了效果，“中国黄页”通过互联网将中国企业推向世界的想法已经梦想成真。可是，企业领导不买账，因为他们看不到真实的网页。

对那几张彩色打印机的打印件，有一个朋友笑着说：那个东西我也会整。这真让马云气短，毕竟他无法将已经出现在互联网上的主页展示给他们。可怜的杭州，那个时段还没有互联网。

那一段时间里，马云是度日如年。什么时候互联网才能来到杭州？虽然他也不知道答案，但他知道这一天终会到来，人类不可能拒绝互联网之魅力。

1995 年 7 月，中国上海开通了互联网专线。

马云在第一时间里得到了这个消息，他欣喜若狂，立即找了一台当时功能相对强大的 486 电脑，然后在杭州拨通长途电话连接刚刚到达上海的互联网，再通过互联网搜索美国朋友做成的望湖宾馆的主页。由于网速的原因，足足用了 3 个半小时，马云面前的显示器上才一点一点地出现了望湖宾馆的主页。

马云挺直腰板，手指电脑：你看，你看哪！

事实胜于雄辩。人们承认了也开始认识了互联网，意识到它的功效并向马云投以赞慕的目光，“中国黄页”也终于开始有了收入。

可这第一笔两万元的收入，他只能收入 800 元，因为按照协议 60% 的利润得归美国方面。但这仍让马云和他的合作者看到了曙光。他们更加卖力地宣传互联网，不仅在杭州而且到全国 27 个城市去宣传。

马云这样提醒自己：互联网必将影响人类未来的生活，但是这将像是一次耗时 30 年的 3000 米长跑，你必须跑得如兔子一样快，又要像乌龟一样有耐力。

在那些没有互联网的城市里，马云被人们视为骗子，人们不理他、躲避他。但是，马云不屈不挠，疯子一样反复跟人家侃互联网，谈电子商务，说服企业老板，说服记者。

有这样一个例子，杭州一家企业马云去了5趟，可老板坚持认为马云说的电子商务是骗人的玩意。于是，马云收集了大量的电子商务的资料送给他，并且耐心地讲解电子商务是一种新型的商业模式。互联网覆盖的是全世界，它的触角是每一个家庭，因此，在这上面做广告比其他任何媒体都更容易见效。尽管马云一向以口才为傲，尽管他口若悬河，尽管他举了很多例证，那位老板还是半信半疑。也许，换一个人，他的努力就会终结于此，只能黯然面对打道回府的无奈结局。可马云不同，他认为这样难啃的骨头绝对不能放弃，啃下来一定会产生意外的影响。于是，他要来这个企业的一些资料，几天后，马云带一台笔记本电脑来到这个企业。

面对这个老板，马云点开了电脑上的搜索引擎，不一会儿，这个企业的所有资料逐渐展现。马云告诉他，在任何地方、在任何一台电脑前都可以用相同的方法看到你们企业的资料。不管是在中国，还是美国，还是世界的某一个角落，效果都是一样的，这就是互联网，这就是神奇的电子商务。

有一种说法，叫作现身说法，大概就是这么一个意思。在互联网刚刚兴起的年代，马云的努力终于有了效果，那个企业老板也为“中国黄页”付了费。

马云这种锲而不舍的精神、这种顽强地寻找客户的举动传播开来，从另外一个方面提高了“中国黄页”的知名度，也让更多的人了解了互联网。

那个时候，马云几乎要天天去游说，想让更多的人将他们的资料放到网上，为“中国黄页”付费。极尽所能，鼓如簧之舌，跑千家万户，那就是“中国黄页”开张之初的马云。后来，有朋友调侃，他不以为然，笑着说道：“我有一副天生的好口才，为什么不能在大街上宣传我的公司?”

的确，天生我材必有用。通过马云和其合伙人的共同努力，“中国黄页”不仅生存了下来而且日益蓬勃发展。

从望湖宾馆、电视机二厂、钱江律师事务所，再到无锡小天鹅、北京国安足球俱乐部，“中国黄页”已经从杭州走向全国。

就在“中国黄页”已经取得发展而且势头正盛的时候，马云的视野里出现了一个人。这个人的出现，让“中国黄页”有了新的长足发展。

有一天，张瑛告诉他，有人在“海博”的主页下面留言，上面是那个留言人的简历。这让马云大喜过望，为什么？想一想，那个时候，互联网才刚刚敲开中国的大门，国人知之甚少，有人能在网页上留言而且还是自己的一份简历，这说明两个问题：一是他有关于互联网的技术，二是他想加盟“中国黄页”。

从西雅图归来，24 个人中他才觅得何一冰这么半个知音。这就如茫茫荒漠，他牵不到任何一只手，孤独让他彷徨，让他无助。

特别是在网络技术上，马云颇感无奈，原因是他不懂，何一冰不懂，张瑛也不懂。当然，这是说在更具体的操作上。比如制作网页，他们就谁也做不了，没有办法他们才与美国方面的朋友签约，这个合约让他们辛辛苦苦跑断了腿、磨破了嘴赚来的一点儿钱，还要分给大洋彼岸 60%。再者，越洋操作，花费也是惊人的。因此，马云做梦都想拥有自己的技术人员，自己做网页。只有这样，他们才是一个完整的网络公司。

张瑛的汇报，让他眼前一亮，他立刻感到上帝的眷顾又一次来临。他想啥，就来了啥。马云高兴地要求张瑛立即回电，告诉他，公司欢迎他的加盟。

不久，这个人由深圳来到了杭州。一路风尘，没进公司他就来找马云。

一见面没有更多的寒暄，他双手紧握马云的手，告诉马云："早就在互联网上看到你了。"

马云离开美国西雅图回到中国杭州，再建立"中国黄页"，又为"中国黄页"而四处奔波，接触的都是中国当代精英。那些企业家、老板都是屡经战阵，商海中运筹帷幄，生意场上滚了数滚并取得了优异成绩之人。可是，他们哪一个也不懂互联网，更别说通过互联网了解什么。这让马云在疯狂的营销中，感觉他的前面没有一个人可以理解他，即使他口干舌燥，有些人的眼睛中还是一片茫然，甚至是莫名的敌意。认识的人还能听马云说一阵，不认识的人中，有礼貌的会请他打住，脾气暴躁的直接就是一句：哪儿来的骗子？

今天，他双手一握仿佛是终于发现了知己。一个远在深圳的叫李琪的青年如此信心十足地告诉他：久仰，在网络上久仰。

真是久旱逢甘霖！

打开海博网络公司的大门，马云给李琪安排了一张办公桌。

一个星期之后，李琪告诉他，网页做成功了。打开电脑，公司的所有员工，亲眼目睹了李琪制作的已经伫立于互联网上的自己的网页。小小的公司一片欢腾，人们互相拥抱，这毕竟是一次飞跃，一次质的飞跃。

年底，公司收支基本持平，营业额 100 多万元。两年后，营业额700多万元。700多天，“中国黄页”的营业额翻了七倍。

杭州海博网络公司终于扬帆起航！

书生马云

中国中央电视台至今还保存着一部专题片，专题片的名字叫《书生马云》。这是马云的一个杭州老乡、一全名叫樊馨蔓的记者为他也是为互联网而拍摄的。

首先看这个名字。百无一用是书生！秀才造反三年不成！在我们的传统观念中，秀才和书生是意义相近的两个名词，而上述用语无非是说书生办不成事的意思。书读得多了，难免变愚，愚是一种性格，执着无悔没有灵性。书生又属于学堂，不是学生就应该是先生，说学问或者是做学问。

总之，书生是有一点执着，有一点清高，又有一点不谙世事的意思。镜头一摇，我们可以看到，马云在滔滔不绝，口若悬河，大讲要建立中国最大的国际信息库，让中国的企业走向世界之类的话。他的表情看上去有些鬼鬼祟祟，而听的人表情一片茫然。没有信任，没有激情，甚至也没有疑问。人们似乎在听一个外星人在说外星球的故事，没有人表示一点兴趣。

这就是当年马云在北京的遭遇，这也是刚刚进入国门的互联网的遭遇。

1995年，对于中国和互联网而言是个关键的年头。这一年，互联网登陆中国。它和所有极具生命力的东西一样，一旦登陆立刻如龙卷风般席卷华夏。张朝阳、王志东、陈天桥这些后来的互联网大亨，已经开始创业。张朝阳的“爱特信”，王志东的“中文之星”，随着互联网的到来，已经名闻天下。而陈天桥已经踏入陆家嘴集团，开始接触互联网。

是的，信息是无法独享的，它也不具备任何保密性。只要是有识之士，只要是具有一定商业嗅觉、事物敏感度的人都会立刻关注它。应该承认，和马云一样有见识的人为数并不少。

“中国黄页”感受到了这一威胁，它刚刚开始赢利，它还是一株幼苗。如果不争取更大的发展空间，当其他的网络公司长成参天大树，“中国黄页”将很难在这些大树盘踞的土地上重见天日。这种威胁让马云意识到一个问题，那就是杭州太小，它的小不在于城市，而在于它的影响力。

于是，马云和他的股东们商议之后，决定进军北京。必须到北京去，那儿是中国的政治、经济、文化中心。那里有登高一呼而至全国之力量，在那里有适合“中国黄页”迅速长成参天大树的必需条件。

那个时候有这样一个故事。有人在北京找几个人，收集一些信息，然后向全国各地邮寄信件。信件都是一个内容：你的事迹已经被选为中华名人大辞典收集对象，请将你的简历（不超过500字）邮到上述地址（当然是盖着红章较有名望的地址，如中华名人堂之类）；收到你的简历后，我们将负责印刷成书。那么请你买一本如何？有自己名字的名人辞典，岂能不买？一本书上百元，成本无非是一二十元，而辞典里的“名人”上万。如果名人来了兴趣，没准再多买几本送人，炫耀一下。你想啊，卖10万册应该不算难事，而10万乘以数十意味着什么？操办此事的人用不了多久就会变成百万富翁。

然而，这样的事只有在北京会发生，换任何地方，哪怕是上海都不灵。想将“中国黄页”办成 B2B 网站，想让“中国黄页”成为中国企业和世界交流的一个平台，非北京不可。于是，马云和他的同伴北上京城，想将“中国黄页”置于皇城之下，立足北京，背靠全国，面向世界。这是马云一个新的理想，一个新的战略构划。

进入北京，他立刻觉得自己这一战略构思实在是无比正确。真不错！

北京太大了，左一环右一环，各部委，各厅局，各外国领事馆。一看就能感觉到，这里与世界息息相通。

马云一开始就梦想做一家中国人创办的全世界最好的公司，梦想做一个全世界排名前 10 的网站。

在北京，他找到了这感觉，这里有土壤，有空间，于是，他开始疯狂地宣传和运作。就是在此背景下诞生了《书生马云》这个专题片。

马云还不知道，当时高层对于互联网是有争论的，并且两种观点针锋相对。一种认为，中国不能发展信息高速公路，否则将会被西方发达国家所控制。另一种则相反，认为中国必须加快发展互联网，否则，中国将被数字鸿沟挡在信息时代之外。

在这种争论还没有结论的情况下，书生马云的疯狂运作会有什么结果呢？先看第一个故事。由于上层官员没有表态，有关互联网的宣传，各大媒体都不敢轻易去做。马云手段不同寻常，他找到了某权威媒体的司机，塞给他一个关于“中国黄页”的资料和稿件，同时，还有 500 元现金。1995 年，500 元的含金量与今天不是一个档次。马云这样说：“不管什么媒体，发了就算你的。”

那个司机也非同凡响，他一连串发了5个媒体，其中《中国贸易报》还发了头版。从这一举动上马云发现了知音，他立刻拜访了《中国贸易报》的主编。两个人相见恨晚，在一起连续谈了两天。马云回忆道："当时他和我一样不懂互联网，但是他觉得互联网肯定有戏。他说，马云我支持你。"

总编带着马云立刻拜访了国家信息中心的有关负责人，可惜，马云和总编的热脸贴到了冷屁股上。那个负责人顾左右而言他，偶尔流露出自己的意思，马云听清了，那就是：我们堂堂国家信息中心怎么能跟你一个个体户合作?

马云碰壁了!

可是，马云不会灰心，他也许永远不知道什么叫灰心！在同情者和支持者的帮助下，他连续拜访了文化部、国家体委等部门。可是，在1995年，民营公司还没有多大影响力。况且，马云的"中国黄页"不过是远在长江三角洲的一个小小网站，年毛利不过100万。这点成绩在北京马上就成了毛毛雨，尤其在这些庙堂之上的部委官员们眼里，马云想和他们合作颇有点异想天开之意。

马云连续碰壁，而那部《书生马云》几乎就是记录他的碰壁史。

拍摄这部专题片的樊馨蔓说道："在片子里，他就像一个坏人，虽然滔滔不绝，但表情总有点鬼鬼祟祟。他对人讲他要干什么干什么，要建最大的中国国际信息库。但再看听者的表情就知道，人家根本不知道他说的是什么。"

可是，虽然这样，马云的滔滔不绝还是感动了一些有识之士，包括这位樊馨蔓女士。她拍摄的这部专题片登上了中央电视台的东方时空栏目。传统媒体，尤其是中央级的媒体影响力是巨大的。

由于这些有识之士，事情慢慢地有了转机。

《人民日报》信息部闻讯请他做了一次演讲，这对马云当然是个机会，他从来不放弃任何一个说话的机会。面对权威媒体的大佬，面对一些工程院院士的观点，马云慷慨激昂地说道："对于发展中国家来说，中国搭上的是末班车，错过了就很难再有机会了。对于处于劣势的我们来说，进攻就是最好的防御。"

马云善讲，他讲得有声有色，讲得激昂而富有理性。有一些工程院的院士认为，互联网不符合中国的国情。对于这种愚昧而无知的"专家说"，马云做了无情的批判，指出：互联网是人类历史上的一次革命，一次最伟大的发明，闭关锁国将会让中国再一次失掉发展的良机。

马云的话获得了这些广见多闻的媒体从业者的掌声，他明白这掌声意味着什么，马云眼睛里含着泪花向他们微笑致意。

时任《人民日报》总编辑的范敬宜听了马云的讲演，深以为然。这位作风严谨的学者，从心里意识到互联网将会如风暴一样席卷未来世界。他第二天就给中央打报告，申请《人民日报》上网。

在这之前，还有一则故事。

再说那位《中国贸易报》的总编，他为马云召开了一次新闻发布会。地点在长安俱乐部的雷吉尔餐厅，目的当然是为"中国黄页"进京而寻找合作伙伴，参加人员有30多位报界老总，还有几位有投资能力的地产界大佬。马云为此和他的技术人员也做了大量筹备工作，可会议还没开始，听说上面有文件，不让宣传互联网。马云和他的技术人员面面相觑，经过好一阵取舍，有选择地挑选了部分资料。

新闻发布会还是准时召开了，马云的技术人员现场摆了一台电脑，连接上电话线，当场演示了“中国黄页”的网络页面。接着是马云上场的激情演讲，他讲了一个多小时，从网络应用到网络前景，讲得头头是道。可是与会的老总和记者似乎只听懂了一半，感觉还是一头雾水。餐后，主持者特意为马云找来两个颇有实力的地产老总，他还是希望马云能得到这有实力人物的支持，只有得到他们的支持，马云才有可能实现他的梦想。

马云鼓起勇气，又详细地演讲一番，一个多小时里马云口干舌燥。两个老总似乎听懂了，可是，他们问了一句话：这样的东西，国家会让民营企业来搞吗？

马云立刻哑言！毕竟，当时的高层对于互联网还没有最后表态，马云的意识尚属超前，这超前的意识脱离国家政策如何行得通？

可是，《人民日报》上网的申请报告却被中央批准了。这一消息是爆炸性的，想一想，《人民日报》何等身份？《人民日报》上网工程启动，说明互联网在中国的发展已经是必然趋势。作为互联网的推动者和积极宣传者，马云也获得殊荣，中央电视台东方时空请他做客。

一时间，所有的阻碍似乎一夜之间风消云散。互联网就要在北京、在中国大行其道。也许，“中国黄页”会乘着这股强力的东风而骤起。

可马云却冷静下来，因为他已经看到，互联网一旦破局，大批外资企业蜂拥而来。他们有强大的资金为后盾，有强大的技术为支撑。小小的“中国黄页”一无资金，二无背景，在这样一个风起云涌的皇城里，它要想立足生存并壮大，对手太多。

能否击败这些对手？马云考虑了一个晚上。在北京租一间门市需要多少钱？办一个执照需要跑多少衙门？能依靠的人力和人脉有多少？一笔笔细账算下来，马云更加冷静。他和自己人商量以后，认为，到北京发展的时机已经不存在了。

那个时候，马云的潜意识中可能就认识到，江浙地带的那些中小企业应该是他最值得依存的对象。当然，那个时候，他的这种意识还比较模糊。但有一点——“中国黄页”搬到北京是不可能的，在这强手如林的世界里，它很可能被淘汰——这一点，马云是清醒的，他的同伴也是赞同的。于是，他们打道回府，从北京回到杭州。

可是，事情的变化让人始料不及。这也从另外一方面证实马云的敏感准确：互联网一旦登陆中国，它的发展就会令人瞠目结舌。果然，他们从北京回到杭州，杭州的网络公司格局已经有了很大的变化。

在开放的年代里，中国这古老的土地一夜之间会发生什么样的变化，谁也无法预料。一件事情，一桩生意，如果赔钱，会很快销声匿迹；可是，如果赚钱，那么立刻会有十个、百个公司或者什么单位雨后春笋般从地下冒出。你马上就会遇到前所未有之挑战，前所未有之压力。

开放之初，这种竞争和挑战随时都会到来。马云的“中国黄页”在刚刚诞生的时候不被人们理解，不被信任，可是，一旦你被人们认可了，你就会发现更多的网络公司，更多的网站转眼间已耸立于你的眼前。

中国人的模仿能力要说第二，估计这个世界上没有谁敢称第一。

回到杭州的马云和他的同伴遇到的是始料不及的生存危机!

挫折如期而至。

杭州的网络公司已经是战国纷争、硝烟四起了。

先是有“东方网景”、“亚信”，继而有“西湖网联”……就如“文革”中的战斗队一样，杭州的网络世界一夜之间已经是强手林立，群雄崛起。

市场份额还是那些市场份额，可这么多的公司由谁来吞下这些份额呢？当然只有一个答案：优胜而劣汰，强者生存，弱者消亡，仅此而已。

有人说商场如战场，事实上，莫如说商场就是战场。残酷的厮杀中，最有实力、最强悍的团队才能获得胜利。

马云的“中国黄页”，不缺少胆略，也不缺少团队的协同，更不缺少毅力和耐心。但是，他们没有背景，没有雄厚的资金。而战争是靠实力说话的，打仗打的是钱。可马云没有钱哪!

在杭州网络世界里，最有实力的当属“西湖网联”。它拥有3亿资本，是中国电信附属的国家企业。可见，从资金到背景，马云都不是对手。“中国黄页”面前是一个手持铁锤的巨灵神，它抬抬手，马云和他的“中国黄页”将只有招架之力。

而且，这个“西湖网联”手段也是颇为高明，他们也做了一个名字相近的“中国黄页”。从英文上看是这样的——“chinesepage. com”，而马云的“中国黄页”是“china page. com”。这种把戏在商业竞争中屡见不鲜，可也往往收效甚佳，足可以假乱真。你要是和他打官司，他会眼睛一瞪警告你：你把眼睛睁大了看仔细了，这里不一样的。

真是没办法，只要哪一个品牌做好了，模仿者就会随之而来，这种现象已经是见怪不怪了。

经过一番乱战，马云的“中国黄页”败下阵来。一时间，局面非常艰难，不但市场紧缩没业务可做，就连员工的工资都成了问题。

在这一困难的局面下，马云同意了“西湖网联”的合并建议。他们的“中国黄页”投资60万，“西湖网联”投资140万，用共计200万元成立新的公司。这样，马云和他们的“中国黄页”占30%的股份，“西湖网联”占70%的股份。也就是说，“西湖网联”绝对控股。表面上是合作，实际上是“中国黄页”被“西湖网联”一口吞掉。

但是，马云并不这样认为，他仍然带领他的团队积极工作，并提出了新的战略构想。可是，他的这些构想都被已经控股的“西湖网联”给否决了。

事过不久，马云带领他的团队到南方去发展业务。一段时间后，他们回到杭州。没想到，情况已经远远超过了他们可能的想象。“西湖网联”所属的中国电信南方公司，利用自己雄厚的资金另外注册了一家新公司。这公司的名字也叫“中国黄页”，并且拼命地分割原有的市场。你做一个网页收5000元，他就收1000元。资金与实力使他们在硝烟纷起的商战中，频频将对手挑落马下。

1997年11月，杭州湿润的空气中已经有丝丝冷意，南方的冬天来了。马云和他已经拥有40人的“中国黄页”团队前往桐庐的红灯笼度假村，一路上，马云沉默不语。一直到团队乘坐的大巴抵达度假村，马云都没有说话。也许，他过于疲惫，大家都理解他，这一段时间过得太艰难。

晚间，在度假村里，马云让餐厅准备了丰盛的晚宴。晚宴一开始，马云缓缓站起，面容严肃地开始说话。那一次，团队的成员们第一次发现他没有了往常讲话的激情，那种极富煽动力的语言也消逝了。取而代之的是极为简练、明确的决定。

马云宣布，他决定辞去在这里的一切职务，北上京城重新发展。而且，他宣布了随他一起进京的 8 个人的名单。然后，他慢慢坐下。

鸦雀无声，当时的宴会大厅连根针落在地上兴许都会引起轰天巨响。可短暂的沉默之后是爆发。简直是晴天霹雳，这是连想都不敢想的事。马云是什么？对于“中国黄页”，他不仅是创始人，他还是领袖，是灵魂——“中国黄页”之灵魂。想一想，一个人没有灵魂还有什么？

谁都明白，马云的离去，对于“中国黄页”意味着什么；谁都不甘心，两年多来，他们辛辛苦苦，奔波于风雨之中，好不容易打下的江山难道就这样完了？

当时在场的 40 个人，每一个人都感到莫名的震惊。突然，一阵哭声传来。有的人忍不住，放声哭出来。宴会的气氛顷刻间变得十分压抑，更多的人要求随马云北上。

马云硬起心肠说：“不行，‘中国黄页’还得存在。你们都走了，‘中国黄页’怎么办？”

其实，马云的这一决定也是来之不易的，经过了无数次的辗转反侧，应该说是他最艰难的一个决定。毕竟，“中国黄页”像他的孩子一样，从诞生到襁褓到今天可以站起来走路，每一个时段都饱含着他的心血。但是，如果不离开这里，他已经注定无所作为。合并之后的“中国黄页”根本不接受马云的任何建议，发展已无可能，更何况生存已经出现了危机。

当时，先是何一冰提出辞呈，这个“中国黄页”的元老，已经愤怒而不可稍安。紧接着马云也提出了辞呈，要求离开当时的“中国黄页”。

中国第一家互联网企业的创始人要离开，影响还是巨大的。《人民日报》、北京和杭州的一些领导都试图挽留马云。

其间马云结识了中国外经贸部的王建国，1997 年底，中国外经贸部电子商务中心诚邀马云加盟，共创大业。

他在自己原来的团队里挑选了 8 个人和他一起进京，然后，马云又将自己在公司所占的股份全部分给了留守的 32 个人。望着这些和他一起创业、一路风雨走来的同伴，马云的眼窝也难免湿润了。他从来没把钱看得太重，今天，把属于自己的股份全部送给了这些曾经风雨同舟的伙伴，他心安理得。他只是希望他们好好耕耘，好好收获。

马云够仗义，他离开“中国黄页”只是带走了部分人才，其核心骨干还留在“中国黄页”，特别是最好的工程师他也留给了“中国黄页”。马云真诚地希望“中国黄页”能继续前行，能够持续地发展。他是这样说的：“我是在‘黄页’赚钱时走的，那年‘黄页’的营业额是 700 万。‘黄页’毕竟是我的儿子，不管‘黄页’今后怎么样，我都不会动它一个手指头。”

这一切都已经成定局，再也无法挽回。那个晚上人们喝得很多，长夜难眠，人们牵手抚肩，仿佛有一肚子的心里话要说。那一天晚上，人们突然发现，他们爱这个小个子，爱他的人品，爱他的精神。他的突然离去，让他们感到周围已经空了，无所依附。

虽然“中国黄页”这个团队没有散，但后来，还是有人自己做主，离开了杭州北上京城追随马云。再后来，这些人基本上都成了阿里巴巴的核心与骨干。

当然，这在当时都是不可预见的。任何人都无法预料明天，只有在你回首往事的时候，你才能发现，哪一件事做对了，哪一件事做错了。

从1995年起到1997年底，“中国黄页”走了两年多。这两年多公司规模从小到大，从马云、张瑛、何一冰到今天的40人团队，他们走得不容易。可是，市场竞争是残酷的，它没有同情，只有“胜”或者“汰”。

如果马云继续留在已经变了质的“中国黄页”，那么，他很可能会沉沦，很可能沦为平庸。“西湖网联”已经吞噬了“中国黄页”的光环，他的存在已经没有太多的意义。因此，他选择离开应该是对的。起码，在当时看是对的。

红灯笼度假村那一夜之后不久，马云和他的8人团队登上了北去的列车，送行的人给他捧来鲜花。马云低头埋在无尽的芬芳里，很久没有抬起头来。也许，他想起了陆游老先生的诗句：零落成泥碾作尘，只有香如故。

终于，他在花香中抬起头来向人群招招手，还是他那笑容可掬的脸，还是他永不放弃的眼神。然后，他转身向列车的扶梯走去。后面，是他的8人团队。

他还不知道，元旦前后，正是中国北方最冷的季节。北京，等待他的会是什么呢？

在中国，能够放弃大学讲师的职业而毅然下海经商者不多。在中国，没有背景却能在商海里杀出一条路终成大业者更不多。

想到的多，做到的少。没有人不想打开财富之门，没有人不想创出伟业。然而更多的人只是想；脚踏实地去干的，却是少而又少。

晚上想起千条路，早上起来走原路，这是一些人的真实写照。

投身商海去经历风浪，置身商场去奋力一搏，身临其境，那是恐怖的厮杀。除了精湛的武艺，还需要顽强的精神。从海博翻译社到“中国黄页”，马云和他的朋友付出的是巨大的努力，但是，“中国黄页”还是被吞噬了。

马云曾于1995年率领他的团队拜访瀛海威创始人张树新。瀛海威同样是一个随着互联网而诞生的网络公司，它就在距北京白石桥路口1500米远的魏公村。马云和张树新谈了半个小时，后来，马云这样说：“如果互联网有人死的话，张树新肯定比我死得更早。”

为什么这样说？因为马云认为，张树新的观念他听不懂，而且她提的理论比自己更先进。

而当时的马云认为：领先百步死，领先半步生。

可惜，旁观者清，当局者迷。

也许，对于马云而言，张树新领先得太多。可马云自己相对于其他人呢？比如北京的地产商、公司老总、媒体记者？只能是：太超前！

在北京他失败了，他铩羽而归。可是，在杭州，他的“中国黄页”已经走进死胡同。商海无情，那些手握重金的商业大鳄吞噬小鱼和虾米正是他们的本能。

马云失去了他付出巨大心血的“中国黄页”，甚至失去了他的股份。但他也有所收获，最主要的收获就是他的团队，就是他的威望和人心。财聚者人散，财散者人聚。自古以来这就是至理名言。楚汉相争时的项羽和刘邦就是好例子。他们对于钱的截然不同的态度，导致了自身截然不同的结局。

马云创业是为了钱，但他从来不把钱看得太重。他曾经说，一块黄金打碎了，分给大家，自己留块最大的就行。这就是马云，他的品格保证了自己永远不缺追随者。并且，在以后的岁月中，他的这种品格成了凝聚他的团队、带领他的团队的最主要的保障。

创业，需要永不放弃，需要敏锐的嗅觉，需要应时而动。但不能太超前！不过，马云还是明智的，他即时转舵告别变质的“中国黄页”，这是马云最重要的决定。也许，事过多年，时间更加验证了这一点。

4 出港

长城

八达岭，苍茫的天际与起伏的峰峦之间，一道长长的高墙蜿蜒不尽，雄伟而壮观，磅礴而气势恢宏。无疑，这就是中国的万里长城北京段。这是于两千多年前开始建造的长城保留得最好的一段，沿着威武嵯峨的燕山山脉，它展示着苍老却健壮的身躯，告诉来到这儿的人们中华民族的古老、苍凉、浑厚，和她的坚韧与永恒。

在关城的广场上，有一群卖纪念品的小贩，马云给他的团队一人买了一件黑色的T恤。T恤普普通通，但是，上面印着一行字：“不到长城非好汉。”人们拿着T恤哈哈大笑，他们仿佛看到了马云的深意。

这是他们来到北京的一年之后。光阴似箭，由“中国黄页”到“国富通”，马云和他的团队经历了一个心理的巨大变迁过程。

进入北京，外经贸部欢迎了他们，马云就任外经贸部“国富通”网站总经理。在此之前，马云和外经贸部就有过很多接触，外经贸部的早期网站都是在马云帮助下建成的。但这一次，马云身临其境，他却发现，一切和自己的想象大相径庭。

事后，马云也承认，他从不骗人，但那时他欺骗了他同事。他把北京说得那么好，把外经贸部的网站说得那么有发展前景，可是事实上，这个网站只上内网。也就是说，它和互联网有距离。在这个内网上，外经部下发红头文件，国内企业你做也得做，不做也得做，收钱是没有问题的。

可马云的志向不在这里，他要办一个与互联网接轨、与世界信息同步的网站，不但为中国企业找到展示的平台，也为世界企业探索中国提供窗口。可是，他的意见仅仅是意见，在领导的旨意下只有保留的份。

这让马云很郁闷，但既然和同伴来到了这里，他就争取做好。一年下来，他们战绩辉煌。他们推出了“网上中国商品交易市场”、“网上中国技术出口交易会”、“中国招商”、“网上广交会”、“中国外经贸”。其中，中国外经贸站点成为1999年“中国政府上网工程”推荐的优秀站点。“网上中国商品交易市场”是中国政府首次组织的互联网上的大型电子商务活动，被当时的外经部长石广生称为“永不落幕的交易会”。同时，马云和杨致远合作使“国富通”成为雅虎在中国的独家广告代理。

过关斩将，在有限的舞台仍然演出了有声有色的话剧，这就是马云，他永远不甘寂寞。许多媒体也高度评价了他和他的团队，称其为“梦之队”。

的确，当年马云主持的“国富通”和旗下的“中国商品交易市场”实现了纯利280余万元。而他的团队待遇也相应得到提高，每个人实现几万元的收入已经是不在话下。

说起来，在体制内也有在体制内的好处。起码赢利了有成绩，有分红；失败了、亏损了不用自己买单。

在体制内，进取不足，但后退有余，起码工资、生活有保障。按照马云自己的说法，很像一个官员。外经贸部“国富通”公司的总经理，堂堂国家政府网站的总管，如何不是官员？在很多人看来，这是一个非常理想的差事，欲谋而不可得。

可是，这么好的地方，这么好的职位，马云却感到苦闷和彷徨。他的建议得不到批准，他的方案得不到采纳。他想要打造一个在互联网叱咤风云的公司，在世界范围内影响巨大的电子商务平台，然而，这个梦想却遥不可见。

按照马云的说法，赚钱不是目的，干事才是目的。一年的时间使他终于明白，这里不适合他。

深思熟虑后，喜欢折腾、总有新奇想法的马云决定了。

他决定什么了呢？他召集跟随他进京的小团队宣布：“我给你们三个选择。第一，你们去雅虎，我负责推荐。雅虎一定会录取你们，而且，工资一定会很高。第二，去新浪、搜狐，工资也会很高。第三，跟我回家，只能每月拿500元钱工资。你们住的地方离我5分钟以内，你们自己租房子，不能搭出租车，必须到我家里来上班，你们自己作决定。”

说完上面这些话，马云坐了下来，他在等待，像一个受审的疑犯等待法官的判决。谁是法官呢？当然是他的团队，他的伙伴，他从杭州带出来的 8 人小队。

这 8 个人从“中国黄页”开始，跟随马云转战南北，不但在技术上已经是精益求精，在网络的营销、客户的宣传、电子商务的开拓等方面都已经是一等一的好手，而且经过多年的打拼，每个人手中都有自己的人脉，都有自己的客户。坦率地讲，在当时的中国，他们是互联网的精英，要想再找到比他们更懂互联网、更适合网络公司的人才，那是难上加难。

马云的话也不是大言不惭，他的确可以给他团队的每一个人推荐一个好的工作，让他们舒舒服服地在北京生存下去。这不仅是马云的人脉，也是他们每一个人的能力所决定的。

他说完这话，没有人再说，也没有人劝他。因为，他们知道劝他也没用，只有选择。于是，这些人陆陆续续走了出去。马云给了他们 3 天，让他们用 3 天的时间来考虑：留在北京，还是跟随他再一次回去打拼。

结果，没有 3 天，也就是十几分钟，这些人都回来了，他们异口同声：马云，我们跟你走，回家！

那一刻，马云再也抑制不住自己的泪水。还有什么比这个更珍贵的呢？风雨同舟，不离不弃，这里没有海誓山盟，也没有把兄弟们“不能同年同月同日生，但愿同年同月同日死”的豪言壮语，可是，这 8 个人用行动表明，他们已经绑在了一起，他们将生死与共，共同打造可以震惊世界的中国电子商务平台。

也就是在那一瞬间，马云在心里对自己说道：朋友没有对不起我，我也永远不能做对不起朋友的事情！我们回去，从头开始，从零开始，建一个这辈子我们都不会后悔的公司。

随后，他们集体向外经贸部提出辞呈！

就是在这一背景下，马云和他的团队来到了万里长城。

八达岭巍峨陡峭，长城沿着陡峭的山岭蜿蜒而上，真是遇谷则下，遇峰则上，从来不会处于山岭之下。最陡峭之处，长城上的台阶直接耸起，当他们到达“好汉坡”，所有人已经是大汗淋漓。然而，“好汉坡”上山风呼啸，仿佛吹得人肺腑皆空。向北，绵延起伏的燕北群山群峦叠嶂，沟壑纵横。向南，京城里紫气升腾，青砖黄瓦，吊梁飞檐。中间是居庸关，雄伟险峻。

每个人站在这里，都会感到历史的厚重，人生的短暂。也许，你还会听到金戈铁马之声。这一切，都难免使人浮想联翩。突然，他们中间有人号啕大哭：为什么？为什么我们付出那么多，却什么也得不到？

的确，一路走来，他们付出了宝贵的时间和精力，但他们却要重新创业，前途何在？

当时的马云也无法回答，他只是暗自发誓，一定要建一个让所有中国人都为之骄傲的网站。

那天晚间，北京下大雪，他们走进了一家酒馆。

酒加速了血液循环，拉近了人们的距离，酒融解回忆之愁绪，平思乡之情调。渐饮渐醉之际，一阵歌声突起：

在我心中曾经有一个梦
要用歌声让你忘了所有的痛
灿烂星空谁是真的英雄
平凡的人们给我最多感动
再没有恨也没有了痛

但愿人间处处都有爱的影踪
用我们的歌换你真心笑容
祝福你的人生从此与众不同
把握生命里的每一分钟
全力以赴我们心中的梦
不经历风雨怎么见彩虹
没有人能随随便便成功
把握生命中的每一次感动
和心爱的朋友热情相拥
让真心的话和开心的泪
在你我心里流动

这是《真心英雄》，歌声飞起，泪珠滚落。在那大雪纷纷的夜晚，他们在昏黄的灯火下用歌声倾诉自己的情怀。

马云和他的团队第二次北上，在这歌声中落下帷幕。再见！北京！

很快，他们登上了南下的列车。杭州，这个中国中小企业、民营企业聚焦的地方，是他们和他们就要建设的网站的诞生地。

一段珍贵的历史录像

在阿里巴巴总部，至今还保留着一段珍贵的录像资料，它记录了马云团队从零开始的辛酸、无奈，以及理想与激情。可以说，它激情四射又艰辛而迷惘。那是他们转战南北之后，又一次新的创业的起始记录。继“中国黄页”和“国富通”的经历之后，这个团队在那个风雪之夜南归杭州，经过一段时间的筹备，他们希望的航船就要出港。这个时刻，他们的灵魂、他们的首脑依然是充满激情和憧憬，并极力去感染和激励他的团队。不可否认，在“中国黄页”被吞噬，“国富通”不想做，历经成功与失败之后，团队的其他人并不一定如他那样仍是精神抖擞。有些迷惘，有些犹豫，甚至在这艰辛的过程之后，稍有灰心也是难免的。但是，马云有办法，他也有能力重新唤醒他们心中的勇气和激情。而且，在新的征程中、新的航路上，勇气和激情将是难能可贵的财富。

有理想，有追求，又能脚踏实地去奋斗的人难能可贵；对于未来充满信心，能够坚定地相信成功就在不远的将来的人，则更为可贵。因为，总结已经发生的事情，人人都是全知全能的，事后诸葛亮是任何人都会扮演的，但诸葛亮的马前课，却不是任何人都能做得出的。

马云则不然，他决定做这样一段录像。他相信他们就要开始做的公司，将是可以生存 80 年的公司。为此，他必须保留这原始的录像，他相信这将会给他未来的公司留下珍贵的记忆，对新的员工也将是一种追忆和激励。

那是 1999 年 2 月 21 日，马云和他的十八罗汉聚焦在西湖边的住宅里，开会讨论新的公司成立的场面。这 18 个人，除了他从北京带回来的小团队之外，全是他的学生、同事和朋友，简单地说全是崇拜和信任他的人，也是已经和他在商海里打拼了几个来回的人。除了心有灵犀之外，他们也有着风雨同舟的经验和准备。

还是马云，由马云来慷慨陈词：从现在起我们要做一件伟大的事情，我们的 B2B 将为互联网服务模式带来一场革命。黑暗中我们一起摸索，一起呐喊，我叫你们往前冲的时候，你们都不要慌，你们拿着大刀一直往前冲，十几个人一起往前冲，有什么好慌的？

他们于 1999 年 1 月 15 日从北京归来，短短的四十几天里，他们认真思索，反复考察，思索创业的道路，考察当前的互联网形势。

当时的互联网形势已经是风起云涌，先起者如新浪、搜狐、网易都已经稳稳站住了脚跟，并且已经是大旗招展了。只有电子商务还是一片乱象，人们在争相拷贝亚马逊、雅虎，大搞什么网上门户、网上书店。中国人最大的特点和能力就是模仿，只要是你有，他马上就会有。可你要是叫他去创新、去发明，那你就触到了他的短板，他只会两手一摊表示无能为力。

马云不同，他是中国人中的精英，他不想模仿，也不想跟在别人的后边走路。他考察了亚洲的电子商务大会，发现这里还是欧美人的天下，他们依照自己的模式来经营亚洲。而亚洲至今没有适合自身特点的电子商务模式，那么，建立一个有亚洲自身特点的电子商务平台就成了马云日思夜想的目标。

既然要创造一种独特的中国式的 B2B 网站，那么这种不模仿，特立独行的网站是什么呢？马云有个解释："在现在的经济世界，大企业是鲸鱼，它们靠吃小鱼乃至虾米为生，而小虾米又以吃大鲸鱼的剩餐为生，它们互相依赖。而互联网的世界则是个性化独立的世界，小企业通过互联网组成独立的世界，产品更加丰富多彩，这才是互联网真正的革命性所在。如果把企业也分成富人和穷人，那么互联网就是穷人的世界，因为在互联网上大企业和小企业发布多少 Page 都是一个价钱。而我，就是要领导穷人来闹革命。”

一句话，马云要办的就是一个为中小企业服务的网站。当他离开京华之地时，他的目光就是瞅准了浙江和长江三角洲的中小企业。而杭州正是他们的核心，正是一个可以引领中小企业的中心之地。

在那次有录像保存的会议上，马云将身上所有的钱掏出重重地往桌子上一扔，接着他大声地说：“启动资金必须是闲钱，不许向家人、朋友借钱，因为失败的可能性极大，我们必须准备好接受最倒霉的事情。但是，即使是泰森把我打倒，只要我不死，我就会跳起来继续战斗。”

接着，他又说：“现在，你们每一个人留点吃饭的钱，将剩下的钱全部拿出来。另外，你们只能做连长、排长，团级以上干部我得另请高明。”

这就是马云，他从不隐讳自己的观点，即使是对这些跟着他南征北战的同事，他也直言不讳。在搞一个新的网站，必须有一个更懂业务、更有能力的干部。这一点，在建立之初，或者说还没等建立时，马云就想到了，并且，他坦荡地告诉他的老部下、老朋友。虽然是一起创业，但有了资历不等同于有了能力，必须让更有能力的人来加盟，而且，需要他们来做领导。

这一点，不久就为事实所验证。这也说明，马云不仅是有激情的，他的预见性也是超前的。对于未来，他有清醒的预判。

他继续说道：“我们要办的是一家电子商务公司，我们的目标有三个：第一，我们要建立一家存活 80 年的公司；第二，我们要建立一家为中国中小企业服务的电子商务公司；第三，我们要建成世界上最大的电子商务公司，要进入世界网站排名前十位。”

他说得目标宏伟，说得热血沸腾。“十八罗汉”散坐在他的周围，被他一番演讲搞得瞳仁锃亮，精神十足。但他们很难说已经看到了即将诞生的电子商务网站的前景，更别说世界前十名了。但是，他们有马云！有马云就足够了。他说前十名，就可能会是前十名。没有人反驳，而且，他们用实际行动支持了他。18个人，凑足了50万。50万本金，就如一艘航船加足了油料就要开动向前进发一样，他们的目光投向了波涛汹涌的前程。其实，这50万元实在不算多，尤其是对于打造一个最大的电子商务类的新公司来说。可这艘油料并不算充足的航船在不久之后，仍然是毅然决然地扬帆起航了。而且，做的第一件事就让所有的人吓了一跳。只有50万元本金的董事局主席马云先生作出了一个大胆的决定：他花费10万元买了一个符号。严格地说，是一个注册的域名，一个他未来公司的名字。为了这个名字，他投出了公司本金的1/5。这种非凡的气魄也就是马云才能具有，那么，它是一个什么样的名字呢？

阿里巴巴

这是一个传说，一个有关财富的传说。自从人类有了智慧，财富就为人们所津津乐道。中国的民间传说，大多也是以善良勤劳的人获取金银财宝为故事最完美的结局。获得财富是一个人最美好的愿望之一，然而财富的获取并非易事，无奈的人们将它寄托在幻想中，设计在一个个故事里。其原因很简单，就是财富可以改变人的生活、地位乃至尊严。

阿拉伯民族也是一个历史悠久的民族，他们有自己的文明。不过，他们也和我们一样喜欢财富，他们悠久的历史和我们悠久的历史一样为世界所景仰。他们打造了一个神话，诚实、勤劳、善良的阿里巴巴，在一次意外的冒险中发现了一个宝藏，那里是闪光的金银珠宝。

于是，流传甚久的阿里巴巴就成了善良、诚实与财富的代名词。

建立一个网站，打造人们需要的财富之门，还有比这个名字更形象、更直接、更响亮且含义深远的吗？

甚至多少年之后，马云都为此而自豪。

可在当初，当他认定这个名字的时候，却发生了一桩意外的事情。

经过查询和验证，马云决定给即将建立的网站起名为“阿里巴巴”。可是，在注册时，网上显示：此域名已经被注册。

放弃还是坚持？重新改过，还是寻找建立域名的人？马云选择了后者，因为他觉得没有比这个域名更能体现他要建立的新网站的含义。经过一番查找，原来这个域名被一个加拿大人提前注册。想要用这个域名建立网站，只有一个办法：收购！

经过谈判，那个加拿大人标价1万美元，同意出售“阿里巴巴”的域名。马云根本没有犹豫，他用创业资金的五分之一购进了这个域名。

于是，以马云为首的阿里巴巴中国网站就这样注册到了互联网上。阿里巴巴，属于马云，属于他的团队。

对于这个域名，阿里巴巴市场部总监张璞曾经对“阿里巴巴”这个域名作过完整的阐述：

阿里巴巴这个名字我们觉得真不错。为什么？第一，“阿里巴巴与四十大盗”这个故事是全球流传的，因为它是一个很古老的阿拉伯传说。第二，阿里巴巴这个名字非常容易拼，比互联网上很多域名都要容易记住。第三，也是最有意义的，阿里巴巴，大家一听到这个词首先想到的是什么？芝麻开门。因为“阿里巴巴与四十大盗”是一个关于财富和宝藏的故事，阿里巴巴正是凭借“芝麻开门”的咒语敲开了财富的大门。而阿里巴巴是一家为商人提供服务的网站，所以说这样一家网站有这样一个名字，正好让所有的商人都联想到财富。更进一步地说，大家如果了解阿里巴巴的故事，就会知道阿里巴巴是一个诚实的人，不是一个狡诈的人。所以这非常符合我们公司的定位，我们想告诉所有人，只有诚信的商人在网络上才会成功，这就是最后我们选择阿里巴巴这个域名的含义所在。

他说得很好，也很完整。阿里巴巴一是象征财富，二是象征诚信，三是象征幸运。同时，这一则阿拉伯传说也因为“一千零一夜”而早已在全世界闻名，家喻户晓，其感染力、知名度都不言而喻。

马云也说，我们选择阿里巴巴这个名字，是因为我们想成为全世界的十大网站之一，也希望全世界只要是商人就要用我们。你既然有这样一个想法就要有一个优秀的品牌、优秀的名字让全世界都记得住。

他还说，我取名字叫阿里巴巴不是为了中国，而是为了全球。我们从一开始就不是仅仅为了赚钱，而是为了创建一个全球化的、可以做 102 年的公司。

话说到这里，请注意，马云将他的公司从 80 年提高到了 102

年，这是为什么呢？让我们留在以后再谈。

现在，我们还是谈这个域名，这个在公司还没正式建立之时就花费了1/5创业基金的域名。马云这一举动有很多人，大多是他身边的人不理解，但马云坚持，他认为阿里巴巴这个域名，其价值远远超过1万美元。

马云这一说法在2006年得到了证实，那一年，胡润2006民营品牌榜消息：阿里巴巴当时的品牌价值是27亿美元。

胡润何人？他在中国大名鼎鼎，他的富豪排行榜影响深远，始终是舆论和媒体追逐的目标。他对阿里巴巴的评价更加验证了马云当初的判断。

不久，马云又对阿里爸爸、阿里妈妈、阿里宝宝等域名进行了注册，将一个阿里家庭收于囊中。

完成了域名注册，阿里巴巴这个网站，这个公司，这个集团就悄然起航了。说它“悄然”是有道理的，它没有大张旗鼓，没有铺天盖地的广告宣传，没有媒体的大力助阵。就在西湖一侧，马云自己的住宅里，18个人驾上电脑，接上网络，开始了阿里巴巴集团的出港起航之旅。

现在回想起来，有人说这是马云的另一种经营策略。用悄然之行，创造神秘感来从另一个方面吸引媒体和公众的注意力。其实不然，他们真的是财力有限。进入当年6月，“庞大”的阿里巴巴集团已经是财务枯竭，他们的员工上班搭车只能搭夏利，稍好一点的车都不敢搭。十几个人蜷缩在马云的房间里，没日没夜地干。渴了白开水，饿了方便面，困了打地铺。

由于他们没有广告，很多人都不知道在西湖一侧还有一个阿里巴巴公司。他们像一个神秘的星球在互联网的宇宙里飞翔，但他们运行得绝对正常。而且，他们将网站的对象瞄向了全世界。按照他们自己的话说，他们绕过了“中甲”直接进入世界杯。什么意思？他们首先将重心放在了与国外企业的合作上，许多企业使用了这个网站，并不知道这个网站在什么地方。杭州，在全世界毕竟名气稍差。况且，马云他们就是在杭州也是那么神秘。

后来，美国《商业周刊》发现了这个网站，他们想采访却找不到位置。于是，他们启动了所有的调查方式，包括分析和判断，最后才认为可能在中国的杭州。因为，一开始，他们并不认为这是一个中国的网站。

知道是中国网站之后，《商业周刊》通过中国外交部，又通过浙江省外办，才来到杭州。他们的记者，联系到马云，找到了他们在西湖边的总部。敲开门一看，见惯大场面的周刊记者大吃一惊，原来这就是阿里巴巴？

当时的阿里巴巴已经有几万名客户，全部来自于美国、欧洲、日本，阿里巴巴在世界上已经是有一点儿名气了。可是，他们竟然在这样一个房间里，经营着全世界那么多优秀企业和知名商人使用的电子商务平台。

看着他们的工作环境，看着他们在地板上打的地铺，记者们被深深感动。

1999 年 5 月，杭州一家知名媒体刊载了一篇报道——《想做全球贸易阿里巴巴拒访》。一个想做全球贸易的网站，竟然拒绝媒体的采访？这可是闻所未闻，在一个人想出名都要想疯了的时代，一个做全球生意的网站拒绝媒体，这是为什么？

于是，“这是为什么”的疑问带着拉不直的问号挂在了记者和众多媒体的脑海，这更吊足了他们的胃口，许多记者千方百计地来采访阿里巴巴。真是意外之惊喜，无心插柳柳成荫。

马云他们没有像其他网站一样，展开媒体攻势，大打广告战，而是闷声不响地苦干。没想到，这反而引起了媒体的强烈关注。而他们辛苦创业，努力工作的形象也让美国的《商业周刊》大为感动。

客观上反其道而行之，竟然收到了意想不到的效果。吸住了媒体的眼球，就等于打开了免费的广告之门。果然，影响巨大的《商业周刊》以充满感情的笔触，大篇幅地报道了阿里巴巴。神秘加上突然的消息爆炸，阿里巴巴走红全球。来自国外的点击和会员呈几何级在增长。

在马云和他的团队最需要媒体帮忙的时候，媒体主动走上前来，没用马云一分钱，无偿地扩大了阿里巴巴的影响力。这让陷于资金恐慌的阿里巴巴迅速渡过了难关。这艘属于未来的电子商务巨舰，出港后终于乘风破浪了。

80 年与 102 年

我们谈马云，谈他的阿里巴巴，可以发现一个前后矛盾的说法：成立之初，他曾经说要建一个 80 年的企业，后来，他又说要建立一个 102 年的企业。

这 102 年，有点悬悬的，很像哗众取宠的一个把戏。100 还带个 2，100 不好吗？110 不好吗？为什么要 102 年呢？

我们先看他对于 80 年的解释：

我认为百年太多了，都要提百年，中国人都要讲百年。而且你们想，八成中国企业的平均寿命只有 6 年到 7 年。有 13 年寿命的很少，有 18 年寿命的更少。坚持 80 年已经是跟妖怪一样的了！你干吗一定要活一百年？我觉得 80 年是一个人的生命周期。任何人都有孕育、诞生、成长、高速、衰退、灭亡的周期。所以我觉得对于我们这些人来讲，公司发展 80 年，打一个基础是挺重要的。我们上礼拜刚刚过了 4 周年庆，还有 76 年的挑战。所以问我们这公司成功不成功，要等到 80 年以后。如果死在 80 年以前，那么就不成功；死在 80 年以后，我们就成功了。赚大钱？我们没有想过。因为公司有四项原则，其中第二项基本原则就是永远不把赚钱作为第一目标。赚钱不是我们公司的第一目标。所以我们觉得要改变我们商人的生活，为社会创造价值，为客户创造价值。这是我们公司非常重要的目标。

对于这个“80”年的目标，除了上面的话，他在东莞网商论坛上还有这样一番解释：

我们原先 2000 年的口号是做 80 年，这个“80”不是定出来的，是我拍脑袋说出来的。1999 年的互联网行业，很多人在公司上市 8 个月就跑掉了。全中国人民都在讲互联网可以上市圈钱，然后大家就跑。而我在公司提出我们要做 80 年的企业，反正你们待多久我不担心。为了上市而来的人，他就撤出去了。所以提出 80 年，就是让心浮气躁的人离开。

这是马云对于他一开始要办一家寿命 80 年公司的两段不同地点的相同解释，从字里行间，我们可以看出他的雄心壮志，也看出他对用户和公司负责任的一种态度。办公司不是为了赚钱，那是干什么？公司不就是赚钱的吗？然而，这位崇尚金庸小说里风清扬的企业家却是在讲一个真理。他讲的是不把赚钱当成第一目标，那意思是可能是第二目标或者是第三目标。赚钱是企业的目标，但不要放在第一。出手无形，实则有形，这就是马云。那么第一目标是什么呢？改变商人的生活，为社会创造价值，为客户创造价值。当你服务的社会和客户有了价值，你的价值不就随之而来了吗？

这点上马云比那些为赚钱而赚钱的人要高明了不知多少。为赚钱而赚钱，你只能生存一天，或者两天，运气好的话可以撑个几年，但你绝对不能生存80年。

这就是马云的深意！也是阿里巴巴生存和经营的宗旨！

2004年，阿里巴巴已经走过了5个年头，在5周年庆的时候，马云修正了这个目标，第一次把80年换成了102年。

那么，他又是如何提出这一概念，又是如何解释这一修正的呢？

“阿里巴巴要做102年的公司，诞生于20世纪最后一年的阿里巴巴，如果做满102年，那么它将横跨3个世纪，阿里巴巴必将是中国最伟大的公司之一。

至于你能走多远，第一天的梦想很重要，阿里巴巴第一天出来就是要走80年。现在，我们又有明确的目标出来，要做102年。这个世纪我们活100年，下个世纪我们再活2年。在102年之前的任何一个时间失败，就是我没有成功。

从成立之初的20世纪最后一年1999年，一直发展到22世纪的第一年2100年，阿里巴巴要成为一个横跨3个世纪的全球性传奇企业，并以持久稳定的发展，保障客户利益的最大化。

我们要创造一个中国人自己的、最伟大的公司。2009年，在阿里巴巴10周年庆典的时候，我们要进入世界500强，我们要做

102年的企业。

你的战略就是活着，所以我想告诉大家，不要去追求自己还没有的成功。一个人认为自己成功的时候，他就开始走下坡路。我们不谈失败，我们不接受成功，我们公司要做102年的企业。为什么是102年？以前是80年，我说80年的时候，有很多人走掉了，现在做102年，1999年我们活了1年，现在我们要活100年，下个世纪我们要活2年。如果那时候12月30号我们还没有成功，那天破产了，我也会说我们成功了。因为我们做了102年。

很多企业为了赚钱寻找机会，而我们为了102年这个目标，就研究全球具有100多年发展历史的企业及他们的体制与机制的组织力量。体制建设、文化建设、体系建设这种组织力量的建设是阿里巴巴和其他公司最大的区别。我们绝对不是什么电子商务B2B，而是财务部门、运营部门、执行层面的制度的建设，从员工的招聘培训成长到整套的体系建设。

所以，我们不会为了近期套利海外上市，现在阿里巴巴只有7岁，还有95年的时间，必须要苦练基本功才能上大学。我希望踏踏实实的，我不希望（阿里巴巴）在马云手上变成世界上伟大的企业，我没这个能力，但我坚信阿里巴巴以后的人有这样的能力。”

其实，我们从他上述的解释和观点中仍然可以看到，80年和102年并没有什么质的不同，只不过，102年后有一个三个世纪的概念。3个世纪让人振奋和感受鼓舞，除此而外，骨子里，他就是要打造一个历史久远、长期发展的公司。

为了这个“历史久远，长期发展”，他选对了一条路，那就是对公司的体系建设进行长远规划。这除了在公司经营的理念上设置一个长久的目标，全心全意为客户服务，让客户满意之外，在公司的内部，财务体制、运营体制甚至是创新体制都要从一开始就有长远的规划。放弃急功近利之想，做长远攻坚之准备，这就是马云给他的团队、给他的公司注入的理念。

他一开始就说，你们可以做“连长”、“排长”，而“团长”以上的干部我就要外聘。马云直言不讳，这是他的真心话，他对于这支忠心耿耿跟随他的团队有清醒的认识。一个公司要想强大，要想长远，他的管理层必须适应时代。

这时代是什么呢？知识飞速更新的时代。没有对新生事物、新的知识的认识和理解，你怎么能带领一个现代化的公司，把握时代脉搏，向3个世纪进军呢？

这里，马云实际在阐述一个观念，那就是打造一个优秀的管理层。这个管理层可以搞一场接力赛跑，将接力棒传下去。而不会因为一个人的存在或不存在，决定公司的兴旺或倒闭。

打造这样一个管理层，使阿里巴巴坚守102年，不能不说是马云的远见卓识。

打造这样一个管理层，当然离不开人才的招聘，也就是“师长”、“旅长”的招聘。然而，在阿里巴巴成长的道路上，1999年7月，这个以打开财富之门为己任的公司已经是财务枯竭。这个相对于人才招聘而言可是燃眉之急，招聘人才是为了长治久安，可没有钱，你一分钟都混不下去。

就在这个时候，意想不到，也能意想得到的一个人出现在阿里巴巴面前。也许，马云就是一个福将，天生就能逢凶化吉；也许，是马云的人格魄力让他屡挫屡胜。

蔡崇信

一副清秀的面容，一架方形的眼镜，一个冷峻的嘴角，文弱中透着某种刚毅。他西装革履，皮鞋锃亮，永远这样风度翩翩。他是谁？1999年5月底，阿里巴巴资金告罄面临生存危机之时，他走进马云的视野。

他就是蔡崇信！

我们先看他的简历：生于台湾名门，13岁到美国读书。相继取得耶鲁大学经济学东亚研究学士学位、哈佛大学MBA、耶鲁法学院法学博士学位。1990年取得纽约州从业律师资格，从事税务法律业务。1994年在一家专门从事收购投资的纽约外资管理公司担任副总裁及法律顾问。1995年出任北欧地区最大工业控股一家附属公司的副总裁及高级投资经理，专责该公司亚洲私募基金投资业务。

从这份简历中可以看出，他是一个受过良好教育、有着资深背景的投资人。而且，他的目标是亚洲，而阿里巴巴，就在亚洲。

当时的阿里巴巴已经是窗户眼里吹喇叭——名声在外。特别是美国《商业周刊》的报道，极大地扩展了阿里巴巴在国外的影响力。因为，《商业周刊》是一家拥有亿万读者、影响巨大的媒体。而且，1999年3月10日，阿里巴巴推出了英文网站。这一举措得到了《福布斯》、《新闻周刊》等国际权威新闻媒体的关注，使得许多人对这个突然出现于世界东方、名字叫阿里巴巴的电子商务网站产生了兴趣。

特别是当时正是互联网风起云涌之际，投资互联网企业似乎是一种时尚。阿里巴巴作为互联网中的电子商务网站，其业务发展迅速，它又是如此活跃，如此顺畅，让很多商人如此喜欢，再加上电子商务正逢其时、方兴未艾，鉴于此，也源于此，蔡崇信于1999年5月的一天造访杭州，他的目标就是马云，就是阿里巴巴。

他与马云相约，他们进行了一次长谈。那一次谈话对于马云而言，和其他的谈话没有什么太大的不同，基本上是马云一个人讲，而另一个人听。马云口若悬河、滔滔不绝，讲他的电子商务，讲他的阿里巴巴，讲他的80年企业，讲他的伟大理想，讲他的世界500强。

蔡崇信只是偶尔插话，剩下的时间基本上是只有耳朵片刻不得闲地聆听马云的雄心壮志，嘴巴却是英雄无用武之地只好老老实实地休息了。然而，自然而然地，一种感觉在升腾。信任、热情、追求与理想，交织成一股热浪。开始是在他的胸口盘旋，逐渐地这种感觉、这股热浪开始冲击，冲击他的四肢，冲击他身体的每一个角落。终于，他被这种感觉的热浪冲击到身体的所有部位，没有一个死角。汹涌澎湃，席卷一切。于是，他的全部也随着这股热浪起舞，他也成了这股热浪的一部分。

这不是小说家言，这是真的。马云天生的演说才能，加上阿里巴巴所从事的具有前景的事业，再加上蔡崇信来自国际投行，对于互联网和阿里巴巴有着深刻的了解，这种伴随着热浪起舞，投身于其中的情况是必然要发生的。后来的实践已经证明，阿里巴巴所从事的是一项何等伟大的事业！

应该说，蔡崇信之所以对马云的讲话有如此强烈的共鸣，一是因为马云天才鼓动家的本能，二是因为电子商务的无限远景，三是因为蔡崇信本身的智慧和远见卓识。

有人打了个生动的比喻，说鸡蛋有了温度就能孵出小鸡，可石头有了温度它还是石头。

蔡崇信到过许多国家，经商经验十分丰富，既有学识，又有胆略和经验。他是位成熟的投资人，也是位经验丰富的国际商人。他绝对不是一个仅凭他人简单的一席话，就贸然杀向未知领域的人。在蔡崇信的眼睛里，这个小个子马云是个天生的商业领袖。他有魅力，也有能力领导一个团队，完成他所宣讲的伟大目标。

蔡崇信很冷静，也很简单。当他感受到自己身体里的热浪时，他手一挥：这样，马云，领我去看看你们的公司。

马云突然迟疑了：公司？他的公司实在是寒酸。可蔡崇信用冷峻和审视的目光盯着他呢！马云明白躲是躲不过去的。

无奈的马云领着蔡崇信参观了他在西湖花园的别墅，推开门一看，蔡崇信大吃一惊。所谓的“十八罗汉”，打着地铺，吃着方便面，喝着开水。然而他们的精神却是无比抖擞。在这个简陋的房间里，这些人联系着世界上几万名客户，为他们服务，为他们打造最好的商机，而后，也是为了实现马云的世界500强梦。

蔡崇信回头看了一下马云。那个大言不惭的小个子，没有一点歉意，反而手一伸：请，蔡总，这就是我们阿里巴巴公司的总部。

蔡崇信是个商人，可他还是一位学者，他不仅懂得经营之道，还懂得更多的人生哲学。他面前这些不知疲惫的工作狂们的劲头，刹那间就感染了他。经过一番谈话，他发现这里的员工，全部信心十足，干劲朝天，如果说网络工作者中也有疯子，那他们都是实实在在的疯子。他们相信80年的企业，相信世界500强，相信马云，相信这个神奇的小个子会把他们带向美好的未来。

蔡崇信在这里待了很久，查看了这里的所有设备。他冷峻的外表下，那股被马云催动的热浪继续翻滚，让他久久难以平静。

也许，他在马云身上看到的是理想，是追求。他在阿里巴巴公司总部里看到的是基础，是信任，是明晰的未来图像。

那一次，蔡崇信什么也没说，他只是紧紧握住马云的手说了声："再见!"

马云难免愕然，毕竟对方是一个投行的负责人，手握大笔资金想花出去，他来到杭州就是要找个公司投资。可投资没谈，他就要离开了?

马云是懂得见缝插针的高手，岂能允许这条大鱼如此遁走?他急忙追问："蔡总，你的投资项目?"

"我回香港向总部汇报，下次再谈，下次再谈!"蔡崇信扔下一句话，扔下希望，然后，他就打道回府，直飞香港。

半个月后，他没有失信，果然回来了。而且，让马云眼睛一亮的是，蔡崇信的身边站着一位打扮靓丽、面容俊美的女士。蔡崇信很潇洒地为双方作介绍：这就是阿里巴巴公司的老总，未来世界500强企业的管理者，马云！这位是我的太太。

原来如此，马云当然欢迎。1999年6月，阿里巴巴的50万启动资金已经花销一空，下个月的工资从哪儿开，马云不知道，他的员工也不知道。在这种情况下，蔡崇信简直就是他的救星。

但马云是明智的，既然蔡崇信二次来到杭州，那就说明投资的事有门。否则，他没有必要再来杭州，也没有必要再来见他马云。

这个时候，马云暗暗告诫自己沉住气。既然判断对方有了意向，那自己何必表现得那么迫切呢？最佳的策略就是无所谓：你爱投不投，你投我兴许还不要呢！这才可以保证，投资方不会有过多苛刻的条件。这是马云精明的商人头脑自然的反应，也是商业谈判的原则，马云是精通此道的。

可是，蔡崇信也没有提什么投资的事。两个人似乎在角力，谁也不提。可交往日密，尤其是有了风姿绰约的女士在侧，他们的关系似乎更加亲近。公事显得不太重要，友谊倒是日见其深。

这一次，两个人的角色似乎来了个对换。蔡崇信说得多一点，马云不太讲话，更多的是期待，期待蔡崇文的提议和问询。因为，一个投资商必须要多了解对方，才能避免资金流失，保证效益的最大化。

可这一次，蔡崇信的话题和投资有点儿离谱。他问得最多的是什么家人哪、朋友啊、北京的颐和园、江南的“春风又绿江南岸”之类，与个人很近，离公事很远的话题。马云信口而言，随便地回答，他还是希望蔡崇信开口谈投资事项，这是他迫在眉睫的事。

两个人似乎都是太极拳高手，他们在走拳，没有任何一个人出拳。

终于，有一天，马云有点忍不住了，他想摊牌。他把蔡崇信夫妇邀到西湖，然后上了一条小船。这船好啊！荡漾于一湖碧波之上，谈起话来，出我之口，入彼之耳。亦行亦趋，不行也不尴尬。

那天，风和日丽，西湖还是那么美，像一个情深似海、美丽多姿的少妇，含羞又含情地迎接了他们。进入湖的中心，远处的楼台亭阁笼罩在淡淡雾霭之中，近处的苏堤垂柳在眼前轻轻舞动。坐在船尾的马云觉得时机成熟了，他不能再等，也不想再等。他口一张正要提出心中酝酿已久的问题，突然，他发现，前面的蔡崇信把桨一扔，回头说道："香港那边我不干了，我加盟阿里巴巴，跟着你一起干，好吗？"

没有风，波不起，水不惊，西湖如处子静卧在他们的身下。远处有一对紫燕飞起掠过水面，惊起一丝涟漪。

马云定睛再看，蔡崇信一脸的严肃，没有一丝玩笑的意思。而他的太太也在向马云点头，那意思也是说：真的！

马云"腾"的一下站了起来，小船令人恐惧地一晃。他这才意识到这是在水上，他赶紧坐下。"蔡总！你不是跟我开玩笑吧，我可养不起你啊，你在香港有6位数的年薪，我这儿可只有500元人民币的月薪啊！"

这时，先前一直在旁边没有说话的蔡崇信的太太插话道："如果不让他来你这里，他可能会后悔一辈子的。"

蔡崇信又道："是啊，我既然是带着太太一起来，那就是要留下的意思，收下我吧！"

马云再一次看了一下蔡崇信和他的太太，他明白了，这是经过深思熟虑并且已经得到了夫人的批准。看来，这个蔡崇信是决心已定了。

于是，马云说道："好吧，既然你一定要来，你就来吧！先帮我们管钱吧，我们正需要你这样懂财务又懂法律的高级人才。"

西湖小船上的几句话，决定了蔡崇信的未来，也决定了马云和阿里巴巴的未来。事实证明，在那个关键时刻，蔡崇信的加盟实在是太重要了。其重要性如何高度评价亦不为过。当然，事实也证明，蔡崇信不愧是商界之精英，他一眼就发现了马云，一眼就发现了马云团队，一眼就发现了阿里巴巴的无限远景。否则，他也绝对不会抛下香港那么优越的总裁的职务，来加盟这个还打着地铺的未来世界500强。

马云是有魅力的，他的团队是有感染力的，蔡崇信是有眼力的。在西湖小船上的一番谈话，决定了很多事情，但归根结底是证明了上述三点。

那天以后，蔡崇信立即回到香港，办理了辞职事宜。

这个时候，回想起马云创业之初的讲话，更佩服他有先见之明。他告诉他的“十八罗汉”，你们当“排长”、“连长”，“团长”以上的我另请高明。

这原因也很简单，他的团队虽然已经是互联网上的干将，可是，他们绝对不是高级的管理人才。马云看得很准，他们自己也明白，真要是成为国际化的大公司，他们还真就差得很远。如果说在商业战场上，蔡崇信这样的是正规军，那么他们原来的众罗汉只能是游击队，充其量战斗力强一点儿而已。

蔡崇信加盟阿里巴巴的时候，创业之初的骨干们、投资者们也就是股东们，连一份协议书都没有。就是说，这个要干80年的立足于全球的企业还没形成真正的股份制，对于股份、责任、权力还没有清楚的划分，更没有清醒的认识。坦率地说，在商战中，他们就是一群乌合之众。即使是他们的领袖马云，也是难登大雅之堂。

蔡崇信走进了西湖花园，走进了阿里巴巴总部，他成了那群乌合之众的一员。当然，马云给了他很重要的使命——当马云的财务总监兼法律顾问。马云有识人之才，也有用人之量。蔡崇信有知人之明，也有管理企业之才能，更有国际化大公司的经营与管理经验。于是，两个人一拍即合，他们一起梳理阿里巴巴的公司组织结构。无疑，这是建立一个国际化公司的首要任务。公司架构必须有为远大理想而服务的现实的管理体制，按照我们通常的说法，就是要与国际接轨。可是，蔡崇信惊讶地发现，这 18 个创始人，连一份在一起合作的协议书都没有。这和我们通常的合作模式没有什么两样，几个哥们凑到一起说，做个买卖吧！凑上一批钱，干完了分红。怎么分；没人去想。哥们嘛，怎么着不行？结果，一到分红时，分不均了；亏损了，应该承担责任时，哥们不是哥们了。于是鸡飞狗跳，面红耳赤。买卖好做伙计难处。这就是游击队和正规军的区别，也是中国开放之初的一种通病。毕竟是一种尝试，哪儿有经验可寻？不知道什么叫股份制，偏偏要合伙做买卖，隐患在那一开始就已经埋下了。为了解决这个隐患，唯一可行的办法，就是制作一份合理的协议，所有的股东签字。那协议就是公司的法律，所有的股东依照协议行事。

面对这样一个公司，蔡崇信来得正逢其时。马云和他开玩笑：我们一直没成立公司，就是等你过来帮我们搞的。

蔡崇信亲手搞了一份参股合同，那是一份做得相当漂亮、滴水不漏的英文合同，完全符合国际惯例，也是一个国际化大公司的起步准则。

蔡崇信将这份合同拿给所有的股东，可他们看不懂。于是，坐在马云的小屋子里，蔡崇信耐心地给大家讲解。那时气温高达 30 度，没有空调，只有一个摇着脑袋的破电扇。蔡崇信习惯于西装革履，太热了，他只好脱掉外衣，可是那一件衬衣也让汗水打透。他讲的不仅仅是合同，他从最初级的股权制讲起，讲股东权益，讲股权稀释。

是的，那是一课，绝对是关于一个国际化公司组成的一课。这一课不管是对于“十八罗汉”还是马云都是一堂必修课，而且，是补课。不补上这一课，他们的公司就永远只是草莽。

蔡崇信这一课征服了马云和他的团队。一个名副其实的海归，一个满腹经纶的才子，一个国际投行的资深经理人，如此敬业，如此的诲人不倦，使马云的团队非常高兴，非常满意马云给他们请来的管理者。他们甘愿做一个冲锋陷阵的“排长”或者“连长”，觉得跟随这样的“团长”很愉快。

一堂课下来，他们增长了不少见识。当然，很多问题他们还是不甚了了。不过没关系，有蔡总在，他们很快就会明白什么叫国际化，什么叫大公司。

马云率先在合同上签字，看他们的精神领袖已经签字，懂的和不太懂的都拿起笔来签上了自己的名字。这是非常重要的程序，它意味着阿里巴巴的创始人的股东地位已经在法律上得到完全的确定，也为8年后那场“批量制造富豪”的“造富”运动做好了铺垫。

不久，因为蔡崇信的加盟，一大笔国际投行的资金到位。那是500万美元，按照当时的换算率，差不多就是5000万人民币。想一想，50万与5000万是个什么比例。蔡崇信的加盟意味着什么，还用说吗?

有了这样一大笔钱，向来不缺雄心和豪情的马云将目光投向了香港。这个东方的国际金融和国际贸易中心虽然有点衰落，可是其贸易中心的位置暂时还是存在的。马云将阿里巴巴的触角伸向香港，就是打开走向世界的一扇门。

当时蔡崇信是公司的CFO，即首席财政官，也可以称为财务总监。这是一个现代化的词汇，和马云的CEO是一样的，带有某种国际化的范儿。

马云这样和蔡崇信说：老蔡，到香港去，你熟门熟路，建立我们的香港总部之重任非你莫属；现在，你就是阿里巴巴香港总部CEO。

在做好建立香港总部的筹备工作之后，蔡崇信马不停蹄，直奔香港。但这一次他不是位高权重的国际投行的总裁，而是一个未来的香港阿里巴巴总部的首席执行官。当然，那个时候，这个总部还只存活于蔡崇信的脑子里。

如今再回首，蔡崇信的加盟，简直就是阿里巴巴一次里程碑般的事件。然而，就蔡崇信自己而言，却没有那么复杂。

他说：这里有一些做事情的人，他们在做一件我觉得有意思的事情，做这个人生重大抉择时，没有非常理智的依据，更多地来源于内心的强烈冲动，我喜欢和有激情的人一起合作，也喜欢冒险！所以我就决定来了，如此而已。

好一个“如此而已”！蔡总的这番话足以让我们看到，马云和他的团队是一些做事情的人，他们在做一件让蔡总觉得有意思的事情。

事过多年，谁能否认蔡总的精明，蔡总的敏感，蔡总的智慧？

一个真正的聪明的海归，就应该这样：干事儿！不干事儿，你读那么多的书有什么用？

几经波折，马云终于要建立一个属于自己、属于理想的公司。他的决心和热情感染了周围的人，多年来，他们就是一个圈子，甚至是一个团队。他们有过在一起打拼的历史，有风雨同舟的过去，他们是朋友。这朋友的意义不是简单的生活交流，而是建立在共同事业理想基础之上的精诚合作。因此，马云一声号令，他们坐上了同一条船。

这条船经过他们精心的运作，就要冲向商品的海洋。阿里巴巴喊一声芝麻开门，财富的大门将会敞开。可是，马云说，我们的第一目标不是赚钱，他的第一目标，乃是建立一个80年的企业，这意味着什么呢？他告诉自己的团队，所有的困难都是暂时的，未来肯定美好，因为，企业的目标是80年，未来不美好如何存在80年？他告诉自己的客户，阿里巴巴值得信赖，它是一家最诚信的企业，因为，不诚信，赚了钱就跑，如何存在80年？

马云本身就是激情的代名词，他永远不缺理想，不缺信心，更不缺对于未来的憧憬和规划。然而，将这理想和信心落到现实，将憧憬和规划绘成脚踏实地的路线图，尚需一番艰苦的努力，也需等待时机。在这时，蔡崇信来了！他的到来，一个国际化大企业的框架开始形成，一个依附互联网的强大的国际化公司有了雏形。

马云是领袖，他高瞻远瞩，激情四射。蔡崇信是实干家，他有效地落实了马云的设计，制定了具体的方案。

做生意没有不想赚钱的，可为了赚钱而有钱就赚，那就是一个纯粹的商人，或者只能说他是一个聪明人！做生意不为赚钱，在社会服务和责任中，让别人赚了钱之后，自己也赚了钱的，才称得上是企业家，而企业家的所具有的素质是——智慧！

智慧和聪明不可同日而语，它们是两个层次。

马云放弃北京稳定的官员式的经理不做，宁愿冒一番风险也要回家创业。蔡崇信放弃香港优越的总裁不干，为了激情、为了事业和马云共同创业。在很多人看来，他们不是聪明人。但实际上，他们才是智者，充满智慧的人。

一个充满智慧的领袖可以给一个团队注入智慧，当另一个具有智慧和实干能力的人再来加盟，这个团队当然是一个具有智慧、具有激情，又能干事情的团队。

有了这样一个团队，再加上互联网的强大助力，阿里巴巴肯定要扬帆远航了。

5
扬　帆

10月反思

1999年6月，蔡崇信给阿里巴巴公司注入了法律的框架之后，这个有志于国际化的大公司开始正式运营了。由于马云的个人魅力和公司的无限远景，这期间，公司受到了很多国际投行的关注，并且先后引来大批资金。

这些到位的资金不但使阿里巴巴增添了设备、增加了发展和扩容的力度，同时，更是给阿里巴巴建设和发展它的团队带来了动力和可能。在阿里巴巴创立之初，马云就说过，团长以上的干部他要重金招聘。

于是，他招来许多有背景、有学识的管理人才。这些人才很多是来自于海外，来自于世界著名学府。与此同时，阿里巴巴的触角也伸向了欧洲、美国、香港。

这些管理人才，的确是学富五车，对于互联网各人有各人的看法。有人主张阿里巴巴应该迎合华尔街的口味，走中华网的路线，为公司客户建设大网站。美国员工则主张发展技术，提供电子商务解决方案，为大企业解决交易问题。

这些主张都为阿里巴巴这艘刚刚起航的航船带来了关于航向的问题，这些留学海外的精英，既有背景，又有学识，理论和实践各有千秋。他们言之凿凿，引经据典，自成体系，论点、论据充分，都有自己难以驳斥的理由。

当时的阿里巴巴，经过国际投行的注资，加上中国互联网的飞速发展，已经像个泡沫一样，迅速地膨胀。一年多的时间，它已经与往昔不可同日而语，发展之规模完全可以让你瞠目结舌。

可正因如此，阿里公司应该如何发展更是被提上了日程。面对这种争论，马云突然给公司发出“公司处于高危状态”的内部通知。

这不是危言耸听，实际上，阿里巴巴的迅速发展给公司带来机遇也带来危机。一个公司向何处去的方向性问题，已经在不知不觉间摆在了公司管理层、团队乃至公司每一个人面前。不可否认，马云是敏感的，他不仅有敏锐的商业嗅觉，而且也有管理公司发现重大问题的嗅觉。在公司蓬勃发展的时候，他率先发现了危机信号，果断发起了一场内部大讨论：“到底谁是我们的客户，我们的客户需要什么样的产品？”

这就是后来人们所说的“10 月反思大会”。

那个时候，阿里巴巴刚刚度过它的成立一周年庆典。为了这庆典，马云邀请了新浪的王志东、网易的丁磊、搜狐的张朝阳以及8848网站的王峻涛等中国互联网大佬聚会杭州。他们在一起畅谈互联网，各抒已见，对于互联网的现在和将来讲述自己的看法。

应该承认，这是一次盛会，尤其是对于中国互联网而言。这些纵横互联网江湖的大佬都是学识超群、胆略过人之辈。在互联网刚刚进入中国之际，他们就发现了这个可能会迅速发展的事物，并且纷纷投入其中。其识见足以证明其非凡之心胸，在操作和运营中，他们各自的网站基本上已经发展成中国互联网家喻户晓的门户网站。

当然，互联网上也是各开门户，各人有各人的独到之处。不过，马云的阿里巴巴和8848有点相似，均是以电子商务见长。这次聚会交谈，后来有人称其为“西湖论剑”。在这番交流中，究竟是否论剑，我们不得而知。但是，当时的互联网经过迅猛的发展，泡沫之存在已经是共识。当新浪和搜狐以新闻见长，已在互联网上站稳脚跟之时，阿里巴巴的电子商务应如何前进则确实是一个值得商榷和反思的问题。关于这一点，这些江湖大佬当然不会有什么具体的意见。各大掌门人，需要对自己的世界进行具有远见卓识之安排。

在此背景下，马云立即在自己的公司发动了这场大讨论。

马云的两个问题看似普通，其实关系着公司的运营。首先要清楚谁是阿里巴巴的客户，也就是说，阿里巴巴要为谁服务，它的服务对象是谁。其次，要弄清楚它服务的对象需要什么样的产品，这是对于阿里巴巴推出产品的具体化要求。

经过一番讨论，显然，为客户建设大网站也罢，发展技术、解决电子商务中的交易问题也罢，这些，都不是公司的方向。

但是，这些新招来的高管们，据理力争，一点儿也不后退。

马云亦然，他也不会后退。为了一个80年的企业，他果断撤掉了香港、美国、欧洲的办事处。同时，他放弃了占公司收入六成的电子商务解决方案战略。最终，他将阿里巴巴公司的发展方向纳入自己的计划之中。

2000年10月，阿里巴巴推出了“中国供应商”网站，这一网站是专门为中国制造和供应商、全球采购商所设立的。

马云的这一设计和推出比国务院官方的“中国供应商”网站早了6年。如今，双方的优劣自有评判，但是，一个民营的网站比官方网站早了6年，这一事实足以说明马云和他的阿里巴巴的战略眼光如何。

后来，“中国供应商”不但有了英语网站，还有了日语网站，面向全球的采购商介绍中国的产品，为中国的外贸出口提供了一个绝佳的平台。

这个网站特立独行，有自己的特色。第一，关键词由供应商自行设定。国际专业买家都是通过关键词搜索到相关产品或公司，经过筛选后再向经过认证的供应商询问价格的。第二，关键词的搜索结果页面的黄金广告位。客户可以预先设定某个关键词，其所在的搜索结果页面的右侧都会出现固定大小的广告条，那上面是供应商企业和产品的简介（阿里巴巴公司会根据供应商提出的具体要求，免费设计广告条），买家点击此广告条后（内有链接），页面将直接转到供应商的企业产品网上展示厅。

2007年，“中国供应商”推出香港版。

继“中国供应商”之后，阿里巴巴于2001年6月推出国际

“诚信通”。这是一个与“中国供应商”相互印证和使用的一个工具。

“诚信通”目的是解决网络贸易中的贸易信用问题，它在客户中建立档案，进行诚信确认，将一些诚信度高的客户纳入会员。这一确认过程不是由阿里巴巴单独完成，它是和第三方独立机构合作，其中包括华夏、上海杰胜、澳美咨询。

企业身份通过第三方独立机构确认，企业交易信用被长期记载和积累，故在竞争中享有优势，成为买家的首选。经过使用，有一个调查显示：85%的买家和92%的卖家，优先选择与“诚信通”会员做生意。

在这一过程中，阿里巴巴做了大量工作，它要查证“被企业身份认证公司是否合法存在”以及“企业身份认证申请人是否属于被身份认证公司”等。

企业身份认证的信息包括公司注册名称、公司注册地址、申请人姓名、申请人所在部门、申请人职位等。

经过诚信认证的会员和普通会员在身份上明显区分开。“诚信通”会员是买家信赖与首选，优先获得更多订单；“诚信通”标志在网页上首先被客户看到，拥有高的“诚信通”指数，可以使你的信息优先排序，让客户更快地找到你。商机万千，诚信为先。通过企业身份认证，“诚信通”会员可以凭借证书及荣誉、资信参考人、阿里活动记录、会员评价展示自己的诚信，让客户信任。

这些都是阿里巴巴成立初期的产品，而这些产品都是在“10月反思”之后，根据公司的发展方向研制和开发出来的。这些产品的推出，扩大了公司的市场份额，也成倍地增加了公司的客户和会员。

后来回忆当初的争执，关于那个决定，马云也说：当时作这个决定真痛！

但实践是检验真理的唯一标准，事过多年，对于当初这个决定，阿里巴巴除了痛之外，更应该是庆幸，庆幸马云的果断与决绝，庆幸公司走上了一条健康的发展道路。

孙正义

说到这里，不能不说孙正义了。孙正义许何人也？严格地说是韩裔日本人，也就是说，他是一个有韩国血统的日本人。然而，如果更严格地说，他的祖先是中国人，他有中国的血统，因此保留了孙的姓氏。

他的个子也不高，和马云也就是伯仲之间，或许比马云稍高一点。但他的前额很大，基本上和电影演员葛优的差不多。大概这也是智慧之象征，按照葛优的说法，聪明的脑袋不长毛。可孙正义绝对不仅仅是聪明，他和马云一样，有的是智慧，甚至是大智慧。

他有一个身份——当时的亚洲首富。

想一想这意味着什么？亚洲是包括阿拉伯石油诸雄存在的领域，从阿拉伯世界的土地下冒出的资源财富令全世界瞩目。可是，亚洲首富却非孙正义莫属。他有一个称号——“电子时代大帝”，他的“软银”集团，致力于互联网和电信领域的投资，是一个具有强大实力的国际投资公司。

当时的马云，已经因为蔡崇信的加盟，得到了美国投资公司高盛的认可，第一笔投资500万美元已经投入运营。可是，互联网的发展是日新月异的。面向世界的阿里巴巴要适应形势、迅速发展，资金仍然是前提和要素。

而且，当时的阿里巴巴的业务也在迅速拓展，为了适应这一拓展的要求，马云到世界各地去巡回演讲。宣传阿里巴巴，宣传B2B电子商务，这成了马云必须完成的任务。他几乎是马不停蹄，在全球各地，用他熟练的英语，用他卓越的口才，向他的听众绘声绘色地演绎阿里巴巴的未来80年。

在美国，在硅谷，马云与40多个国际投行的老板接触。可这些老板竟然置之不理，他们没有一个对什么电子商务感兴趣，没有一个预见到阿里巴巴会成长为一个国际化的大公司。因此，也没有一个投行的老板对投资中国的阿里巴巴感兴趣。

这很刺激马云，在那里，他目睹了从硅谷到旧金山的繁华与繁忙。他说，就在那条公路上，午夜时间也是车水马龙，灯火辉煌。实干的美国人夜以继日追赶世界潮流，他们在以自己的实际行动来打造属于他们的梦想。

那一刻，马云就从心里发誓：阿里巴巴必须做大，必须做强。中国人的企业也一定要进入世界500强，中国人的民营企业也应该像美国人这样实干，冲击梦想！

但资金的瓶颈制约了阿里巴巴的发展。正当马云在为此发愁的时候，一个印度的朋友向他推荐了孙正义。

这位印度朋友叫古塔，他是一个资深分析师。他给马云发了一个电子邮件说：一个人要和你见一面，这个人对你一定有用。

根据古塔的建议，马云认真研究了孙正义，他发现这个东方商人和他几乎有相同的特点。当初孙正义在福冈市南部的大野一个铁皮屋顶的房子建立软银公司，他站在一个装苹果的箱子上，饱含激情地对他仅有的两名员工说道，公司营业额5年要达到100亿日元，10年要达到500亿日元。

当然，现在他不仅达到了这个目标，而且，他的软银已经使他成了亚洲首富。另外，他正在投资互联网行业。最近的一笔就是与和马云比邻的中国雅虎杨致远发生的，当时的雅虎正在准备公开上市，并且已经盈利，现金流还好。刚开始，杨致远并不准备接受他的投资，孙正义问他：“你的竞争对手是谁？”

杨致远回答说是网景，当时已经上市的网景做得很好。孙正义接着说道：“那好，我有1亿美元，我一定要投一个互联网企业，你不让我投，那我就去投你的竞争对手。”

就这样，雅虎接受了孙正义200万美元的投资，在雅虎上市之后，孙正义又追加了100亿日元的投资，掌控了雅虎35%的股份。

经过这些调查，马云认为他了解了孙正义，某种意义上说，他觉得可以说服这位软银总裁，于是，他飞往孙正义下榻的酒店。

那一天，大概是在富华大厦，在座的有不少互联网著名人士。马云穿着一件普通的夹克衫，手中拿着半张纸走进房间。

相互作了自我介绍之后，孙正义说，我还没听说过阿里巴巴。经过一番准备，房间里的投射机投射出阿里巴巴网站的页面，看过之后孙正义说，你只能讲20分钟。可马云手拿半张纸讲了只有6分钟，孙正义挥手喊：“停！”然后，他直接问：“你需要我投多少钱？”

没想到，这个身穿一件陈旧夹克衫的瘦瘦的小个子，竟然开口说道："我昨天刚拿来钱，我不需要钱。"

孙正义愕然，他问："你不要钱，你来找我干什么？"

马云倔强地说："不是我要来，是我的一个朋友说你让我来。"

就这么简单，事情似乎总是向相反的方向发展，孙正义决定软银向阿里巴巴投资3000万美元。后来是马云觉得3000万太多，自动削减了1000万，孙正义的投资就成了2000万。他的这一主动削减对方投资的举动，也让负责具体事项的孙正义的助理不解，甚至有点愤怒，因为这是从来没有的事，接受投资的几乎全是越多越好。可马云不同，因为，他认为，阿里巴巴不是一个烧钱的公司。而在他的发展计划中，2000万足够。

事过多年，他们在一次会议上见面，两个人有了这样一次谈话：

马云说："人们常说，你非常疯狂，我也非常疯狂。我有一个问题，为什么15年前，你会投资1亿美元给那么小的雅虎？为什么9年前，你只用6分钟时间，就决定投资2000万美元给正值互联网寒冬的阿里巴巴？"

孙正义："我相信杨致远，我发现了他，我从他的眼睛里看到了热情，看到了力量。所以，雅虎刚刚创立时，我投了1亿美元，帮助他更快地取得成功，在世界范围内取得成功。同样，9年前我见到你的时候，你一无所有，中国的互联网行业也仅仅是刚起步。但是，你的双眼冒光，闪烁着梦想和激情。我觉得你和杨致远一样疯狂，所以，我决定投资你的公司。你和我都是'疯子'。不同的是，今天的你和当年的你一样瘦，而我可能重了一点。"

马云："明白了，看来，如果大家想成功，就要'疯狂'一点。要有大的梦想，有激情，同时还要有很好的战略战术。”

孙正义：“是的，第一次见到你的6分钟，你给我的印象是真实的。我当时想，阿里巴巴会发展得与谷歌一样大，谷歌扩张的基础是广告，阿里巴巴不仅靠广告，还靠粘合人，这将使阿里巴巴走得更稳健。中国将会成为全球GDP最大的国家，阿里巴巴面对的是全球市场，而不仅仅是中国。所以，我希望与马云一起，与阿里巴巴一起，继续取得更大成就。”

马云问：“当时，阿里巴巴的规模并不大，你为什么那么笃定?”

孙正义：“我见到你的时候就对你说过，马云，你会成就第一家真正的中国互联网公司，由中国人自己创立新的商业模式，并在这个模式里取得世界第一。在当时，多数互联网公司，不管是日本的还是欧洲的，它们只是复制美国的成功模式。而阿里巴巴则创立了一个新的商业模式，因此，你一定会成功。”

接着又说：“我觉得阿里巴巴是一个非常伟大的公司。我遇到你的时候，我就说你是个英雄，你将与杨致远、比尔·盖茨等人等高，你们都创建了一种全新的模式。”

当时的软银公司，一共投资了全世界800多家公司，后来，有100多家失败了。孙正义有过总结，他说：“最大的区别是，是否有足够的激情，如果有激情，就可以找到解决问题的方法。如果有强烈的激情，就可以把优秀的人才吸引到公司里来。”

这就是孙正义在听了马云6分钟的发言后，选择马云作为投资对象的原因，那原因很简单：激情！马云有激情！

这是在马云与孙正义相识9年之后的一次对话，也是两个汉子的惺惺相惜。

2001 年，马云拿到了孙正义软银公司的 2000 万美元投资，阿里巴巴由此进入了发展的快车道。

2003 年，孙正义一个电话将马云招到东京，这一次两个人不谈融资细节，仅仅是坐而论道，就互联网发展大势交换看法。到快要签字的时候，二人到卫生间去小解，这时，马云提了一个数目：8200 万美元。孙正义毫不犹豫地就同意了，回头在谈判桌上干脆地签下协议。从此，阿里巴巴进军 C2C 市场，淘宝网由此诞生。

后来，雅虎中国被阿里巴巴吞并，雅虎以 10 亿美元现金加上雅虎中国的业务参股阿里巴巴，占了阿里巴巴 40% 的股份。孙正义又以雅虎中国最大股东的身份再一次加盟阿里巴巴，而马云因此也成了软银的董事。两个汉子在，国际互联网上的联系竟然是越来越紧密。他们彼此非常欣赏对方，却又在商业利益方面互不相让。在雅虎收购、支付宝转让等具体问题上，两个人的意见有时会相左。两个人又很少妥协，争吵成了必然。

也许，这就是商业，这就是合股。不管怎么样，马云具有远见卓识，孙正义同样是目光远大。他投资阿里巴巴，在阿里巴巴于香港上市的当日，他的投资就收到了成倍的回报。

马云没有辜负孙正义，孙正义当然对得起马云。

淘宝与支付宝

度过 21 世纪初的互联网严冬，马云又有了新的想法。这想法在孙正义的支持下得到了实施，由于阿里巴巴的 B2B 网站属于批发类型，中国民间的普通买家与卖家还不能在这上面交易。同时，2003年一场极为恐惧的传染性疾病横扫亚洲，很多人躲在家里，包括阿里巴巴的员工都尽量在办公室里操作，减少了去公共场所的频率。

为此，建设一个民间可以使用、个人可以交易的网站成了马云的首选。也就是在这种情况下，淘宝网诞生了。

化名为“小宝”的柴栋至今还记得，2003年4月10日，阿里巴巴的战略总经理跑过来让他留下，说有要事同他聊。结果他一进办公室，就发现马云和其他高管也在里面。马云对他说：公司要准备做一个项目，但现在不能告诉你，你只有答应做了，才能告诉你做什么。

柴栋没有犹豫就接下这个神秘的项目，他与另外9个人同公司签订了“保密”协议。几天后，他们被带到杭州文一西路176号的湖畔社区，这里的风荷院16栋1号202房，曾是马云的房子，后来创办阿里巴巴时，又成了公司的办公室。

带上行李，从公司搬来了电脑和办公桌，马云花了几千美金从美国买了一套C2C交易系统，就这样淘宝网开始运营了。“看看这些投入，你就知道那时淘宝还是试验品。”柴栋回忆说。

没有任何经验，柴栋和同事，就成天泡在易趣和eBay上购物，仔细研究从商品发布到用户收货的每一个细节。“eBay上的用户，多数来自于欧美，最初是拍卖用过的家具，虽说是置换，但很多还是古董，拍卖一件商品价格并不低，利润可以高达200%到300%，所以eBay收费完全没问题。”柴栋说，经过对比，他们发现中国没有这样的基础。

他把自己的意见反馈给马云，马云也大胆采用了阿里巴巴的惯例，用免费来招揽卖家。“淘宝网3年内不许盈利。”这是马云最初对淘宝网下的死命令，事实上这也就是个宣传噱头，因为创建之初的淘宝，根本也不可能盈利。

但是，马云这一决策无疑是正确的，它给淘宝的生存和发展带来的影响无论怎样评估都不为高。

张林（化名）就是被感召的早期卖家，他的淘宝小店，最早卖的产品是一种骷髅头围巾，每条能赚两块钱，这样一点一点卖起来。“15块钱的东西，有些人还会要你包邮。有个朋友卖5毛钱的头绳，每条赚1毛钱，有个新疆的买家还问包邮吗——邮费就要20块！”

他形容这个时期的淘宝为“蛮荒时代”，“全靠卖家自身能力和对产品的感觉去卖东西，没有任何可以利用的工具”。

从2006年开始，淘宝的运营部门开始筛选一些优质卖家，做一些针对活动，比如单款打七折包邮，或者搭配其他商品减价等。这也是淘宝开始尝试将流量转换成交易额的开始。当年，淘宝推出“招财进宝”，这个产品让卖家通过付费，获得更靠前的搜索结果排名，而卖家则根据成交额跟淘宝协议支付费用，但推出没几天，就遭到4600名卖家罢市反对，最终只有取消。

“招财进宝”的设计，不难看出其中“中国供应商”的影子，都是用流量来换取收益的产品思路，只是前者被没有多少财力的卖家认为不公平，导致淘宝第一次盈利探索以失败告终。其后，淘宝小心翼翼地推出“淘宝直通车”、旺铺等广告和增值服务收费。

张林说，这时期淘宝进入了“铁器时代”，营销工具开始丰富起来，一些刚毕业的大学生纷纷选择到淘宝创业，到2007年、

2008年，淘宝销售额狂飙突进，到淘宝购物一度成为城市小白领和大学生们的生活方式。

此时的淘宝在C2C领域成为王者，但外面却兴起了B2C热潮，当当、京东、红孩子、凡客诚品一个接一个吸引人们的眼球，很多人买书会选择去当当，买家电到京东，买衬衫到凡客，而这些网站如今都发展成为综合商城，有的还已上市，在美国，B2C的标杆企业亚马逊市值也早已压过C2C的标杆企业eBay。

于是，2007年，B2C的淘宝商城开始出现在淘宝页面上；2008年4月，淘宝成立商城事业部，由淘宝前副总裁黄若带队，淘宝商城首次“独立”；4个月后，商城事业部解散，“商城”再次并入淘宝；到2009年8月，商城事业部恢复，由淘宝CFO张勇兼任“商城”总经理，再次尝试独立运营。

这一次到2010年11月1日，淘宝商城启用新域名，成为独立站点。如今淘宝分拆后，张勇成为新公司总裁。

淘宝商城起起伏伏，一波三折，但重要性日益突出，各种活动和规则也都明显往商城方向发展。从2008年开始，张林注意到，很多淘宝卖家，已经越来越多采用企业化运作方式来经营自己的店铺。他认识的一个卖家，不仅自己设计品牌，自己找加工厂代工生产，还聘请专职客服，甚至雇用专业的数据分析师，及时对网购市场的变化做出反应。

这个时期的淘宝给他的印象，是一个讲究精雕细琢营销的“木匠时代”，秒杀、淘品牌、淘宝天下、聚划算、一淘促销……淘宝上的营销工具和营销活动多达几十个，以前做淘宝，张林总觉得最重要的是货源，第二是摄影，广告也不去打。结果是常常感到不知所措：“每次淘宝规则一变，我的生意就又差了一点，我从来都不善于分析这些规则。”

然而，成立之初压根就没考虑赚钱的淘宝，尽管开发出多达几十个不同的收费项目，却依然没有一个主力营收项目。而淘宝分拆后，淘宝网被认为将以广告和服务费模式赚钱，淘宝商城目前是佣金和入驻费用，“一淘”网则可以采用竞价排名。

事实上，淘宝网的广告收费增长空间有限，“一淘”是否采用竞价排名尚未明确，淘宝商城自然被认为在“大阿里”战略中背负重任。淘宝商城资深总监马学军就正在进行一些尝试，他主导的线下家装体验馆“淘宝商城爱蜂潮店”刚刚在北京开业。这个爱蜂潮店的商品全都来自淘宝商城家装市场近300家厂商，已涵括了众多OEM厂商、网货品牌，也包括曲美、全友等家具企业，马学军的设想是让用户到线下2.5万平米的实体店体验家具，然后再到网上交易。

“我们有一款价值2.6万的沉船木家具，这种家具一般都用于别墅，当时我们还在想，会有顾客来淘宝光顾这样的商品吗？谁知第一天就卖出了。”马学军对此始料未及，但他总结在爱蜂潮店，贵的家具往往十分畅销，“富人们居然也喜欢到淘宝购物”。

很明显，淘宝商城将触角伸进了奢侈品市场。这也正是淘宝商城为何一年前交易额还排在京东之后，而在一年后却排名第一，并比其余29家B2C网站交易额总和还要高的原因。当京东商城董事长刘强东还在强调向所有暴利行业开战时，淘宝商城早已向高价商品敞开了胸怀。

张林说，他们很多小卖家私底下将这个时期称为淘宝网的“黄金时代”。

在马云的宏伟蓝图里，支付宝是连接所有环节的通道。但在现行的金融政策下，这条通道却并不好走。支付宝从一诞生，就面临着种种政策限制。支付宝银行服务部副总经理袁雷鸣回忆，2005 年，马云亲自拜访时任中国银联总裁万建华，他希望与银联合作，让中国境内所有银行发行的银联卡，不用开通网银就能在网上支付。

当时网银不仅申请步骤麻烦，有的银行还需要到柜台绑定 U 盾，同时每一家银行，支付宝还需要单独谈判才能支持接入。

马云的这个想法来自 PayPal。因为有 VISA 和 Master 等卡组织支持，只要是两个卡组织的信用卡或银行卡，都可以通过 PayPal 进行支付，而不需要用户再额外向银行签约。

但万建华还是对他摇了头。跟欧美不同，中国的银行卡只能给其他银行卡汇款转账，而如果其他银行或组织要从银行卡里扣款，就绝对行不通。原因是中国没有健全的银行卡赔付体系，比如在美国，即使持卡人被盗刷、盗现再多金额，个人最多也只需承担 50 美金。中国的商业银行都不愿意为此承担风险，所以就算央行也不可能从任何一家银行卡里扣款。被拒绝的马云，也只得回到现实，让支付宝慢慢地同各个商业银行谈判，直至今日，使用支付宝，最后的支付页面都来自于各家银行系统。

在这个漫长过程中，2008 年 1 月，马云让原淘宝网副总裁邵晓锋出任支付宝执行总裁。邵晓锋曾经任职杭州重案队长，拥有多年刑侦经验，为人稳重，也许当时马云是想凭借邵晓锋的经历，让中国的商业银行觉得支付宝安全可靠。

邵晓锋就任后，极力推动了支付宝走向独立，他将业务发展部除负责淘宝外的同事全部抽调出，分别组建了航空旅游、B2C

平台、公共事务缴费、保险、虚拟产品、教育考试、海外购物和数字娱乐等八个支付小组，每个小组都积极向外拓展外部商户。

到2010年，支付宝的外部商户达到46万家，支付宝的应用范围也越来越广，2009年底邵晓锋以黑礼帽、黑墨镜、黑披风以及一条红短裤的“佐罗”造型，通过“裸奔”方式来庆祝支付宝日交易量突破12亿元大关。

但马云对这样的成绩却并不满意，支付宝与银行关系仍然推进得太慢，邵晓锋任上，甚至发生民生银行信用卡停止支付宝交易的事情，在信用卡还款上，支付宝也不比财付通或者快钱有优势，支持支付宝还款的银行只有11家，而财付通及快钱则都有18家。

在2010年支付宝年会上，从来不轻易公开指责员工的马云，从头到尾都黑着脸，痛骂支付宝的固步自封，用户体验“烂、烂、烂，简直烂到了极点”。连续几个烂字，甚至把五大三粗的邵晓锋当场骂哭了。

实际上，支付宝内部人士评论说，邵确实对支付宝业务的复杂性与安全性考虑很充分，但他也对前方存在的安全风险和政策风险过于担忧。支付宝的支付方式一直都十分麻烦，唯一便捷的支付方式一卡通，还需要到银行签署协议，才能开通，而且支持卡通的银行一直都很少，信用卡更是没有。

正因为此，马云在痛骂过后，更作出了人事更换的决定，由集团首席人力资源官彭蕾接替邵晓锋，出任支付宝公司首席执行官。彭蕾是阿里创业元老，一直负责整个集团的价值观文化，并掌控集团高级干部培养与管理大权，被视为阿里巴巴团队中仅次于马云的“二号人物”。

不仅如此，马云还对支付宝的内部人事和组织结构进行了大调整，金融事业部、商户事业部和用户事业部三个部门负责人，全部在2010年7月更换。支付宝商户事业部高级经理程维，正是在这次更换中来到了支付宝。

“我们最紧要的任务，就是要确立属于支付宝的商业模式，这套商业模式的基础就是我们现在正在做的快捷支付。”程维说，他们这批中层来到岗位，用了半年时间思考公司未来方向，他们发现马云说的用户体验问题，主要就集中在使用网银实在太麻烦，支付宝支付成功率一直维持在60%左右这一点上。

成功率如此之低，支付宝在向外部商户合作时，自然就不可能收到较高的手续费。据支付宝内部人事透露，普通支付方式，支付宝向外部商户收取佣金只有千分之二，而使用新的快捷支付，支付宝可以收取到千分之五以上的佣金。

所谓快捷支付，就是只要有银行卡或信用卡，用户无须办理网银，直接输入支付宝支付密码即可完成付款，且所有开通程序只需在网上操作。“要让银行合作，我们只有提高付给的手续费，而且还得拿出部分资金作为保证金。”淘宝新业务部总经理袁雷鸣说。

终于，支付宝宣布包括工行在内的10家银行信用卡支持支付宝快捷支付，马云还让支付宝成为内资公司。后来，央行终于发放首批第三方支付牌照，支付宝是所有27家公司中获得业务许可最多的公司。

与易趣的战争

马云安排他的员工，秘密地在他的湖畔花园别墅里研究成功了“淘宝”，雄心勃勃地向C2C市场进军了。当时的C2C市场也是异彩纷呈，许多电子商务网站在运作，最为强大的就是紧随阿里巴巴成立的“易趣”。“易趣”的成立时间比阿里巴巴还要晚几个月，但是，这个网站经过4年左右的经营，基本上占据了当时中国电子商务中个人交易最大的份额。

如果想占据市场，做大做强“淘宝”，那么，和“易趣”的正面交手将是不可避免的。于是，一场商业领域的战争，从互联网上，到互联网下，甚至到地铁站口、公交站点、报纸电话亭，在每一个角落全面展开。

说到这场战争，首先有个人不能不提。谁呢？“易趣”公司董事长，时任CEO邵亦波。邵亦波出生于上海，1999年建立“易趣”时，他26岁。他比马云年轻，他和马云不同。不同点在哪里呢？马云英语特棒，数学很差；而邵亦波却是数学神童，11岁时就是全国“华罗庚金杯”少年金牌奖，高二时就直接跳级进入美国哈佛大学，是中国以全额奖学金赴美哈佛读本科的第一人。

1999年，他放弃了美国公司的高薪职位，毅然回到故乡上海，创建了“易趣”公司。从名字上就可以看出公司的理念：从交易中发现乐趣。这就是26岁时浑身披满了阳光的“海归”邵亦波。到了2003年，易趣已经走过了4年的成长道路。2002年3月，他已经有350万注册用户，累计成交235万件商品，累计成交额达七、八亿元人民币。平均每30秒有一件新登商品，每10秒有一人出价，每60秒有一件商品成交。在中国的电子商务市场上，C2C它已经是一家独大。

就在这一年，“易趣”发生了一件大事：美国著名的C2C网商eBay公司进入了易趣。eBay公司投资3000万美元现金，占有

“易趣”33%的股份。该公司首席执行官梅格。惠特曼，负责国际事务的高级副总裁马特·班内特进入易趣董事会。

这件事对于易趣而言是件大事，虽然，邵亦波长期以eBay公司为榜样，但该公司入主易趣，使易趣在中国的发展有了新的内涵。

事情还得上溯到2001年，惠特曼在上海见到了邵亦波和他的团队，在回酒店的出租车上，惠特曼对随行的马特·班内特说：“是时候了，我们得出手。”

这位极具战略眼光的美国人，在把中国市场作为新目标的同时，锁定了易趣公司。在2002年占有易趣33%的股份后，惠特曼又在2003年6月以1.5亿美元收购了易趣最大的股东，美国易趣获得剩余67%的股份。至此，惠特曼已经全部控制易趣。

也就是说，淘宝入市之初，强大的易趣已经是美国eBay公司在中国的一个代理商。它资金雄厚，经验十足，而且，由于易趣的成功运作，在中国市场上它已经是羽翼丰满，阵容齐整，基本上已经是江山一统。

可淘宝呢？小荷才露尖尖角。无非是七八个阿里巴巴的员工在马云的房子里研究出来的一个新产品，而且，还没等推出，由于惠特曼的高调进入中国市场，就让阿里巴巴好一阵紧张。

然而，马云天生胆大，2003年7月7日，马云公开宣布：阿里巴巴公司投资1亿元开办同时具备B2C功能和C2C功能的网站“淘宝”。

疯了，马云又一次疯了！这是当时媒体最愿意使用的标题。有一篇影响很大的文章就说“马云1亿砸向淘宝网是义气之下的不理智行为”，文章质疑：在尚不明朗的中国电子商务市场，马云这一惊人之举是否理智？电子商务水太深，淘宝能否成功淘宝？只有等待时间检验。

媒体的质疑是可以理解的，当时互联网企业刚刚渡过自己的冬天，阴霾还没散去。马云的这一投资是当时中国互联网业界最大的一笔投资，况且，易趣已经占据了80%的市场份额，还有经验丰富而老到的美国eBay公司来管理运作。

马云的对手已经不是比他小好几岁的中国人邵亦波，而是经验老到的美国eBay公司资深总裁惠特曼。相比之下，惠特曼好比是重量级拳王泰森，而马云就是马云，瘦小而文弱的马云。

这场战争如何去打呢？也许，未曾开战胜负已判。但无论如何，一场没有硝烟的战争还是悄然间拉开了帷幕。为什么说悄然间呢？因为，惠特曼根本没有看到马云这个对手，她太高，视线平行向前，忽略了马云。

也许，这就是易趣失败的第一个原因。淘宝出现时，易趣根本没把它放在眼里，也根本没想到它会和自己竞争。

其实，惠特曼也有只知其一不知其二的失误。

矮小的马云后面有一个强大的支持者！那是在马云一次到东京，处理完业务后，他买好机票并赶往机场，在路上他接到了一个电话。电话是孙正义打来的，他要求马云立即到他那儿去一趟，机票可以退了重买。

既然如此，事情肯定很重要，马云照办。

见到马云，孙正义并没有责怪他这次东京之行为什么没来拜访自己，而是用迫切的语气问："你不觉得应该建立一个B2C网站吗？"

而马云在此之前已经有了想法。有一个美国朋友曾经给马云发过一个电子邮件，在那上面说道，他现在所有的衣服都是在网上“淘”来的，网上“淘”货已经是美国青年人的一种时尚。而另一美国电商亚马逊的业绩也受到了马云的关注，2002 年三季度，亚马逊的营业额比上年同期增长 33%，达到 8.51 亿美元，股价涨到了一年前的 2.7 倍，与纳斯达克综合指数下跌成了鲜明的对比。

于是，两个人一拍即合。孙正义决定再给阿里巴巴注资 8200 万美元，主要是创建 B2C 平台。

于是，马云像会 72 变的孙悟空，无非是一声“长”，顷刻间就与天而齐。惠特曼这个巨灵神在突然长大的马云面前目瞪口呆，她失去了第一个迅速应对的机会。

但惠特曼毕竟不是徒有虚名之辈，她是一个典型的女强人，而且是世界级的。当时的 eBay 公司已经拿下了美国、德国、英国、加拿大、法国、韩国和澳大利亚的 C2C 市场，中国就是她目前最大的目标。因为中国的市场仍然在迅速地增长，电脑用户、互联网的使用者，都呈几何级的井喷式增长之势。电子商务在中国的发展不可限量！惠特曼对华尔街的投资者和分析师们说，eBay 公司在中国必须赢。只有彻底占领中国市场，才能拼齐 eBay 公司在全球网上拍卖市场的版图。她对中国易趣的态度是“要什么给什么，要多少给多少”。

当时的惠特曼已经失去了日本市场，她占领中国市场还有一个目的——重新回到日本。但所有这些的前提就是占领中国市场，因此，不管马云是马云还是长大后的孙悟空，惠特曼都要放手一搏。

而马云呢？他已经看清惠特曼的最终目标，他认为惠特曼最终是要建立一个打通B2B和C2C界限的电子商务平台。如果现在不主动出击，他的阿里巴巴同样面临着被蚕食和全军覆没的风险。

战场上没有妥协，只有你死我活。小个子马云当然懂得这个道理，女强人惠特曼更是懂得，他们荷枪实弹地上阵了。

2003年7月，惠特曼彻底控股易趣之后放出话来：最迟18个月内，中国的电子商务战争将全面结束。

马云不以为然，他根本不顾那些西方商业的潜规则，他相信中国俚语中“强龙不压地头蛇”所隐含的道理。他认为外国公司看不懂中国。

一开始，短兵相接，易趣投资谷歌和百度的搜索引擎，在淘宝的页面上出现了“要淘宝到易趣”的广告。易趣自己的页面上也出现了“淘宝开店铺，生活好享受”的广告词。

马云立刻投诉，在一片斥责声中，易趣被迫取消了上述广告。

但惠特曼不愧是老谋深算，经验老到，她总结了在日本失败的教训，决定先抓流量，有了流量就有了客户。

于是，她的第一步动作就是抓流量。

2003年7月，刚刚出生的“淘宝”想找网站打广告的时候，突然发现，所有的门户网站都挂着eBay公司的广告，他们有钱也进不去，人家不理睬他。原来，惠特曼付出了比平常广告多一倍的价钱，除了打出易趣的广告之外，还要封杀包括淘宝以及当时的雅宝、易必得、嘉德在线、雅虎拍卖等网站的广告。易趣在和那些门户网站签订的协议中明确规定，如果在一年中和淘宝等网站发生互相牵扯的宣传，将对那些签订协议的门户网站进行高额罚款。

巨额的广告支出支撑着巨额的交易金额，一句话，没有广告就没有交易。这里，广告将会是商战的第一战场。而很明显，惠特曼有的是广告投入的本钱，有公开资料显示，她每年的收入为33亿美元，这自然让阿里巴巴望尘莫及。

2004年10月，惠特曼为中国易趣追加一亿美元投资。这一金额相当于阿里巴巴投入淘宝的两倍。

面对惠特曼的广告封杀，马云采取了曲线突破的策略。几乎是一夜之间，数以千计的个人网站上出现了淘宝投放的广告。同时，淘宝还把广告做到了地铁站上、公共汽车上。

有用户这么评价两个公司的广告效应："四大门户网站加起来，一天的人流量算他80万的话，那么易趣的广告做到了80万人面前，被逼上梁山的淘宝则选择了中小型的网站。而中国有几百万个中小型网站，就算每个网站的人流量为1万的话，那么整体的人流量照样可以达到门户网站的广告效果甚至更佳，而费用明显是比门户网站的实惠多了！我们知道，我们虽然每天会去门户网站看看新闻什么的，但是我们更多的时间还是花在中小型网站和论坛，所以从广告效果和流量看的话，我们可以知道中小型网站和论坛的广告效果是比较好的。"

当然，马云还是没有放弃主流媒体的运作。2004年4月5日，淘宝网在广州宣布与21CN缔结合作同盟。双方在频道、短信平台、邮箱、市场活动等方面将开展深入、全面、立体化的合作。21CN是中国电信的子公司，是华南地区最大的门户网站，也是中国十大门户网站之一。

马云在易趣势力无法达到的广州撕开了一道口子，而8天之后，4 月 13 日新浪与雅虎宣布“一拍网”成立，这在客观上也帮助了淘宝。惠特曼又平添了新的对手，她的封杀肯定会被各个击破。

此时的淘宝，除了在市场层面沉着机警地应对易趣，还在基础建设方面正进行着力量的蓄积。为了解决 C2C 的诚信问题，马云推出了支付宝。因为与工商银行的网上支付结算合作，与公安部身份证验证中心合作，支付宝快速提高了淘宝的诚信度。于是，人们蜂拥而来。

同时，淘宝又推出了“阿里旺旺”。这是一个即时聊天工具，即客户在购买商品时可以直接和商铺对话。这个即时的聊天工具，很大程度上代替了 QQ 和其他聊天工具。虽然旺旺的聊天功能没有 QQ 的强大，但是旺旺的聊天功能却是有针对性的，它是针对网上交易而出现的，所以很多的功能体现了方便网络交易交流的特点，比 QQ 有更大的改进，虽然是模仿，但是是创新的模仿，是符合实际需求的模仿。它的推广得到很多会员的认可和接受，符合了会员自身的实际需求，虽然起到的依然是交流和沟通的功能，但是它却在网络交易中对网民产生了影响，满足了他们的心理需求。旺旺的出现，为网络交易提供了一个良好的沟通平台，使中国的即时聊天工具出现了第一次的市场细分化，从而避免了与 QQ 的正面竞争；在商业模式上有了更大的突破，从商业角度来衡量，旺旺无论是在功能和设计还是在使用对象和实际效果上，都符合了网络交易的特点。

淘宝又适时创立了淘宝论坛，有用户如此评价：“淘宝论坛的建设和论坛管理，在中国圈子里来说，是最规范、最有次序、最公正、最活跃的论坛，在中国很难再找到这样的论坛了。它的管理制度很严格，执行力强，充分调动了会员的积极性。管理是采用员工专门负责管理和会员参与的形式，同时他们很好地利用论坛的形式，牢固地抓住会员的心。在论坛里，也有很多不错的功能，比如签名，就起到了很好的宣传作用，店铺方面也做得很有特色。他们的话题引导和活动推广等，紧密结合论坛的功能，发挥论坛的作用，使自己网站的宣传，网站品牌建设，以及网站与会员的关系及忠诚度等都得到很好的发展，而我们看看易趣就可以知道，他们的论坛明显没有淘宝的好！”

没有任何评价比用户的评价更重要、更能说明问题了。这位用户还有这样一段话：

“从对待会员态度上来说，易趣就好像收费的地主一样，一心想着收取会员的费用。易趣论坛的确有很多好的功能，但是全部是要收费的，没有付费就使用不了，这样的功能还不如不要。对待会员的问题和反馈等，都是嘴上说一套，实际上又做一套，说了不做，等于白说。”

易趣更多的不是为会员考虑问题，不是想为会员解决问题和困难，而是想着自己如何收费，想如何榨取会员的费用。最后使会员对网站的忠诚度降低。易趣使网站与会员之间的关系恶劣，使网站的人气下降，会员大量流失，这给淘宝的发展带来更大的帮助。

面对淘宝突飞猛进的势头，eBay 公司开始考虑对策，它需要求变，吸引更多的网民加入易趣，打乱淘宝的扩张计划。

5 月 13 日，易趣公布了它取消买家设限的计划。这一举措的推出，不仅没有吸引到人气，反而让它的卖家严重受损，据淘宝统计，当天淘宝的在线人数达到了 50 万，甚至出现了服务器宕机的局面。

有意思的是，媒体也为这一场没有硝烟的商业大战推波助澜。“易趣与淘宝对决：年轻新锐与老兵新传”“淘宝在易趣嘴里虎口夺食”“淘宝网已经进入领先电子商务网站行列”……许多类似的文章见诸报端。同时，国际媒体也关注起中国的这场 C2C 市场上的大战。路透社援引知名市场调研公司分析师拉特齐的话说：“未来五年内，所有人的眼光都将被引向中国。由于这里竞争激烈，目前又属于早期阶段，因而就像赛场上的球迷给球队擂响战鼓一样，使得这场大战越演越烈。eBay 不见得有把握成为市场的领导者。”路透社本身也发表文章指出，淘宝网已经成为逼近 eBay 的强大对手。

当然，路透社是站在英美为中心的立场上。新加坡零售在线撰文指出：“淘宝网已经成为中国 C2C 电子商务市场排名第一的网站。”

据记者抽样调查，当时在 eBay 中国拥有网上店铺的个人，大约有 70% 同时选择了淘宝网这一交易平台。

似乎是为了配合媒体的宣传，马云在阿里巴巴 2004 年 6 月召开的中国网商大会上，将淘宝网的会员丁楠评选为首届中国十大网商，并且称其每年有将近百万的交易额。

一个月后的 2004 年 7 月，淘宝宣布，他们已经打败易趣，在个人交易的众多关键指标上领先易趣，跃居中国第一。

2003 年还牢牢控制中国 C2C 市场 50% 以上份额的易趣，没有想到不到 1 年的光景就被淘宝拉下了马，让淘宝拔了一个头筹。这显然让惠特曼吃惊！

2004 年 7 月 22 日，易趣网正式启用新的品牌标识——eBay

易趣，表明易趣这个中国电子商务的旗舰网站与国际电子商务品牌 eBay 建立起更密切的合作关系。更早的时候，易趣已经开始与 eBay 进行平台对接，这个对接将给中国的网上交易用户带来与 eBay 全球 1.5 亿用户进行交易的机会，这也是为了争取更多的客户。而在当年 7 月初，eBay 宣布，它的首个海外研发中心已经落户上海。

当然，马云也是越战越勇。就在易趣网变身 eBay 易趣前 3 天的 7 月 19 日，阿里巴巴宣布向旗下淘宝网追加 3.5 亿元投资。加上 1 年前的 1 亿元，至此，阿里巴巴已经为淘宝投资 4.5 亿元。

在某年中国国际电子商务大会上，有人发现彼此相邻的 eBay 和淘宝展台给人以截然不同的感觉：淘宝像一个蛮横而世故的本地人，展台上反复播放与流行影片《天下无贼》合拍的广告片；而 eBay 则像一个彬彬有礼的绅士，广告音量放得很小，展台上放着 6 台笔记本电脑供参观者免费浏览。

为了留住客户，竭力争取竞争对手的客户，淘宝一直在做的一项工作就是将用户转移的成本降到最低。也许，他们放的与《天下无贼》合拍的广告，是影射易趣的收费行为。

不仅如此，针对易趣禁止买卖双方在交易前进行联系以免失去控制收不到交易佣金的做法，淘宝推出“淘宝旺旺”，让买卖双方讨价还价及商量交货方式，还可以在网站直接搜索商品所在地，以便实现同城交易，乃至允许私下进行交易，等等。淘宝这一系列符合中国人胃口的东西迅速提升了淘宝的人气及成交量。

2004 年 9 月，数据显示，单个用户在淘宝的成交额约是易趣的 3 倍。

2004 年 9 月 21 日淘宝公布交易数据，其 8 月份交易额达到

1.2亿元人民币。9月份单日交易额已经达到700万元人民币。而eBay易趣二季度公布的业绩表明，其每个月的交易额为1.6亿人民币。

考虑双方的用户数之差——易趣最新用户是690万，淘宝是220万——单个用户在淘宝的成交额约是易趣的3倍。

2004年年底，马云放言，淘宝对eBay易趣的反击已经进入一个月的倒计时。他说，eBay曾说要用18个月灭了淘宝，现在看来已经是不可能完成的任务。eBay是一个值得尊重的对手，但它在中国有一些致命的弱点。马云总结道，跨国公司对中国本土竞争对手的态度往往会经历四个阶段：第一“看不到”，第二“看不起”，第三“看不懂”，第四“跟不上”。他认为，跨国公司在中国往往是从看不到对手的存在到看不起对手，随后，中国公司将让他们困惑乃至震惊。

惠特曼是震惊了，但她没有服输，这个女强人指示说：“我们认为中国拥有全球最大的电子商务商机，中国的互联网产业正处于蓬勃发展期，并且由于之前的网络经济泡沫破碎，许多网络公司的失败经验可以为中国互联网的发展提供借鉴。资金正不断地涌入中国市场，竞争环境时时在变化，中国的中产阶级估计将有2亿~4亿之多，他们正逐步富裕起来，最终结果便是当地形成一个巨大的市场。我们的目标就是在那里扩展我们的电子商务。”

她决定将中国的投资提高到1亿美元（约占eBay全球总收入的2%）。同时，eBay易趣调整经营策略。2005年5月1日开始，eBay易趣大规模调整网站物品登录等相关费用：所有的交易物品登录费全部下调，橱窗展示变为免费，普通店铺月租费下调

30%。同年12月19日，eBay易趣宣布推出免费开店、减少商品登录等价格调整计划。

业内人士这样评价，从与淘宝竞争的角度看，eBay易趣面临两个关键问题：一是，它需要拉拢和扩大卖家，扩大用户基数；二是，它需要努力挽留一些老卖家。从当时的营业角度来看，第二个问题尤其重要；而从长远的竞争优势来说，第一个问题更为重要。

之所以把这两个问题作为eBay易趣面临的关键性问题，是因为当时中国C2C市场还处于起步期和市场培养期，网上卖家和买家的职业化成熟度都还有所欠缺。新卖家大都抱着试一试的态度在网上卖东西，他们不愿意花太多的钱、做太多的投入。老卖家虽然有了一定的规模和经验，但忠诚度也还不高。当淘宝网人气上升时，他们大都同时到淘宝网上去开店，有的甚至把更多的资源和精力投入到淘宝网上。因此可以说，在很长一段时间里的中国，免费的C2C平台对于新老卖家都具有优先的吸引力，因为他们首先要控制成本。

但可以看到，eBay易趣的调整，只解决了第二个问题。它对商品登录费减半等措施，对降低卖家的成本有帮助，而在吸引新卖家方面吸引力不大。因为，新卖家虽然可以免费开店，可还是要交商品登录费。这在新卖家看来，eBay易趣是耍了一个小聪明：用免费开店来吸引新卖家，等他们上去之后，自然还会花钱来交商品登录费。

从客观效果上看，eBay易趣正在向淘宝网的免费模式靠拢，但又不敢完全免费。这正是eBay易趣的尴尬之处。如果它坚持原来的完全收费模式，那么它面临的竞争压力就会太大而承受不起；如果它要完全免费，则意味着完全打翻过去的一套而从头再来，同时，结果也是不可预测的。这使 eBay 易趣的营销策略制定变得越来越艰难。

对于 eBay 易趣的这次调整，马云不是忧虑，而是兴奋。他认为，eBay 醒悟得太晚了，如果淘宝成立之初，惠特曼就宣布免费，淘宝就可能失败。

2005 年 10 月 20 日，马云宣布，再向淘宝投资 10 亿人民币。

不久，2005 年 12 月 7 日，业内知名咨询机构易观国际发布报告称，当时中国的 C2C 市场份额，淘宝占据了 57.10%，而 eBay 易趣占 34.19%，淘宝处于绝对领先地位。

马云称 eBay 试图在中国实施连接全球的技术平台是“在泥泞的小路上驾驶一辆高级跑车”。他还称 eBay 的领导层非常善于指挥集团作战，但是他们不知道如何打游击战。

马云还说，阿里巴巴是长江里的鳄鱼，我们和海里的鲨鱼打，进了大海我们一定会死，但是在长江里我们不一定会输。

这时，我们再回首这一场没有硝烟的战争，还有几个喜剧式的情节值得叙述一下。在他们对战的几年里，马云办公室正对着的大楼上就是一个巨大的 eBay 广告。而 eBay 易趣上海办公室的周围也被淘宝的广告包围，马云还买了 eBay 办公楼前地铁口的广告位，长期登载淘宝广告。

2005 年 7 月 5 日，一篇标题为《阿里巴巴欲围魏救赵 淘宝网被疑成资金黑洞》的文章，在各大传媒网站重要位置出现。文章中说，阿里巴巴模式不吸引人，淘宝网成了永远无法赢利的资金黑洞，需要阿里巴巴不断地投入，淘宝这个黑洞迟早会拖垮阿里巴巴。

当天下午，淘宝网作出强烈反应发出书面声明：淘宝网已经有确凿证据证明，国内某个交易网站及其所雇用的公关公司，正在以极其恶劣的手段，对淘宝网的人员、资金、战略发展方向等层面，进行肆意攻击。

而 eBay 易趣发言人刘薇表示已经注意到相关文章，但由于没有直接涉及 eBay 易趣，所以不便发表任何看法。

2006 年 10 月，从惠特曼那儿传出一则消息：她要将 eBay 易趣卖出。

2006 年 12 月 20 日，eBay 易趣与 TOM 在线合作，成立新的合资公司，eBay 以 4000 万美元获得合资公司 49% 的股权，TOM 在线以 2000 万美元和本土管理经验占有新公司 51% 股权。合作后公司名字改为“TOM 易趣”。王雷雷成为该公司首任 CEO，上任之初他就说，eBay 易趣 2005 年亏损 6800 万元人民币，这状态起码得三年才能扭转。与此同时，王雷雷表示，不能跟一个不计成本的对手谈竞争。而马云表态，希望有机会和 eBay 合作。

一场没有硝烟的商业战争结束了。

这场战争，以马云完胜、“淘宝”网占领中国 C2C 市场而告终结。同时，阿里巴巴公司也在这场战争中如凤凰涅槃一般迅速升腾。

有人说，在阿里巴巴的发展史上有三个重要的节点：第一个就是马云和他的十八罗汉于西湖花园成立阿里巴巴，中国第一家以 B2B 为中心业务的电子商务平台诞生；第二个节点就是 2000 年到 2003 年，渡过互联网的低潮后，马云果断推出 B2C 和 C2C 的淘宝，并带动阿里巴巴业务的迅速发展；第三个节点是 2007 年阿里巴巴在香港上市，从而完成凤凰涅槃的过程。

而在这三个节点中，第二个节点尤为重要。它是阿里巴巴取得重要发展的一个节点，也是阿里巴巴推出淘宝占领国内个人商品交易市场的一个重要节点。而在这一节点中，淘宝与易趣的商业大战尤其精彩，尤其让人惊心动魄。而且，这一个节点最能体现马云的经商理念，最能说明阿里巴巴之所以能够发展成为今天这样的国际化大公司的原因。因此，对于淘宝和易趣的这场商业大战，不能仅仅看双方的成与败，更应该去发掘这成败的内在原因。

淘宝建立之初，易趣已经存在于中国电子商务市场，大有垄断之势。而且，它后来得到美国 eBay 的支持与合作，其实力不可谓不雄厚，经验不可谓不充足。而淘宝虽然也有软银的支持，可毕竟是后来者。在对方几乎垄断这块市场的情况下，阿里巴巴励精图治，经过数年时间，不仅占领了大部分市场份额，而且彻底击败了对手。

这最后的结局，无非是验证了谁的经商理念更加正确，更加符合中国的国情、用户乃至市场的需要。这是最重要的原因，舍此无他。有个用户曾经这样评价淘宝与易趣：

"我认为淘宝的成功，很重要的一点，是它对市场的了解和把握。淘宝对市场进行认真的分析和调研，完全了解中国网民的心理特点和实际需求，同时在别人的缺点和弱点上进行创新的，并且在创新当中前进。它的战略都是考虑很长远的，更多的地方是为会员的实际需求考虑的。"

这段话说得非常精辟，他所阐述的就是一个经商理念的问题：为收费而收费，还是为用户方便而方便？一个 C2C 网站，无论是推出产品、制作网页还是实施管理都应该以用户方便为宗旨，让用户感到实用，感到效率和诚信；让更多的网民和用户，买家和卖家都能方便地使用你的平台，便捷地完成交易。

当然，一场商业大战，胜利的一方总有很多地方可以总结，失败的一方也有很多教训可以吸取。但是我们必须看到，最根本的是经商理念之碰撞、之较量。

“大道至简”，真正的大道理并不复杂，就存在于你的眼前。马云抓住了这一关键，他要建立一个102年的企业，他要他的网站考虑：到底谁是我们的客户？我们的客户需要什么样的产品？

马云是充满智慧的领导人，他带领阿里巴巴一路风雨，不能不说，他的认识是超前的，他的做法是脚踏实地的。没有一切为了客户的原则和理念，淘宝不可能得到买家和卖家的热捧，也不能打败中国电子商务在C2C领域的龙头老大。

人去预见明天很难，但回首过去很简单。今天，我们再回顾一下淘宝与易趣的争战。更应该认识到马云的建立102年企业和一切为了客户的经商理念之珍贵。也许，这就是阿里巴巴成功之根本。

6
风　雨

非典的阴霾

2002年12月10日，在深圳罗湖区一家餐馆做厨师的黄杏初发烧了。由此，中国乃至世界都知道了有一种名叫“非典型性肺炎”的传染性疾病，其传染力之快、杀伤力之高，令人人自危。

它像一场风暴，无情地刮向每一个角落，从中国到世界。

这年年底，阿里巴巴实现了建网以来的第一次赢利。马云将下一个目标订为赢利1百万。紧接着他又提出1个目标：每天1百万。可这不算完，他又提出每天纳税1百万。这连续的1百万的目标让阿里人兴奋不已，他们跟着自己年轻的领袖马云在互联网上高歌猛进。

那个时期，阿里巴巴的广告“让诚实的商人先富起来”，在中央一台与二台的21点时段滚动播出。与此同时，美国CNBC电视台也在播放阿里巴巴的广告。马云和他的同仁雄心勃勃，他们认为，非典时期，人们更应该选择电子商务。非典虽然猖獗，可生活仍会继续，通过网络购物很可能因为非典的横行而成为人们的首选。

进入3月份，阿里人的判断成了现实。每天新增阿里会员3500人，这一数据比上一季度增长了50%。老会员也明显强化了网上交易的使用频率。据统计，每天发布的商业机会数量为9000~12000条，这一数据比上年同期增长3倍。国际采购商对商业机会的反馈数量比上一季度增长1倍，国际采购商对中国的30种热门商品检索数量增长4倍，中国供应商客户数量比上年同期增长2倍。每月有1.85亿人次浏览，240多万个买卖询盘及反馈。来自全球的38万买家和190万会员通过阿里巴巴寻找商机并进行各种交易。

4月30日，在“非典”最为猖狂的时刻，杭州市长茅临生曾经专程到阿里巴巴公司考察了1个小时。他希望在这个非常时期，电子商务能够助贸易一臂之力，协助企业摆脱困境。而在当时，很多人也认为，上网做生意，对大多数中小企业而言是最可行、最安全可靠的办法。对于将目标锁定于中小企业的阿里巴巴来讲，这委实也是一个天赐良机。

马云也说，最需要网上交易信息的是成百上千的中小企业。

多年以后，阿里巴巴B2B业务的CEO卫哲也说过：我今天说，没有遇到“非典”，可能阿里巴巴就没了，“非典”做了最大的推广，当时是每个人都被迫必须使用互联网。

当然，这话是否准确没有人去深究，但由于所有的国家、所有的卫生组织无一例外地采取了严格的隔离措施，人群集聚的地方成了防范的重点——这里当然地包括了商场和集市——于是，选择网络，利用电子商务来进行交易，保持企业的正常运转，的确成为当时人们的必然选择。这理所当然地成就了阿里巴巴业务的飞速提升。

然而，事情总有它的两面性。就在阿里巴巴的业务成倍上升的时刻，一桩意外发生了。4 月 11 日，阿里巴巴一位 26 岁的女员工飞往广州参加广交会，在这个同属“非典”重灾区的城市，她待了整整 7 天。

事后有人对此不解，曾经愤怒地质问：难道不知道那里“非典”横行吗？为什么这个时刻还要派员工到那里出差？

但阿里人说，我们第一次参加广交会就遇到了“非典”，很多人都在回避人群密集的地方，但阿里巴巴公司已经承诺客户去参加广交会，无论如何，阿里巴巴都要去。

这话说得很悲壮，但却是事实。虽然广州已经宣布成为“非典”的重点防范地区，可是，广交会在即，阿里人不能失信于客户。

7 天的时间里，这位女员工异常忙碌。18 日下午，她飞回杭州。21 日，工作起来不要命的她还到过公司。但在 22 日，她出现了鼻塞、咽痛、流涕等症状，她到一家医院就诊，医生给她开了先锋 6 号，口服后症状并未缓解，两天后，她自行停药。

28 日到 30 日，尚未痊愈的她选择去公司上班。5 月 2 日，她开始发烧，3 日，她再次到医院发烧门诊诊治。5 日，她高烧到了 39 度。在医院，下午 18 时，经过浙江省杭州市“非典”专家组会诊后，诊断她为“非典疑似病例”。7日晚，她由“疑似病例”转为“非典临床诊断病例”。

事起突然，所有人都坠入震惊之中！

没有人敢于和无处不在的病毒叫板，传染力极强的“非典”让人谈之色变。它像一个幽灵徘徊于阿里巴巴公司总部，让这座大楼人去楼空。

在杭州这是第4例，市政府下令封锁阿里巴巴总部，这里成了杭州市的隔离区。为此，马云向他的员工发出了一封信：“尊敬的阿里亲友，这几天我的心情很沉重！从上午知道确诊后到现在，我一直想向所有的人表示深深的歉意！如果今天有任何事可以交换我们不幸患病的同事的康复，如果今天我们可以做任何事来确保同事和杭城父老兄弟姐妹的健康，我愿意付出一切！确实，阿里巴巴存在很多不足之处和漏洞，很多问题我们会在灾难后认真反省！作为公司负责人，我很想承担所有的责任，如果可以的话。但理智告诉我，今天还不到指责埋怨的时候！今天我需要和大家一起共渡难关，迎接挑战！一家由年轻人组成的年轻的公司，经过这次（危机）我们会成熟得很快！让我们共同为那位生病的同事祈祷！祝福她早日康复！”

5月6日下午4点，戴着大口罩的马云，向大家宣布了这个消息。同时，全体员工在家办公的通知也已发出。大家戴上了口罩，抓紧时间打点家里办公所需的一切。在短短两个小时内，工程部的技术人员就为员工家里的电脑设置好了工作所需的必备装置。

回到家里的阿里巴巴工作人员都是重点隔离对象，家门上了一把锁，钥匙掌握在小区管理员的手里。外面有防疫站的，也有公安的。每天的早饭、中饭、晚饭全部由外边送进。每天两次，会有一个人，穿着厚厚的隔离服，背后背着很大的罐子，手拿长长的喷管，进到房子里，在离被隔离的人很远的地方，向房间里一喷。就如喷杀虫剂一样，喷完就走。

这对于员工们的心理打击是巨大的。也许换上一个公司，精神没了，工作的动力也没了。可是，阿里巴巴的员工保持了更旺盛的斗志。他们坚守在电脑前，每天上午8时，准时开始工作。所有的交易不受任何影响，所有的流程全部按序进行。

几年后，阿里巴巴的创始人之一，后来阿里巴巴的CFO戴珊这样说："每天早上8点多，大家会打开电脑，每天该干什么还是干什么，只是不像以前一样面对面。到中饭的时候，就去弄点吃的。下午1点多就会回到电脑前。晚上八九点钟还在一起娱乐，在网上飙歌。反正也没什么事，都是自发的。"

从这段话可以看出，阿里巴巴公司的精神没有因为"非典"的冲击而垮掉，相反，他们的员工仍然保持了一种高昂的工作热情。这非常值得称道！也许，这不是一时一事，这是长时期的培养和积累的结果。

那个时期，公司500名员工全部分散在自己的家里，严格地说，是全部被隔离和保护在自己的家里。公司的高层依靠电脑在网上指挥，员工在网上工作，一切都井然有序，公司仍然像一部运转良好的机器维持良好运转。

那个时期有个有趣的现象，有人打电话，会有一个老人接通，然后就是：你好，这里是阿里巴巴！

用户可能会诧异：阿里公司什么时候招聘这么大岁数的雇员？其实不然，那都是阿里员工的家属。阿里员工告诫自己的亲友，接电话一律称：你好，这里是阿里巴巴！

全体员工在肆虐的“非典”面前，始终保持高度乐观、高度团结、高度旺盛的热情，在管理层的指挥下保证了电子商务平台的正常运转。同时，还创造了新的业绩：一时间，电子商务的交易额竟然上升了5倍。

危机变成了商机，正因为“非典”的影响，人们更加愿意到网络上去寻找交易机会，这就成倍地推进了电子商务的影响度和使用率。

马云向他的员工说道：“这几天令我感动的是，面对挑战，所有的阿里人选择了乐观坚强的态度，我们互相关心，互相支持。在共同面对SARS挑战的同时，我们没有忘记阿里人的使命和职责！灾难总会过去，而生活仍将继续，与灾难抗争并不影响我们继续为自己钟爱的事业奋斗！”

这场危机，让马云和他的阿里人，尝试了新的运行方式——网上生存，网上交易。这一尝试，实际上为同样陷入危机的中小企业找到了一条出路，那就是阿里巴巴提供的网络交易平台。

马云和他的团队面对灾难，能够迅速应对。在化解危机的同时，提升了阿里巴巴的业绩，这应该归功于马云的应变能力，归功于阿里巴巴公司管理团队的凝聚力，归功于员工对于公司的信任和职业的素养。

当“非典”的阴霾散去，人们突然发现，阿里巴巴竟然比之前更加强大。其原因，当然是因为在这难捱的日子里，有很多企业、很多人是第一次尝试B2B电子商务模式。这种尝试虽然很程度上是被迫的，却让人们感受到电子商务的方便与快捷，从此他们选择了这条便捷的交易通道。也因此，阿里巴巴的业务有增无减。

同时，在这段日子里，马云和他的创新团队，创出了一个新的产品。这个产品的推出丰满了阿里巴巴公司的品种，并且在它的日益壮大中，使更多的市场份额、更多的客户和商家蜂拥而入，在丰富电子商务平台的同时，也将普通人的日常购物推向了一个网络集市，这集市就是“淘宝”网。

淘宝一经推出就飞快成长，这与中国经济的高速发展，与互联网网民的成倍增加，与中国本身存在巨大的商务市场需求有关。但是，更应该看到的是马云和他的管理团队正确的营销理念、正确的产品推出、正确的管理策略在其中起到的重要作用。

可是，就在人们将掌声和鲜花毫不吝惜地献给为人们日常生活带来改变的 C2C 电子个人交易的时候，一场风暴悄然袭来。这场风暴的暴风眼就在杭州，就在杭州华星路 99 号创业大厦 6 楼，而坐在风暴中心的就是马云！

招财进宝

6 月的杭州，雨水渐多，江浙地区的梅雨天气来了。

创业大厦“光明顶”，一间很漂亮宽大的会议室。大家都明白“光明顶”的来源，而更让人赞叹的是，这里有一个金庸老爷子的亲笔题词。那个题词被马云精心裱糊一番悬在这间会议室的显著位置，上面写着：临渊羡鱼，不如退而结网。

这使得这个“光明顶”似乎更接近一种境界，什么境界呢？坐在一把椅子上的马云正在冥思苦想。

打败 eBay 易趣，淘宝几乎是一统江湖。C2C 市场鲜有匹敌，马云在电子商务界龙头老大的位置更是无人撼动。可这江湖上不会永远宁静，宁静的背后更大的风暴即将来临。果然，素无电子商务之响动的腾讯集团竟然斜刺里一枪杀来，拍拍网初现江湖。

腾讯总裁马化腾也是互联网界的一代风云人物，他所创立的腾讯集团以QQ为主要工具，已经成为中国的几大门户网站之一。他以QQ的数亿用户为后盾，再推出电子商务，其未来的局面会发生怎样的变化，谁也难料。

虽然竞争是商业领域永远的规则，可目前有一道坎却让马云颇费思量。

阿里团队针对淘宝状况，曾经研发了一个新的产品，这产品取了个再吉祥不过的名字——“招财进宝”。说得简单一点就是在淘宝上开店的业主，交上一定的费用，可以在淘宝搜索中，将自己的商品顶到前面。

早在阿里巴巴公司建立之初，为了扩大B2B的影响力，增加阿里巴巴的收入，马云决定推出收费的“中国供应商”，取得了很大的成功。这次招财进宝的推出，我们完全可以看到“中国供应商”的影子。

细化一点说，“招财进宝”是淘宝网为愿意通过付费推广而获得更多成交量的卖家提供的增值服务项目。据淘宝网提供的说明显示，卖家根据自己在“招财进宝”页面上出售单个商品的利润情况，与淘宝网协议约定支付固定的费用，并依据实际成交数量及协议价格向淘宝支付费用，而卖家的商品在“招财进宝”页面的排名高低将根据卖家实际成交量的高低及协议费用情况实时更新。

没想到，时间不同，情况也不同。当这一产品推出后，立即受到了卖家的强烈抗议，其程度之激烈让马云始料未及。

据有关媒体报道，当时有这样两则故事。其中之一涉及的人物是程飞（化名）。5 月 13 日，“招财进宝”投入使用之后的一天，作为淘宝的长期卖家，他才做成了 50 多笔交易。而在这之前，他每天最少是 70 多笔。他回忆道，以前淘宝上的商品位置主要由商品上线时间的先后来决定，每件商品的在线时间是 7 ~ 14 天，越是接近下线时间，商品的位置越靠前。程飞认为这样很公平。他是个小商户，无力出钱买位置，在“招财进宝”推出后，他的生意开始萎缩。

面对日益不堪的交易量，程飞开始急躁起来。5 月 20 日，他通过淘宝旺旺进行抗议。此时，他发现已经有成千上万的店主在那里发帖子表示抗议。5 月 23 日，在店主联盟的带领下，店主们开始正式抗议，他们要求淘宝遵守三年不收费的承诺，或者将“招财进宝”的商品先放到普通商品下面进行试验，如果运营合适，再提上来也可以。

店主联盟的盟主王标是个在校的大学生，2000 年开始在易趣开店，2003 年因为易趣强制改版搬到淘宝。后来，由于组织店主联盟和发表针对淘宝的不同意见而被封店。先是抗议的帖子、账号被封杀，致使大家不得不一对一联系，进而有人被封店。据王标介绍，仅他知道就有二十几个店面被封，程飞就是其中之一。

可是，淘宝采取的高压政策并没有解决问题。店主联盟在 5 月 25 日开始发起罢市签名活动，决定 5 月 30 日起开始提取支付宝中所有现金，6 月 1 日零点开始罢市，不再登录阿里旺旺，店铺中有 50 件以下商品的店铺，下架店铺中商品；50 件以上商品的店铺，开始拒卖商品，并向买家解释不卖商品的原因是因为

“招财进宝”。

截止到5月30日上午11时，已有6000多个卖家签名发帖。

这一情况引起了淘宝高层的担忧和重视，为了慎重对待这次事件，紧接着，5月31日18时，淘宝网宣布向2000万用户开放投票，以此决定“招财进宝”服务的去留。6月1日下午2点，淘宝网正式推出了全民公投。

在此期间，虽然淘宝方面作出了积极的反应，但罢市依然照常进行。据店主联盟的统计，共有39326个店主参加了这次罢市。淘宝的店主联盟称，罢市的意义已由向淘宝施压变为表达自己的不同意见。他们对淘宝这段时间的做法很不满，比如高压政策删帖子，封杀不同意见的店铺，对媒体发表不负责任的言论，等等。

在6月1日的网络公投中，淘宝用户果真开始对“招财进宝”表明自己的态度。“儿童节”是网上调查的第一天，到下午5时，有超过60000名淘宝用户参与了投票，其中38047人表示“目前不完全适合淘宝，取消招财进宝”，22764人选择“对招财进宝进行不断的完善，保留招财进宝”。反对与赞同人数的比例为63：37，反对派占尽优势。而在投票帖后的跟帖页数已经突破了700页。

6月10日12点整，在浙江东方公证处的监督下，为期10天的网民公投正式结束，投票结果为127872票赞成取消，占投票人数的61%。

“我们会尊重用户的任何一种选择！”马云果断做出决定。

当然，作出这种决定也是他的无奈之举。毕竟作为公司首席执行官的他要听风辨雨，要在进退中做出正确的抉择。否则，他难以预料脚下的创业大厦会发生怎样的倾斜，因为，他在这风雨声中似乎听到了另一种异样的声响。那是什么呢？

5 月 30 日，一个声称腾讯拍拍网雇某公关公司对淘宝进行攻击的帖子《原来骂淘宝的声音是这么出来的》流传于网上。帖子显示的是一份完整的雇佣合同内容，条款十分具体。

有关记者立即查询，他们轻而易举地找到了这份“公关代理协议”，此份协议的总则中写道：甲方授权乙方作为甲方论坛公关传播的代理公司，在淘宝网、天涯网、及其他论坛中做文章，主要围绕淘宝强行收费、用户强烈反对、淘宝不守承诺等方面展开。

虽然内容很翔实，可是，帖子的来源和真实性无从查考。所涉及的腾讯、淘宝及有关公司全部否认，并指责对方捣鬼。

尽管如此，这帖子其中暴露的深层次问题却不用讳言。

当时的腾讯刚刚推出“拍拍网”，其方式与淘宝没有什么不同，都是一家个人交易的电子商务平台。此公一出江湖，竞争将是必然之法则。那么，“招财进宝”之推出与召回，其中到底有没有“拍拍”的影子？可能有，也可能没有。因为，有，是正常的；没有，也属正常。至于合法与否，还得靠真凭实据说话。

但有一点已经被事实证明：不管是蚂蚁搬家也罢，还是拍拍网上的“淘宝店主搬家签到处”也罢，淘宝与拍拍之间，又一场不带硝烟的战争已经拉开帷幕。

不过，必须钦佩的是，马云没有犯当初 eBay 易趣的错误，迅速召回了他的“招财进宝”。尽管这是他的科研人员耗费半年时间研究出的成果，尽管淘宝到了 2006 年似乎也应该对它的免费政策进行一定调整。可马云还是顺应了民意，收回了成命。

甚至，马云还颇有风度地对记者说道：“竞争是一种游戏，马化腾这招用得很好，这就是竞争的味道，竞争让你永远保持高度警惕。”

对于“招财进宝”，马云承认，一是产品本身有问题，另外是准备不够充分，考虑不周，再加上来自竞争对手的干扰，“招财进宝”的推出并不合时宜。

也许，这就是在那个沉闷的阴雨天气中，马云坐在他的小会议室中一番思考的结论。虽然这个结论和天气一样令人沉闷，虽然这个召回很令人沮丧，但马云的谋略与胆识，仍然是得到了业界的好评。

事后，他曾经在一段时间里，每天待在淘宝论坛暗中了解卖家意见，虽然在网上签名的卖家数量有6000多名，但据他掌握的资料显示，其中很大部分签名出自重复的IP地址，即同一个人注册了几个名字到网上签名。且大多来自上海和深圳，这两地恰恰是淘宝的两个竞争对手易趣和拍拍的总部所在地。

这一数据和事实，并没有使他恼火，也没有使他重新做出关于“招财进宝”的决定。此事使他更加冷静，在认识到电子商务竞争之激烈的同时，他仍然给他的淘宝网传递着正确的经营思路。他指示淘宝网在今后1年之内继续免费，并呼吁其竞争对手也全面免费。在1年前投入1亿元的基础上，阿里巴巴对淘宝网追加投资3.5亿人民币。

到2006年6月18日，淘宝网的注册会员已经超过2200万人，在线商品超过3000万件，每天交易额突破4700万元。

马云说道：“如果要赚钱，光卖这个客户群，我就可以慢慢赚钱了。”但他思考的是，该如何提升主要是23～28岁淘宝会员的商业价值。

他还说："现在是2200万会员，将来发展到5000万，甚至到1亿人习惯互联网购物时，我希望我们已经制定出新的游戏规则和市场秩序。"

而业内专家对淘宝这次推出的"招财进宝"持肯定态度，互联网分析师吕伟钢认为，淘宝已经具备了收费的条件，他能够给客户带来巨大的价值，免费并不是说完全不收费，在未来两年中，淘宝完全可以找到一个比较好的收费方式。在众多业内专家看来，在探索电子商务收费模式上，马云推出"招财进宝"这样的竞价排名收费服务，在模式上颇具创新意义，与收取登录费、成交费等方式相比，顺应了互联网潮流。

不管怎样，是外界干扰也罢，是不适时宜也罢，马云果断地招回"招财进宝"，是明智之举。也许，很多人认为这是一个败笔，也许，很多人因此指责马云"轻狂冒进"，但是，在一场风暴来临之际，马云以退为进，坚毅而果断，不愧是大家风度。

正因如此，淘宝网仍然执中国电子商务C2C领域之牛耳。争战间歇之余，人们可以想一想，硝烟战鼓中，一个指挥官的泰然自若是何等难得之特质。

雅巴合并

那一时期值得一提的还有一件大事，那就是后来被媒体称之为"雅巴合并"的雅虎中国与阿里巴巴之并购。当然，也可以称之为"合作"。

雅虎公司是华裔美国人杨致远与大卫·费罗于1994年在美国

创立的互联网公司，1999 年进入中国，成立雅虎中国公司。当时，雅虎与新浪、搜狐等同为中国互联网上处在前列的门户网站之一。到了 2005 年，杨致远认为，雅虎中国的运营已经出现了问题。

马云一直渴望将阿里巴巴打造成存活 102 年、“世界最好”的公司，为了实现这一目标，全球化是必由之路。而针对全球化进行战略布局，实施跨国并购实在是一条最简单且效率最高的方式。于是，一桩交易应时而生。

那是 2005 年的夏天，马云接到了杨致远的一封邮件。邮件的内容很简单：邀请他到美国去一趟，参加在美国滚石滩举办的“数字中国论坛”。

那一次，两个人做了一番长谈。他们是老朋友，马云在外经贸部网站时，二人就有过接触，对于这位在互联网上已经是风生水起的大佬，马云是尊敬有加的。那一次，马云直抒胸臆，表达了他一定要做搜索引擎的想法。因为，这是任何一个好的网站都需要依赖的工具。更多的人在网上利用搜索引擎，没有搜索引擎，你的网站就什么也不是。何况，马云的眼光很远大，将 B2B、B2C、C2C 联结在一起，将中国与全球联结在一起，这是马云梦寐以求的事。所有这一切都离不开搜索引擎，而雅虎的搜索引擎无疑是一流的。因此，他向杨致远提出了合作的想法，杨致远矜持地表示，可以考虑。

杨致远比马云小 4 岁，他于 1968 年出生于台湾，毕业于美国斯坦福大学，是最早的互联网公司创始人。按照孙正义的说法，杨致远和马云一样，是一个“眼睛闪光”的人。

马云的提议正中杨致远下怀，可他当时没有表态。事过不久，北京财富论坛开幕，雅虎全球CEO赛梅尔路过上海，专门拜会了马云。那一次，赛梅尔似乎是带着使命来的，他静静地听马云讲他的阿里巴巴全球战略。偶尔的插话间，他清楚地告诉马云，为了他的全球战略，与雅虎合作是他最好的选择。因为，雅虎有全世界最好的搜索引擎，有一个网站所具备的所有功能。有了雅虎，阿里巴巴的所有梦想都会变成现实。

他们一起参加了北京的财富论坛，那期间他们经常接触，马云的全球战略与雅虎的未来成了最主要的话题。在那里，按照马云的话说：他们已经没有选择了，似乎只有我们。

这里说的他们，指的就是雅虎。赛梅尔也许是越来越清楚地表示了自己的意见，当然，这也是杨致远的意见。后来，他们在拉斯维加斯又一次见面商谈。也许，那一次他们的商谈更为具体，合作的意向和框架已经在两个CEO的心中构成。可是，阿里巴巴的另一股东孙正义却希望能和eBay合作。同时，还有一家和eBay开价差不多的公司也走进马云的视野。这样，阿里巴巴要并购一个全球公司的想法就已经日益清晰。

这个时候，杨致远亲自出马，他一个人开着车来到旧金山。见到马云，两个人开始喝酒，一直喝到午夜。杨致远不说话，马云也很少说话，那是两个男人的一场闷酒。但是，谁都知道谁的底细，谁都明白谁的心思。淡淡的桔黄色的光线，热辣辣的酒液，很容易地拉近两个本来就是朋友的人的心绪。马云和杨致远虽然是互联网巨头，却也是普通的有血有肉的男人，那个夜晚，他们的感情似乎交流在一起。

事过很久，有一次马云接受记者采访说道：“那时候我心里很感动，人与人之间的感情起了作用，我知道我错了，如果我不接，其他人都有可能接不下来，雅虎中国可能就要面临崩盘了。这将对雅虎全球品牌造成很大的影响，而这是一直视雅虎为偶像的我所不愿看到的，我想挑战一下，看能不能做。”

也许商战中，感情是一个商人的大敌。可马云对杨致远心中有一种说不出的情愫，或许是来自于崇拜或者惺惺相惜之类，反正，他在那一天晚上决定了与雅虎合作。

从感情上似乎是这样，可在理智上，马云也的确需要掌控一家类似于雅虎这样的公司。只有这样，才能让他的阿里巴巴五脏俱全，成为一个名符其实的全球化互联网公司。而对于杨致远而言，他的雅虎中国已经在走下坡路。在中国的门户网站中，新浪和搜狐已经占据了半壁江山。而腾讯和网易一个是 QQ，一个是电子邮件，各具特点，占据了这一方领域。这使他的雅虎，用户率直线下降。

但是，事后诸葛，很多人还是认为，杨致远赚了便宜。他用10 亿美元和雅虎中国的全部财产入股阿里巴巴，占有阿里巴巴40% 的股份，拥有 35% 的投票权。

其原因，当然是阿里巴巴是正在上升的企业，他的电子商务已经是鲜有对手，尤其在中国。特别是后来，阿里巴巴在香港上市，杨致远的入股让他的资产翻了数倍。

但对于马云而言，不战而获得雅虎，无非是出让部分股权就获得 10 亿美元现金，还有现成的雅虎中国公司。这让他实现全球战略、实现打造阿里巴巴成为全球“最好企业”的理想指日可待。

这项合作从一开始就存在“究竟是阿里巴巴吞并雅虎，还是雅虎并购阿里巴巴”这一问题。特别是由于媒体的热衷，这一问题就越发突出。

但就马云自己而言，他认为关键是控制权。在马云的从商经历中，这是他始终耿耿于怀的事。就是因为失去“中国黄页”的控制权，他才北上京城。而在京城，他正是因为事事有人掣肘，才毅然辞去国富通总经理之职而南下创业。马云心中，企业必须控制在自己手里，这才有可能实现他的梦想。

有位知道内情的人士说道：“跟雅虎合作，由于它们在中国没有和阿里巴巴雷同的业务，而且过去一直非常失败，因此，雅虎更可能把控制权全面交给马云。而 eBay 和另外一家则与阿里巴巴业务存在重合，如果合作，马云很可能失去部分甚至全部控制权。”

也许，这就是问题的关键所在。谁并购了谁并不重要，关键是控制权。而且，就其事件的实质，谈不到谁并购谁，这就是一场合作。这合作，在商业过程中是经常和必需的，特别是像他们这样全球化的互联网企业。

当然，这合作在实施过程中还是一波三折。马云原打算趁去夏威夷演讲之机，抽空于 7 月 28 日与雅虎签约。但到了雅虎总部发现，对方的律师们把所有已经讲好的条件都推翻了，然后，按照合资公司的做法重新审核每一条款。

马云没有答应，他简单地说道：“在经济利益和控制权之间，你们只能选择一个。”

最后，雅虎做了让步！事情似乎得到了解决。可马云在到了夏威夷之后，却发现《福布斯》杂志刊载了一篇文章，标题就是：雅虎收购阿里巴巴 40% 股份。

后来，随着谈判的进一步深入，马云试着从战略上说服自己，他告诉自己，从雅虎那里，他不但可以拿到一大笔现金，还有技术、品牌和全球化资源，这将是他的阿里巴巴全球化进程必不可少的门票。

这一并购在经过艰难的谈判之后，终于在8月11日正式宣布了。宣布之后，马云开始尝试对一个新的陌生的公司进行改造。这无疑是更为艰难的一步，他对雅虎中国几乎是一无所知。他与雅虎总部进行谈判之前，并没有对雅虎中国进行调查，因为雅虎全球不希望被当时的雅虎中国高层知道这件事。杨致远和马云的谈判始终是避开雅虎中国公司的，对于雅虎中国而言，只有在合作决定宣布的时刻才知道自己的命运，才知道自己已经是阿里巴巴旗下的一员了。

马云自己说："我押的是搜索，将来的国际化平台和品牌。我跟外面的人认识雅虎的水平没有两样，拿到手的就是一个黑匣子。但一想400多人的公司，还是跨国公司的中国分公司，应该坏不到哪儿去。"

他还说："接了后就要做好，反正这是阿里巴巴全球化过程中的必修之课。我躲过了今年，明年还是要做，这一年的得和失，可能要5年和10年后才能知道。"

于是，曾经相信自己是"逢水而贵"的马云离开了水城杭州，他要到缺水的北京去接受这新的挑战：管理和改造一个和阿里巴巴素无渊源的公司。

8月13日，阿里巴巴与雅虎中国并购与合作的第三天，马云带着几个人出现在雅虎中国在北京的办公室。他的第一句话是："首先我很抱歉，因为制度要求，我不能预先跟大家做沟通，其次，请大家给我一个机会、一些时间，留1年下来观看。最后希望大家在一个有空调、像公司的地方舒舒服服地上班。”

说完这句话，他发现，几百个人的眼睛中至少是有几十种神情，有迷茫，有沮丧，有愤怒，也有希望。

接下来，他发现，这家公司比他想象的还要坏。他面临的不是简单的接收，而是必须从组织上再造的雅虎中国。尽管公司有400多名员工，但当时两个最重要的部门——人力资源和财务部，由于骨干的流失，已经形同虚设。一般员工也没了主心骨，人心涣散。至于业务方面，没有一块是处于上升的。据一项调查，在此之前，雅虎中国的收入来源主要是他们所并购的3721公司的市场份额。可是，就这些份额竟然在收购半年的时间里下降了65%。公司没有一个灵魂人物，也没有人有管理的经验。

经过一番考查，他认为雅虎中国实际上是一家中国公司，而且比其他中国公司更复杂，业绩更差。根本上讲，它不是一家跨国公司的分公司。

他必须在组织上再造雅虎，赋予其核心价值和方向感，建立一个有效的管理体系。

他设计了几步棋，第一步就是“护心”，让已经涣散的人心重新凝聚起来。他说：“很多收购一开始就奔着业绩去，而我认为阿里巴巴是在布局，即便一两次战斗失败也没什么。”

他的意思很清楚，先是聚拢人心，至于雅虎的业务，那是第二步棋。

雅虎中国公司尽管业绩不理想，但它曾经是中国有名的门户网站之一，其中有大批的互联网人才。面对并购，雅虎处于阿里巴巴的管理之下，难免会人心浮动。而这些人才却是马云最看重的，没有了人才，收购雅虎便毫无意义。他从雅虎美国那里弄到了一份关于雅虎中国的管理层和关键员工的信息，并立刻着手与这些人员逐一展开深入交谈。

在这份名单中，有当时雅虎中国仅剩的三名高管之一的田健。他原来是周鸿祎的3721公司管理人员，后来随着3721进入雅虎。马云任命他为雅虎中国的执行副总经理，而他自己亲任雅虎中国公司总经理。

从此，马云很少过问阿里巴巴的事情，他的全部工作几乎都在雅虎。他亲自管理搜索业务，因为这是他并购雅虎的最主要目的。其他的事情，很多就由田健去负责。

为了拉近雅虎中国与阿里巴巴之间的距离，在9月份，马云将雅虎中国400多名员工用专列请到了杭州。

那一幕永久地铭刻在了一位雅虎员工的记忆之中：从北京出发，第二天早晨火车刚到杭州，每个雅虎员工就收到了一个小袋子，里面是两个热包子，一瓶旺旺牛奶，外加一包口香糖、餐巾纸。车站处，十几辆大巴已经在排队等候。车队经过的马路两侧，满是挂着“欢迎回家，欢迎雅虎回家”的条幅。在欢迎宴会上，杭州市市长也亲自到场祝酒。在晚上的酒吧狂欢上，马云亲自领舞。

对于这一时段雅虎和阿里巴巴的融合过程，田健的话似乎最能代表雅虎中国的员工，他说：“马总讲一个事的时候，我们听不太懂他说的是什么，要的是什么。比如他谈公司未来的想法，我们心里不是很明确这个事到底他要表达什么概念。他们的高层在开会时已经形成了一些特定语言，而这些我们听起来就像是天书。雅虎所有的员工包括我个人，起初确实对阿里巴巴没有好感。”

但这好感，却慢慢地来了。田健还说：“你进来阿里巴巴和外面看完全不一样，在外面看马云是个狂人，到处发表讲话。但是，你进来以后发现他们内部不是个人独裁，相反，阿里巴巴是一个组织性很强的公司，他们对员工的培训、考核，干部的培训、考核，都有非常严格的制度规定。”

这期间，双方在慢慢融合。可竞争对手不管这些，他们在暗中不断有针对性地挖人。马云将所有员工召集在一起，他宣布：9月27日以前走的，给N+1补偿，而且期权全部套现。但之后走的，一分钱没有。

经过这一番护心工作，最后，雅虎公司只走了20多人。在其他公司并购之后，只有如此少的人跳槽是不可想象的。

接下来的第二步棋，痴迷于武侠小说的马云说，散功！他说：“在很多收购后发生的最典型现象是，公司短期内把业绩做上去，但最后还是会下去。我认为应先把它打到最低，把泡沫洗得干干净净。”

他的办法，一是建立组织，二是业务减肥。把原来的很多业务清理掉，包括无线和牛皮癣广告。这些都曾经给公司带来很多收入，但它们已和阿里巴巴核心价值观不相适应，所以他全部砍掉了。同时，他亲自找到过去一直和3721斗得不可开交的CNNLC总裁毛伟和百度总裁李彦宏，跟他们商量说，大家不要拼了，把选择权交给用户。在公司的会议上，他也要求今后少去攻击别人，不要打打杀杀，大家和和气气做生意。

与此同时，他还一边为公司输入新的血液，亲自到校园去面试，去招聘。结果1个月就有100多名应届毕业生加入雅虎中国。

事实上，阿里巴巴价值观文化和阿里巴巴管理体系的输入，是马云视为重中之重的一件事。

最初马云是希望快速引进阿里巴巴的价值观和管理体系，但是，他发现，雅虎中国过于脆弱，这就像你对体弱的病人不能下猛药，得慢慢调整，否则会适得其反。

据田健回忆，马云刚开始时，也是挺失落的，因为大家并不接受。

阿里巴巴的“激情”、“拥抱变化”等理念，与原来的雅虎中国的文化冲突不小，雅虎中国并不接受。雅虎中国是一种典型的工程师文化，重事实胜过激情，阿里巴巴则总是“激情洋溢”。马云认为雅虎文化是搬文化，把美国的搬过来。为了灌输阿里巴巴文化，马云觉得必须切断雅虎和美国之间的关系，他希望雅虎员工不要和美国雅虎联系。

后来，还是马云主动放弃了让雅虎全盘学习阿里巴巴的尝试，让雅虎中国保持它的独立性。为此，马云整整思考了好几个晚上，他说：“收进来，他有自己的想法，我是父亲，打他没有用，骂他也没有用。为什么不尝试让雅虎中国建立自己的文化呢？本来差异就是明显的，他们以技术人员为主，北方和南方不一样，价值观一样，文化表现形式完全可以不一样，为什么两个公司要完全一样呢？”

马云这样想到，也这样做到。他没有给田健任何强制性的收入指标，只有希望：第一，雅虎要把技术搞好，团队要建好，组织要建起来；第二，公司要有安全健康的结构，把公司的流量变得更健康，把收入变得更健康。所有的工作都是为了将雅虎从过去的高风险变成低风险，这是核心的目标，收入是次要的。

结果，就在马云放弃那种尝试的半年之后，人们却发现，雅虎中国身上带有越来越多阿里巴巴的影子了。过去雅虎中国办公室的墙壁都是白色的，现在已经被涂上了阿里巴巴的橘黄色。过去墙上是空白的，现在出现越来越多可以展现员工个人风采的照片。甚至在卫生间里面，也开始出现越来越多的绿色植物和写上笑话的字条。

在半年后的一次员工大会上，雅虎的员工也不再是一板一眼的工作汇报，每个团队都穿着统一的有特色的服装，在领导充满人情味的讲话间隙轮番上台表演。

这都是具有阿里巴巴特色的氛围，现在在雅虎举目可见。

雅巴合并，究竟是对是错？杨致远和马云谁更技高一筹？坊间有很多议论，从纯商业角度上讲，大概支持杨致远的要多一点。他们从杨致远获得阿里巴巴 40% 股份一事，算了一笔账，杨致远拿出的 10 亿美元相对于他的收益简直是毛毛雨。后来，在支付宝股权转移出现纷争时，雅虎的一位高管曾经说，要想回购雅虎在阿里巴巴的股权起码要 200 亿美元。

马云获得了一个通向全球化大公司的一块跳板，他的 B2B、B2C、C2C 电子商务平台整合的理想有了实现的可能。但他付出的代价是巨大的，起码，这成了他最艰难的一年。而且，正如他所言，其影响可能在 5 年或者 10 年后才能看到。

支付宝股权转移

有了雅虎，有了雅虎 40% 的股权，阿里巴巴公司的所有股有了变化，那就是雅虎 40%，孙正义的软银 30%，马云和他的团队 30%。但根据协议，马云仍然是董事局主席，成员是蔡崇信、孙正义、杨致远。

2011年，按照马云的说法，这一年是阿里巴巴的本命年。因为，按照中国的历法，十二年为一个属相周期。这一年阿里巴巴几位股东似乎反目成仇，支付宝的股权转移引发了一场轩然大波。不仅是股东们，还有互联网的江湖大佬，舆论界的精英和豪杰，更有国际上知名人士和媒体，形成了一个巨大的舆论争议漩涡。

理所当然，处于这场漩涡中心的仍然是马云。

起因是财经杂志主编胡舒立的一篇指名道姓的微博，她指责马云违背“契约精神”，并说这是市场的基石不可违背。马云应声而辩，于是，从来不缺声音的互联网江湖上又是一番波翻浪涌。

事情的起因是马云分两次将支付宝公司卖给了浙江阿里巴巴公司。也就是说，马云将支付宝从合资企业变成了内资企业，脱离了杨致远和孙正义的控制。而且，这一方案的执行，没有事前得到孙正义和杨致远的首肯。他们纷纷指责，这是马云的擅自行动。于是，争执由此而发生。

属于阿里巴巴旗下的支付宝公司，按照三方协议，当然属于雅虎，也属于软银。但支付宝公司的创立和前行却并不顺畅，在马云的蓝图中，支付宝是连接所有环节的通道。这条通道必须得到银行的支持，而银行是国有的，是有政策规范的。为了和政策能融合，马云费了不少的心思，可以说，支付宝如今的地位，是马云一手创造的。于是，马云在这一争执中找出的理由似乎理直气壮，那就是，当政策与股东发生冲突，马云只能选择政策。

可是，支付宝是一个巨大的利益宝藏。它本来是由孙正义和杨致远及马云的团队共同享有，此刻却变成了一家内资公司，也就是说和孙正义、杨致远无缘了。

英国有一位首相曾经说过，只有永恒的利益，没有永恒的朋友。

虽然，由于阿里巴巴在香港的上市，孙正义已经早早收回了他的风险投资，而且还大赚了一笔，杨致远也因为用雅虎参股阿里巴巴受益良多，甚至有人认为杨致远在雅巴并购中大获全胜，可今天，一块肥肉从嘴边溜走，他们的恼怒是不言而喻的。加上国内媒体某些自诩市场经济之士的鼓噪，身处漩涡中心的马云似乎一时处于极其不利之地位，好像他就是背信弃义之化身。

马云心里真实的想法，谁也不知道。但是，很快他就启动了对孙正义和杨致远的赔偿谈判。他要为这一举动，向股东赔偿。这符合规则，这也符合惯例。事实证明，他还是一如既往的坦荡。然而，国内的君子们，没有因此而停息对此事的评判和指责。

可事过不久，2011 年 7 月 29 日，马云与孙正义、杨致远达成协议。阿里巴巴赔偿雅虎和软银的协议签署，雅虎和软银都得到了满意的赔偿。三个人携手拥抱，一段公案终结，一场风暴悄然散去。

所有的指责在这场风暴散去之后变得那么无足轻重！在马云与孙正义、杨致远的拥抱前，那场风暴也变成一片尘埃，散落莫名。

两年后，马云对此有过一个精彩的解释。

他说：“所谓的正义之士在支付宝的事情上对我咬牙切齿，觉得我这个人背信弃义，违背契约精神，好像要干掉整个中国互联网，把VIE跟我扯上了关系。

大善乃大恶，大恶乃大善。你在做这件事情的时候，你心里明白，什么时间你能补回来。就像2007年，我做雅虎40%股权的时候，我知道，这步棋，40%都被人家控制了，你将来就惨了。孙正义最明白，那天我对孙正义说，好，我马云是个背信弃义的人，是违背契约精神的人。但如果我能找到一个人，我总共投了三四千万美金，却能够拿回来150亿美金的回报。那么，我很喜欢能找到这样一个背信弃义的人。孙正义说，是啊，我找到了。到今天为止，他总共投了5千万美金不到，拿回了4亿美金现金，还有30%以上的股份。要是能找到这样一个人，违背契约精神，我也很高兴。对不对？

我们不是这样的人，但在做这件事情的时候，话语的主动权不在我们这儿。我们在做事，别人在说事。说的人容易，而且前面先定论你就是这样的人，你说不清。又刚好吻合微博刚刚起来的时候，所有的人一致认为这社会上都是坏人。那就先坏了你再说，反正肯定你就是坏人。所有人都站出来了，我们也没法解释。这东西怎么解释？你跳出来说，支付宝明年还活不活了？有些事儿，你能够在媒体上讲，你能在公众场合讲？你只能私下说句脏话，对不对？

杨致远说的是真话，他给国内打电话，问是不是联合起来对付他。杨致远和孙正义跟我讲的话很明确：哈，你们中国一向是上有政策下有对策，你一定是在骗我。我说，兄弟，你如果开个小煤矿，搞个小合资企业，没关系，没问题。可是你搞的是支付宝，是金融，越来越触及敏感地带。都不是傻子，金融是数据，一定会出问题的。杨致远不相信，但他们后来相信了。我刚刚把支付宝的所有权改过来，央行马上发文。央行1年都不发给你证件，改过来马上就发了。这能说明什么问题呢？我认为我们的判断是正确的。央行就是不发，拖你个20年。你去查查历史，我们刚一改，马上就发。这时候，杨致远是明白了。哦，原来是这么一个事情。

支付宝这个事情是个时间问题，一定会解决。难道我真放进自己口袋里了？神经！要这么想，我第一天就不会把阿里巴巴股份这么稀释。你说对不对？处理事情是一件一件来的，是一步一步慢慢来的。我们还有几年时间把这个事情处理干净。因为今天还有各种各样其他的关系要处理好。这个都不急，别人冤枉你，如果你是对的，时间会为你证明；如果你是错的，也不要企图逃过时间的检验。”

通过这番话我们可以看到，马云在这里连续地问了好多“对不对”。也许，这是他习惯的语气。但是，处于当年那场风暴漩涡中的马云肯定是不好过。况且，他向来是以侠义、正直为己任的！

在那场纷争中，也有旁观者说，支付宝引起的过户纷争，实际上不过是阿里巴巴和雅虎长期矛盾的公开化而已。在一次网商大会上，阿里巴巴前首席执行官卫哲曾表示：“阿里巴巴不再需要雅虎。”

小霸王和步步高的创始人、知名投资人段永平在自己的博客上表示：马云和巴茨的关系确实不好。这巴茨就是雅虎全球的新任CEO。针对一篇“传雅虎曾拒绝马云35亿美元回购阿里巴巴15%股权要约”的新闻，段永平评价道：如果是的话，马云还是蛮厚道的，雅虎确实有点不知所云。

没有一个人的成长会没有坎坷，没有一个企业的发展是一片坦途。马云和他的阿里巴巴亦不例外！

当非典来袭，并且击倒你的员工，幽灵就徘徊在你的身边时；当你的决策受到了大部分人的反对，并且遭遇强大阻力，无法进一步实施时；当你与他人进行商业谈判，遇到了强劲的对手，并收购了一家你不熟悉的企业，找到了一大堆麻烦时；当你受到舆论的轰炸，置身于众人所指，无法解释无法回答时：的确，这是人生的艰难时刻。

怎么办？也许有句话说得有点重：沧海横流方显英雄本色！

但我们必须承认，正是在这个时刻，一个人的胆略、智慧、勇气，甚至是耐力和品性都会受到考验。就如一件精钢制品，烈火中才能检验它的成色。也许，没有这些也就没有今日之马云。那些过去的风雨，回想起来何不是带有令人陶醉的一片芬芳？

不能说这全是你的胜利，也许挫折和闪失全部包容其中，也许那些局外人的评价不无道理。可身临其境，也许只有他自己才知道那难眠的夜晚，那殚精竭虑的时刻，那孤立无助的感觉，需要智慧，需要胆略，需要勇气！有多少要多少！可那个时刻的感觉兴许是已经全部倒空，再也无法寻找。

人生总是这样，当你回过头来，你会觉得如果有从头再来，你一定会画出一幅最完美的人生图画。可惜，那是永远不可能的。人最难能可贵的就是面对这些风雨，当即决策，并且决策得恰到好处，或者说基本正确。

很难，非常难！面对激流和漩涡，马云他不是一个人，他是一个团队，一个公司，一片事业。如果说这是一艘大船，那么上面就是满满的一船生命。马云的任何一个想法、一个犹豫、一个思索都关乎着这艘大船的航行。

我们无意神化某一个人，可正因为他是肉体凡胎，穿过这些风雨才更显示出他的不凡之处。我们也无意丑化某一个人，可他的确像个外星人一样，有着诡异而带有颠覆性的想法。但他的确是一个成功者，是一个成功人士。

实践是检验真理的唯一标准！出身布衣或者叫草根，却在世界互联网风云中占据一席之地，他的能力毋庸置疑。也许从阿里巴巴创业之时起，风雨就紧紧包裹着他，我们所选择的无非是冰山之一角，无非是受到媒体和众人关注的那一部分而已。但在这几件大事中，他的危机意识、他的处理危机的手段和方式都值得称道。

正所谓没有风雨哪儿有彩虹！历经风雨，人生必现彩虹。

7

彩　虹

家　庭

有人把家庭比作港湾，一艘航船在风雨中前行，却要在港湾中得到修补，得到粮食和淡水，获得重新扬帆远航之能力。因此，任何一艘航船都必须有一个良好的港湾，那是它的基地，是它能够征服风雨远航未来的保证。

能有一个温馨的港湾，能有一个风平浪静的港湾，大概永远是一个男人的幸福。

马云就有这个幸福！他能在人生的路上颠簸，能在风雨中前行，能永远那么精力充沛，能永远滔滔不绝地去演讲，就因为他是一个幸福的男人。

说起来，他的爱情都是那么浪漫而传奇。

大一时，他就接触和认识了他的同学张瑛。这是一位善良而贤淑的女性，像一湖水深沉而含蓄，她像一颗珍珠晶莹而透明。有个同学追求她，特意在她生日那天，在一个大雨滂沱的时刻，带上一束玫瑰来到她的宿舍楼下。张瑛接过鲜花，给他撑起一把伞。然后，二人来到咖啡厅，张瑛斩钉截铁地告诉他：我们不合适！

进入大学的马云，每天都十分忙碌。同学的事他跑前跑后，绝对是侠义之士；学校里学生组织的各项活动，他张罗得比谁都欢。而学习对他而言，似乎是业余活动，不过英语自然是始终在全年级名列前矛的。

可张瑛呢，气质安静，大脑活跃，学习成绩在马云之上。偶尔地出个点子，也让马云惊讶不已。而且，她特别懂生活，马云到超市去买个什么东西，张瑛的指点绝对到位。虽然自己生活简朴，但同学之间要是有个什么困难，她一定会倾囊相助。

这样的女孩子在同学中人缘极佳，终于有一天，马云听到了一个坏消息：有人要给张瑛介绍一个男朋友。这个消息好像是晴天霹雳，让马云心惊。深谙武侠之道的马云立刻出手，他对那几个要给张瑛介绍男朋友的人说，我一定要追到张瑛，让她跟我结婚，过一辈子。

如此高调，也就是马大侠做得出来，此举立刻震惊了那些“蠢蠢欲动”的男同学。要知道，当初的马云可是杭州师范学院的学生会主席，绝对的学生领袖，其影响和威力也是不可小觑的。在封住了别人的妄想之后，他果断出手。

张瑛何人？温柔而内敛，清醒而自尊。在马云的攻势面前她沉着应战，总是在马云要发动总攻的时刻及时关上那扇门。这让自信满满的马大侠，屡屡碰壁，铩羽而归。可马云是谁？一个永远不会放弃的人，自信心极强，战斗力特佳，不达目的誓不罢休。

结果，马云用一句充满哲理，可能会流传千古的名言“男人的长相和智商成反比”打造出一支丘比特的神箭，直透张瑛的芳心。两个人迅速地坠入爱河，一毕业，两个人就走向婚姻登记处。

在现代，很多人把爱情当作一回事，把婚姻当作另一回事。看看那些象牙塔中的情侣，一毕业，大多是各奔东西，走向婚姻殿堂的是极少数。马云和张瑛就是极少数的那一对，他们风雨同舟，一路兼程。

说他们是一路兼程，他们的确是一路兼程。毕业后，两个人一起来到杭州电子科技学院，分到同一个教研室。马云讲课，张瑛有时会代理。她讲课比马云认真、规范，更适合于大学教学。马云喜欢天马行空，偏于理想和未来；而张瑛更多的是对于具体英语词汇的解释和归纳，让学生们在英语方面有踏实的进步。

这期间，马云仍然还是那个性格，折腾起来没完没了。不管是开翻译社，换房子，他都似乎是突然之间，灵感一来，立马行动。每一次，张瑛都是他的拥趸，有时带点无奈，但绝对顺从的拥趸。

终于，马云因教学成绩突出被评为杭州十佳青年教师。张瑛也“守得云开见月明”！

没想到，马云下海了。铁饭碗一砸，不要了。电子商务、B2B、B2C，马云满嘴的行业术语，张瑛也算高材生，可在马云面前简直就是乡下人遇到了外星人，根本不在一个档次。

但是，马云这还不算完，他不但自己要到海里游泳，也不想让张瑛“独善其身”。于是，他用最动人的言词说：“老婆，我们这个团队不能没有政委啊？你得给我们来当政委。”

政委好啊，应该是和团长平级的角色。于是，张瑛也辞去了职务，成了“中国黄页”团队的政委，而且出手不凡，第一笔订单就是政委亲自出马拿下的。

可是，逐渐地她发现，这个政委没有什么实际的权力，反倒有很多义务。比如，每一次到她的家里开会，她的任务就是做饭。如果会议进行到半夜，她就得准备夜宵，饭菜的质量一定要保证。至于经营权、决定权，都在团长马云的手中，她这个政委也就是有名无实。可张瑛没有什么意见，仍然是兢兢业业做她的伙食管理员兼政委。

后来，他们北上、南下，马云在西湖边上的住宅成了他们的总部。妥！张瑛的任务更重了。十八罗汉几乎是天天住在他们家，吃在他们家。张瑛开始琢磨厨艺，至今，她的厨艺已经是炉火纯青，即使是老爷子金庸来到杭州，也是要在她家里吃张瑛的饭菜。

后来，阿里巴巴如日中天，马云作为首席执行官忙得不可开交。可是，午饭基本上还是要吃家里送的。

张瑛关心他的健康，他也如实汇报。每到午饭时，人们可以听到马云办公室里传来的电话声。那是马云打的：“啊，肉吃了两块，蒸蛋吃了一半，青菜吃了很多……正在吃水果。”如此这般，人们听了肯定是又羡慕又赞叹。

这里必须承认的，马云是个高手。当他们的业务迅速开展，阿里巴巴成为全球化的公司时，张瑛终于有了她的名副其实的位置。她那时已不是什么政委，而是阿里巴巴公司中国事业部总经理。坐在那把交椅上，每天会有人来向她请示工作，有人会向她汇报。电话铃频响，人流穿梭，感觉自然与那名不副实的政委有天壤之别。

可是，马云不让她得意，他又一次忽悠她。这一次的忽悠绝对是一个女人抗拒不了的，马云就是马云，他一枪刺中要害："张瑛，在儿子和钱之间，你要哪一个？"

张瑛是个女人，是个外表文静、内心炽热的女人，儿子是她的命。如何回答，也许马云张口之前就已经预料。

当然，这件事也是事出有因。那时他们十几岁的儿子，迷恋上了网游，每天钻进网吧就是不出来。这件事让马云和张瑛非常担忧，他们可就这一个儿子。

怎么办？马云悬河一样的口才在儿子面前成了毛毛雨，他曾经告诫年轻人："要坚持到明天早上。"可是，他遗憾地倒在了"今天晚上"。儿子的学习成绩直线下降，堂堂国际化大公司的总裁被班主任找去谈话。

没办法，他当天晚上与张瑛进行了上面的谈话。因此，严格地讲，绝对不是忽悠，是真的！

然后，马云又说道："我们家现在比阿里巴巴更需要你，你离开阿里巴巴，少的只是一份薪水。可你不在家，儿子将来要是变坏了，多少钱都拉不回来。"然后，他才说："儿子和钱，挑一样，你要哪个？"

2004 年 12 月，马云宣布阿里巴巴中国事务部总经理张瑛退出管理层。这个决定引起了一阵风波，很多元老认为，作为公司创始人之一的张瑛为阿里巴巴立下了汗马功劳，没有她，就没有阿里巴巴的今天。于是，马云的提议遭到了董事会的否决和员工的抗议。这时，张瑛又一次站了起来，她告诉大家，这是她自己的意思，是她主动的要求。

马云又解释："她认为公司到了这个时候，让别人看到阿里巴巴 CEO 的夫人在公司里，不管你做得怎么样，别人看你的眼光都不一样。"

就这样，张瑛被他从"政委"的位置上彻底赶回了家。回家之后，儿子的教育仍然是个问题。马云有办法，他拿出几百元叫儿子到网吧里去玩，尽情地玩。

一连几天，儿子回到家里倒头就睡。等他醒来后，马云问他："你有什么收获?"儿子晃晃脑袋："头疼、肩膀疼!"

这就是收获，于是，马云再说："既然没有收获，你还玩?"

儿子有所醒悟，再加上张瑛的即时跟进，儿子的表现好多了，学习成绩迅速提高，身体也健康很多。

这也是阿里巴巴不管其他网络公司如何连续地推出网游——网游也的确赚钱——可马云从来不允许他的阿里巴巴涉足这个领域的原因。马云多次公开声明，他不会在网游上投资一分钱。与其说这是一个决定，还不如说是一个承诺。不仅是对儿子，更是马云对妻子多年来无怨无悔默默"牺牲"的尊敬。

的确，马云对身边这个"默默无闻的女人"充满感激。他曾经这样说："她不是那种真正默默无闻的女人，她自己的事业也发展得很好，她是事业和生活双全的女人。"这话里除了赞赏就是得意。

最了解自己妻子的人大概就是丈夫，马云说得没错。张瑛辞去阿里巴巴管理层的工作，在家安然地相夫教子。在这段时间里她可不是仅钻研厨艺，更一头钻进了曾经爱好的文学创作中。她以笔名古凌、羽昕在台湾发表言情小说，并且受到了很多年轻人的追捧。至今她已有70多本著作问世，堪称高产。

有了这样的媳妇，有了这样的儿子，你想不让马云幸福都难。因此，在当今女孩子傍大款、男老板带小秘已经成为时尚的年头，至今，还没有马云的绯闻流传。

关于马云和张瑛的故事，网上还流传着这样一个段子。马云有一次跟杨致远闲聊，杨致远和他谈起了张瑛，马云说道："张瑛以前是我事业上的搭档，我有今天，她没有功劳也有苦劳。我也一直把她当成生产资料，但现在我觉得，作为太太，她更适合做生活资料。"

这话后来传到张瑛的耳朵里，她沉吟了一下说道："这不是杜撰，像他这种满脑子事业的男人，才会把自己的太太也当作资料。不过，当生活资料的日子并不坏。在家的日子虽然平淡，但是每个收获都值得我再三品味。儿子从小学到中学，我没接送过他。他都是自己背个书包去挤公共汽车，现在，辞职回家的我每天早上做好早饭和儿子一起吃，再开车送他去学校。接着，我马上去农贸市场买菜，回家后两荤一素一汤地搭配好，配上餐后水果，用一个分成三层的小食盒装着。然后，去儿子的学校门口等他中午放学。我辞职这半年多的时间里，儿子的成绩在班上上升了17位。班主任说他不仅学习提高了，就连在班上的人缘都变好了。他越来越开朗，爱笑、宽容，从前的内向学生变成了一个阳光少年。我改变了儿子，儿子也在改变我。周末的时候，他会挽着我一起出去逛街，路过临海路的时候，给我推荐一家叫四季风流的长裙专卖店。在我印象中，自从我进了阿里巴巴后，我就没穿过长裙了，我的衣橱里全都是白色、银灰色或者黑色的职业套装，里面的裙子也都是直筒套裙，那样的裙子才符合我的身份。现在，我不必在乎这些了。我就是一个居家女人，我可以穿任何我想穿的衣服。儿子给我推荐了一条玫瑰红的丝绒长裙，上面斜斜地缀着一圈金色的流苏，一看就让人喜欢。”

最后，她还没忘了调侃一下马云：“实际上找马云这个男人，也是我的一项投资！”

幽默是智慧的体现，张瑛幽默得很到位。她独具慧眼，找到马云这个男人，的确是一笔成功的投资。然而，我们必须品味到，这投资的含义绝对不仅仅指财富，还有马云与她之间的默契，他们之间平实的爱情。这爱情也许没有死去活来，没有昏天黑地，但很踏实，很具体。马云去冲锋陷阵，去摸爬滚打，去殚精竭虑，去运筹帷幄。张瑛有一个女人特有的细腻，为他准备茶点，准备洗澡水，准备床褥，让这个外表精干、内心如猛虎的男人，在她这里得到最充足的休息，最温馨的爱抚，永无后顾之忧。

用不着高歌一曲什么“军功章有我的一半，也有你的一半”。实际上，马云和张瑛没有什么我的一半你的一半，他们是一个整体，不需要分开，无非是你中有我，我中有你，谁也离不开谁。仅此而已！

其实，一个日夜在商界上打拼的男人，有此家庭足矣！少一点惊心动魄，多一点平和踏实，实在是比什么都强的真实版的爱情欢歌。

事 业

马云的事业就是阿里巴巴的事业，阿里巴巴的事业就是马云的事业。他对于阿里巴巴公司而言，属于教父级的人物，他一手缔造了阿里巴巴，一手发展了阿里巴巴。截至2011年，阿里巴巴的总收入已经达到28亿美元。在这一财年里，阿里的净利润同比增长7倍，利润率超过40%，旗下两大购物网站淘宝和天猫的平均利润都超过了50%。进入2012年，集团预期收入将达到400亿元人民币，增长逾两倍。如果能继续保持这样的高速增长，阿里巴巴有望在2014年成为中国收入最高的互联网公司。

截至2012年11月30日，阿里巴巴旗下的淘宝和天猫当年的交易总额达到1万亿元，占了全国社会消费品零售总额的5%，相当于eBay和亚马逊当年交易额的总和，相当于2011年全国GDP的2%。

阿里巴巴成为继“沃尔玛”之后的第二大独立零售体，在电子商务方面，天猫总裁张勇说：“沃尔玛每天的访问人数达到2800万人，交易额为80亿人民币。我们的网站一天进入了2.13亿的人流。”

马云的事业如日中天!

但是，马云毕竟是马云，他没有躺在这个成绩单上沾沾自喜，他有了新的思考。

他认为工业时代的特点是集中化、机械化、标准化、流水线、大规模，企业内部的管理方式、生产方式、上下游合作方式都是垂直线性的特点。以互联网为代表的新经济模式则反其道而行之，更强调网状协同、生态化、个性化、弹性、去中心化。在过往的历史中，新经济已经改造了传统工业经济，但并没有动摇旧经济模式。

“淘宝”和“天猫”的一万亿则是一个标志，说明新经济已经大到足以驱动传统企业进行技术和营销改革的程度了。

阿里巴巴首席风险官邵晓峰说：“互联网和电子商务经过十几年的发展，今天终于从量变到质变，新的经济模式即将来临。”

马云认为，新时代的来临，意味着工业时代企业组织架构和运营机制会成为企业前进的绊脚石，对于互联网来说尤其如此。

阿里巴巴现有的组织架构仍然是金字塔式的公司科层制，目前分为淘宝、一淘、天猫、聚划算、阿里国际业务、阿里小企业业务和阿里云七大事业群，以及支付宝、阿里金融两家独立子公司。

这七大事业群在阿里巴巴集团内部被称为“七剑”，其中淘宝为C2C网购平台、天猫为B2C平台、一淘为开放式搜索和消费者返利平台、聚划算面向团购领域、阿里国际业务负责中小企业的海外发展、阿里小企业业务负责国内中小企业的电子商务服务、阿里云负责云计算。

这一“人、财、物”向集团集中的组织架构，现在看来，显然违背了新经济时代的去中心化特点。

目前，腾讯已经领先于阿里对自己的组织架构进行了改革，其业务群和业务群之间已经找不到线性的关系，独立形成新的生态系统。在这样的去中心化的架构中，腾讯的微信脱颖而出。微信已经实现了从线下到线上的移动互联网环境，最终微信将通过支付、电子商务、虚拟货币来获取新的利润增长。

马云看到，在移动领域，移动跟社交网站的结合，会孵化出一个足够大的生态系统。而在阿里巴巴的组织架构中，还看不到移动业务。此外，阿里巴巴的业务分散在各个事业群内部，尚未形成合力。

很显然，微信已经抢占了移动平台的先机。2011 年腾讯总收入为 45.225 亿美元，阿里巴巴为 28 亿美元。与腾讯相比，阿里巴巴还有很大的距离。

放眼电子商务，沃尔玛一号店、利丰公司、商品宅配，等等，这些企业的运行模式已经完全匹配新经济时代的特点，它们的发展都是不可限量的。

阿里巴巴首席战略官、素有参谋长之称的曾鸣说，未来对于阿里巴巴，最大的挑战是 C2B 企业，有一种假设，作为一个超万亿元交易额的企业，阿里巴巴如果可以像过去囊括 B2C、B2B、C2C 那样，将 C2B 也涵盖在自己的生态系统中，似乎就可以解决所有的问题了，但阿里巴巴现有的生态系统，是否有这样的衍生和包容能力？

邵晓峰也说，淘宝和天猫的交易总额虽然在快速增长，可是卖家数量却到了一个缓慢增长的阶段。

阿里巴巴研究中心陈亮分析道：淘宝生态呈现金字塔结构，最顶端是营业额在 5000 万元到 1 亿元的超大卖家，大量的小卖家聚焦在金字塔低端，这将导致大卖家的垄断。

阿里巴巴首席市场官王帅感慨：阿里生态系统就像这个国家的缩影，国家面临什么问题，阿里就会面临什么问题，牵一发而动全身。

在他的事业也即阿里巴巴的事业如日中天的时候，马云看到了上述各点。根据这些看到的问题，马云提出“平台、金融、数据”战略，给阿里巴巴的变革提供了方向，使阿里巴巴迈出了组织架构的第一步。

“平台、金融、数据”所阐述的是阿里巴巴接下来要经历的三个阶段：第一阶段，3 年内以“七剑”业务为主；第二阶段，5 ~8 年里以阿里金融为主；第三阶段，8 ~ 12 年里以数据平台为主。

过去，“七剑”的业务平台是以完成 CBBS 的线性产业链匹配为中心的，即：一个消费者（C）进入淘宝之后，将有商家（B）去满足他的需求，为满足他的需求，商家可以去上游的 B2B 市场（B）寻找资源，最后达成对消费者的服务（S）。

马云提出，“七剑”的业务后退一步，从直接面对消费者变成支持网商面对消费者。

曾鸣解释道，阿里巴巴不再是电子商务平台，而是电子商务协同平台，自己退为“提供服务”的平台。其最终的目的是，在为商家提供服务的同时积累数据，藏在业务平台之后的数据平台，将在数据的积累过程中实现第二阶段的金融业务，同时数据平台自身得到升级，并计划于 10 ~ 12 年后代替业务平台走到幕前，那时阿里巴巴将成为一家数据交换平台。

这是一个环环相扣的战略，要想获得足够庞大的数据，阿里巴巴拥有的业务越丰富越好。从这个原理出发，分拆“七剑”成为必然。从理论上来讲，分拆的业务单元越多，越有利于生态系统的自生长。这就是马云和曾鸣在阿里内部不断强调的“要把平台做薄”、“垂直业务做宽”的原因。只有这样，才能长出越来越多的垂直业务，然后再进行分拆。

首先“一拆三”，淘宝分出天猫和一淘。分拆前淘宝就像一个动物，很重，每天都往下坠。分拆之后，不仅易于管理，还产生了巨大的活力。

天猫在2012年“双十一”的191亿元中占到了132亿元，业绩同比增速达292%。

在天猫和一淘分拆出来后，聚划算也分拆出来，其业绩同样可观。在当年团购业务十分不利的前提下，聚划算上半年依然实现了同比171%的增长。

这一成功的分拆，促使马云下定决心，以彻底分拆的方式来重建阿里巴巴组织架构。马云称这为“小而美”，他表示，阿里巴巴集团将拆分成约30家公司，每家公司都要把自己做成一个生态系统。

马云的逻辑是，首先在“七剑”的业务平台上，每长出一个新的、独立之后能改变所在行业的垂直业务，便尽快分拆。按照这个标准，接下来独立的将会是淘宝旅游、淘宝无线等。

比如，淘宝旅游可以提供全国最低的机票、酒店价格，又有淘宝巨大流量和生态系统的支持，分拆和独立的可能性日益显现。

另外，淘宝电器2012年初销售额200亿元，虽然低于京东去年宣布的300亿营收，但增长更快，淘宝超市同样发展迅速，有望超越1号店。

除了垂直领域外，阿里巴巴还会做战略布局上的分拆调整，代表则是无线业务部。

据内部消息，马云目前对无线、数据的重视达到不可思议的地步，他提出让“无线打败淘宝”（指移动端流量超过PC端）。

内部只要是跟无线有关的项目一律放行。将无线独立，也是希望更好地掌握移动互联网带来的新兴流量。

集团最有价值的资产支付宝，去年已拆出旗下集分宝。集分宝目前为独立公司，未来支付宝还可能会继续再拆出 1～2 家公司。

另有阿里小额贷款业务，2009 年从 B2B 拆分后纳入阿里巴巴集团，并为此成立了阿里巴巴金融事业部，以作为战略项目独立运作。目前该事业部旗下拥有两家小额贷款公司，已实现单日利息收入 100 万元。阿里金融被马云定为“支撑整个未来”的业务，发展潜力很大，未来也可能被分拆出来，与支付宝共同构成阿里金融圈。

围绕“平台、金融、数据”的战略步骤，阿里巴巴集团的分拆计划也将分梯次进行。上述内部人士称，马云所说的 30 家公司不会在一年内完成，可能先拆成十几家公司，后续还会继续拆分，最终形成 30 家公司的理想运营模式。分拆后，将继续实行总裁和董事长的层级管理架构。马云、曾鸣、彭蕾、陆兆禧等几名高管将分别以董事长身份各自分管 2～3 家公司。

曾鸣有句很形象的话：未来阿里巴巴的组织架构和内部公司间的协作将像互联网一样，网状、并发、实时协同。

但这一切必须有好的生态机制，只有好的生态机制才能长出新的物种。

在一个生态系统内，“蝴蝶效应”时常发生，如何让生态系统内的每个个体都具备抗干扰能力？

马云在阿里巴巴年会上说，这两年阿里巴巴的决策体系有点像政府，通过自己的促销手段和一些政策调节整个市场，这跟政府拍脑袋出政策没什么区别。阿里要回归到市场机制、市场体系中去，要发挥企业家的精神，发挥660万卖家的精神。阿里自己则建好公民社区：制定规则、做好监管，只在必要时出手弥补市场缺陷。

放手让市场去做，就是自然的优胜劣汰。张勇说，这就需要改变过去对店铺的等级和销量为排序依据的搜索机制和流量竞价机制，而以商品本身排序，跟店铺质量和口碑、跟商品评价指数挂靠。同时，以用户个性化需求为核心，弱化目录和搜索，把整个淘宝平台变成超大的用户导购系统。最终，马太效应通过市场区隔完成，而不是任何流量都被大客户垄断。

天猫总裁张勇认为，未来的生态结构要调整为两头大卖家、中间小卖家，大力扶植“腰部卖家”，从金字塔变成“扁平化”的淘宝。这也是马云一直强调的“小而美”和“双百万”计划，即在内部培养出100万个营业额为100万元的卖家。

马云的参谋长曾鸣说：“未来三四年，通过一个SNS机制完成淘宝大部分的商品与浏览的互动。也许未来淘宝总流量的1/3是类目，1/3是搜索，1/3是SNS社区化的互动。”

对于SNS，马云也很着急，一直强调：“SNS还得办。”

SNS一旦形成体系，不仅可以带来外部流量，还可以带来更充分的数据交互，从而更精准地确认商家的信用，实现优胜劣汰。

再者，信用机制是马云正在倡导的一种市场机制。中小卖家一旦具备一定信用，就可以从阿里金融那里获得小额贷款。这也算是阿里生态系统对中小卖家的一种补贴。如同一个国家、一个社会，阿里巴巴可利用金融、SNS、搜索等多种手段调节市场，以达到生态系统的平衡。

这一切，赖以存在的土壤是数据。

目前阿里巴巴的数据是割裂的，只有淘宝、天猫、一淘彼此数据共享，支付宝和其他子公司都无法共享。之所以如此，是为了保证数据安全。未来这些数据将被打通。打通之后，数据分析所得到的结果将更加精确，市场机制和信用机制也将更好地发挥作用。

如果这一切能顺利实施，阿里巴巴就通过分拆获得了适应新经济时代的分布式组织架构，又通过市场机制的重建达到了生态系统的平衡。这将使阿里巴巴成为可以孵化多种业务的生态系统，包括 B2B、B2C、C2C、C2B 等。有了这些，它的膨胀只是时间问题。

马云有一个目标：交易额达到 10 万亿元。他还希望在阿里生态系统内成长出 1000 万个小企业、1 亿个就业机会、10 亿消费者。

后来，他透露分三个波次上市的构想。

他说："在 10 年到 15 年以内，这三波冲击将会形成三家比较大的公司，这三家公司是三个梦想，我们上市的不是三家电子商务公司，而是三个巨大的梦想，这些梦想承担着无数的梦想。"

阿里巴巴本轮变革更大的意义在于颠覆传统商业与供应链。事实上，对大量无法主宰自己命运的传统零售上下游企业来说，一个残酷的选择已经摆在他们的面前：接受阿里巴巴的 C2B 改造，或者被其颠覆。

马云在"双十一"那天宣告新经济胜利。阿里巴巴将开始从以产定销转入以销定产之战，即把工业经济时代大规模、流水线、标准化、低成本、高存货的动作模式，转到个性化需求、多品种、小批量、快速反应、平台化协作，实现商业价值链的再造。

这意味着颠覆传统的商业模式，改变商业规则，改变消费者与商户之间的关系。

曾鸣说，这是看得到的未来。因为大数据时代使得 C2B 成为可能。随着云商业逻辑的生长、演化、扩散，大量全新的商业物种将在这次剧烈的生态涨落中得到以创生。那些成功驾驭新商业逻辑的物种，则有机会和阿里巴巴一起成为云时代的主宰者。

2012 年 9 月 27 日，海尔在天猫发起 C2B 定制液晶电视的业务。在 48 小时里，售出 1 万台定制电视。对 C2B 模式而言，这显然是个不错的开始。

当年，12 月 12 日央视年度人物颁奖晚会上，马云和王健林设了一个赌局：2020 年电商将占中国零售商市场的 50%。成功，王健林输 1 亿；失败，马云输 1 亿。

这场赌局，名动京华，引来无数人对未来的猜想。

按照常规来思，马云的事业已经够大了，在如日中天之际，他为什么仍然要折腾，而且折腾得翻天覆地，一个阿里巴巴让他分拆再分拆？可是，读了上面的文字，我们不能不佩服马云的高瞻远瞩。电子商务正以疾风暴雨之势向我们走来，它在打造一个新的商业模式的同时，也在改变我们的生活。

荣 誉

历经风雨没有不见彩虹的，这是定律。古语有云：天道酬勤！对于勤劳的人，老天也要酬谢你。这是天之道！

2000年7月15日，那一天，一本世界顶级的财经杂志出了新的一期。而让人惊讶的是，封面人物让人印象深刻过目难忘。他的一双眼睛闪着火光，脸上充满自信的笑容。一个活力四射魅力非凡的中国人！

《福布斯》是创建于1917年、传播了近1个世纪的权威性财经杂志。它着重于描写企业精英的思维方式，秉承“以人为本”的理念，倡导“企业家精神”，不停留在新闻事实的表面报道，着力于洞悉新闻背景、把握动态信息和行业趋势，深入探讨和研究企业运作的经济环境。《福布斯》杂志的口号为“永不停息”，它的影响力绝对是世界级的。而这一期的封面人物就是中国的马云。

《福布斯》的编辑们在马云照片的旁边安排了一个大字标题“为眼球而战”，这一标题给人带来无限的想象空间。而内面关于马云的文章标题是“小虾米的B2B”，幽默而不泛赞誉。

文章中这样写道：马云的方向是正确的，美国只有20家大公司有购买1集装箱锤子的需求，但有555个五金批发商，20900个零售商，只要卖一箱或一盒锤子，这些小企业就会对阿里巴巴非常感激。

《福布斯》的资深编辑马修·施夫林说道：“虽注册于香港，但是有来自190多个国家和地区的成千上万的商人在这里买卖各种商品。从去年（1994年）3月在杭州发起，到现在汇集25万世界各地的商人会员，同时每天新增注册会员1400名，新增供求信息超过2000条，小虾米的B2B的成长速度，却可以超过鲸鱼。”

据说，当时的《福布斯》杂志为了制作这一期的封面故事，专门派遣在亚洲的大记者贾斯汀·杜布勒于5月初到上海和杭州对阿里巴巴进行了3天跟踪采访。其后在6月份的准备过程中向马云发来了多达180个问题的事实核对单，并专门追访了马云在接受采访时提及的几位远在澳大利亚、新加坡等国的当事人，前后历时两个月的时间才精心制作了这个封面和他的故事。

2004年，马云被中央电视台评为年度十大经济人物，为其颁奖的是海尔的CEO，他的颁奖词十分精彩：

他热心做媒，撮合百万意中人；

他牵线搭桥，链接200多国家和地区。

你在他那里登记个名字，他让你挑选整个世界。

而马云在他的获奖感言中这样说："感谢CCTV，也感谢所有的评委、我的客户，还有我的同事，是大家把我的梦想变成一个现实。5年前，也是这个时候，在长城上我跟我的同事们想创办全世界最伟大的中国公司，我们希望全世界只要是商人一定要用我们的网络。当时，很多人认为我是个疯子。不管别人怎么说，从来没有人改变过我要创办全世界最伟大公司的梦想。在互联网最痛苦的2001、2002年，我们在公司里面讲得最多的词就是'活着'。如果全部互联网公司都死了，我们只要还活着，我们就是赢家。我永远相信只要永不放弃，我们就有机会……今天很残酷，明天更残酷，但后天会很美好，所以每个人不要放弃今天！"

2005年，美国《财富》杂志将他评为"亚洲商业最具影响力人物"之一。

2007年，美国《商业周刊》将他评为"年度商业领袖"。

2008年3月，马云被《金融周刊》评为"全球30位最佳执行官（CEO）"。

2008 年 7 月，马云获得日本第十届企业家大奖，此奖项过去只颁给日本国内企业家。

2008 年 9 月，马云再一次被美国《商业周刊》评为 25 位互联网商业最有影响力的人物，在众多中国互联网企业家中，他是唯一上榜的一位。

一路走来，他获得的荣誉举不胜举。现在，让我们看看他又有什么新的消息吧!

2013 年 11 月 8 日，他被香港科技大学授予工商管理学荣誉博士。博士是什么意思？就是戴着四角博士帽的那种人，意味着学识渊博、博览群书之士。

过去那些荣誉，大多还是属于对他在商业领域里打拼的认可，领袖也罢，影响力也罢，无非是说明他所创造的电子商务模式已经被人们认可，对世界产生了新的影响。

这一次，香港科技大学是对他行为的肯定，是对他在管理阿里巴巴，打造这个国际化大公司过程中所做的努力的总结和评价。也许，他根本就没有读过什么工商管理学，可是，他用他的伟大实践，创办和管理了一个国际化的大公司，并且根据时代潮流不断地将这个公司推向前进，在保持它的活力的同时，又反过来影响和改变人们的生活。

的确，世界上没有任何一种学问是可以不学而知的，而学知识有两种方式：一种是在课堂上学书本知识；另一种就是就社会实践的大课堂上学习，你要用自己取得的成果通过最严格的考试，以取得这一学位。毋庸置疑，马云在社会大课堂里学得一点儿也不逊色，比起那些从课堂上走出来、满腹经纶的学子一点儿也不差，甚至可以说更胜一筹。因为，飞速发展的阿里巴巴给他做了最好的诠释。

当然，马云也十分珍惜这个学位，毕竟这是对他从另一个方面的肯定。他说：“在阿里巴巴取得成功之前，父母认为他不可能取得学士学位，朋友也认为他不会成功。”他又感慨地说道：“我的经历证明，中国80%以上的年轻人都能成功实现梦想。”

这是他的心里话，当初，他三次高考，最后凭借偶然的机遇才进入杭州师范本科读书，从这个角度看，他和博士学位之间应该有着一段难以跨越的距离。但是，他又用这个事例告诉中国的年轻人：只要努力，你们似乎都有机会得到这个学位，或者这种成功。

他又说道，自己14年前创立阿里巴巴时，妻子希望他不要成为全中国最富有的人，而是要成为最受尊重的生意人，他始终牢记和坚持这一理念。

同时，我们也应该承认，马云做到了。他的确是一个非常受尊重的生意人！他的诚信、执着、坦荡、求实、进取都已经被很多创业的年轻人奉为榜样。

面对香港科技大学的毕业生，他说：“希望大家保持乐观态度，对将来有信心。现在很多人批评香港缺乏机会，其实目前内地和香港均充满很多机遇，年轻人要相信自己，永远保持希望，坚持梦想，永不放弃。”

马云的话中充满哲理，简单地阐述了自己对“机会”的看法。这也正是当下年轻人抱怨最多的话题，他们似乎总是感到自己生不逢时，总是觉得社会亏欠了他很多，甚至是一点儿机会也不给他。马云在用自己的成功告诉他们：机会就在脚下，机会无处不在，主要还是在于相信自己，追求梦想，永不放弃。

对于年轻人而言，这都是金玉良言，没有梦想和追求，没有永不放弃的精神，一个人想要成功永远不可能。

他还说道：“香港以前主要跟从英国及欧洲模式，但现在香港已经进入新的商业模式，中国也有新的变化。建议年轻人勇于改变，纵使改变可能伴随着苦痛，但安于现状可能会令人生充满苦楚。要学会在晴天补屋顶，而非下雨天。”

他还告诫香港的学子，要学会改变。香港已经在改变，也必须改变。年轻人要去打拼未来，改变是一个必需的理念。并且，要提前作出预判，不能临时抱佛脚。

他还说道：“无论是中国还是世界，都在发生变革。每一个人都应该未雨绸缪，完善自己，提升自我。或许对于许多人来说，应对现在的变革会是艰辛的路程，但这个经历将会有助于每一个人迎来美好的未来。”

主动的变革对于每一个人来说都很重要，阿里巴巴的成功正是得益于不断的变革，他亦打算以新的商业和营运模式来迎接更新的时代到来。

马云永远那样热情洋溢，永远那样口若悬河。特别是他的英文口语，好像比他的中文演讲更具特色，更为流利。在香港，马云施展这一才能，用流利的英语和香港科技大学的学子们交流，取得了很好的效果，这些大学生们觉得来自大陆的企业家也是这样活跃，这样轻松，这样信心十足，他们感到自己遇到了良师益友，静静地听这位大陆企业家的演讲，从中也对中国的经商环境有了自己的判断。

马云的荣誉已经可称之为琳琅满目了，对于一个企业家来说已经是无以复加。如果是运动员，那他的房间里应该全是冠军奖杯。作为一个企业家，他已经是誉满全球！

“互联网之王”、“商业领袖”、“最具影响力人物”、“影响未来的魅力人物”……这不是神话，这是活生生的现实，他当之无愧。不过，马云面对这一切，似乎小心翼翼。一个曾经的狂人，在这些荣誉面前，经常需要主动褪去光环，尽量告诉人们，自己就是一个普通人，就是一个小混混。是时代造就了他，没有时代他什么也不是。他成功了，别人也能成功。甚至，只要足够努力，就会取得更大的成功。

婚姻是女人的全部，但是，对男人而言，婚姻只是他的一半。用不着说什么“军功章有我的一半也有你的一半”之类的废话，谁都看得出来，没有张瑛的支持就没有今天的马云。虽然张瑛是那么平淡，像水一样无色无味。可要是换一个女人，很可能马云的一半将会塌陷。最近有一个段子，讲的是两个条件一样的男人，因为找了不同的女人为妻，收获了不同的命运。没有张瑛的谦让，没有张瑛的包容，没有张瑛的牺牲，马云事业上的成功无法想象。

一个女人不去和你争权夺利，不去和你抢风头，安于平淡，甘于付出，还有比这更令人钦佩的吗？当然，马云也是一个令人尊敬的男人。他能在人丛中识张瑛于草莽，携手于殿堂，相厮于事业草创，相守于身价数亿，真丈夫也！看当今江湖，多少身缠万贯之大佬，娇妻美妾、情人如云；拜金女频出江湖，她们以美色追钱逐利，同时也考验着男人们的操守。能够坚守底线者本身就是难能可贵，马云算得上是一个好男人。

张瑛把马云定义为一个满脑子事业的人，这真是准确至极。

他的思想定位，他的努力方向，他的超人的敏感性，他过人的智慧都源于此。

阿里巴巴已经做得非常好了，它如日中天，为中国的互联网企业树立了榜样。可马云不这样认为，他在成功之际看到了危机，认识到了逆水行舟不进则退的道理。尤其在互联网企业推陈出新、大浪淘沙之际，他不敢稍有懈怠。

他在研究市场，努力发现阿里巴巴的弱点，在成功之处找不足。显然，他建立生态系统、去中心化、垂直领导、平衡大小卖家之间差距等一系列做法都是及时而必需的。而且，有的互联网企业已经着手改进了。

这世界上没有任何一件东西是不变的，更没有任何一个模式是可以永久存在的，人类社会就得不断变革，不断进取，不断在发展中求生存。

电子商务是个新兴的事物，处在互联网飞速发展的当代，它的不断改进与完善是为了适应潮流。马云清醒地看到了这一点，他也明白不改进就会面临被淘汰出局的风险。最近有个消息说，他已经创建了菜鸟公司，并亲临郑州，准备在这个中原城市建设他的电子物流中心。审时度势，顺势而为，他所从事的正是一个男人的事业。

随着事业的成功，荣誉纷至沓来，他当之无愧。在荣誉面前保持一份清醒，保持一份冷静，尤为难能可贵。把经验奉献出来，让年轻人踩着他的足迹，继续开创前人没有的事业。

马云应该能行。

8 团　队

彭　蕾

行文至此，不能不说彭蕾了。这位重庆妹子，在阿里巴巴是元老级的人物。从十八罗汉到阿里巴巴公司首席人力资源官，彭蕾历经风雨坎坷，打造了阿里巴巴特有的价值观和使命感，营造了阿里巴巴的文化氛围，培训和安排了阿里巴巴公司的管理人员；在人员的管理和布局上，完全贯彻了董事局的意见。

当初，马云曾经对参与创业的十八个人说过：你们可以当连长、排长，但团长以上的干部我另聘。这的确是马云的真实想法，但随着事业的发展，马云转变了这一看法。他随即说道，态度决定一切。那意思是说，能力是一方面，而态度至关重要。

于是，态度端正的彭蕾不仅当上了“团长”，甚至可能当“师长”。因为，在阿里巴巴公司，除了马云，就应该是她，阿里巴巴的二号人物。

创业之初，彭蕾自己说，她对于马云创建国际化大公司的理想“茫然而没太大兴趣”，只是觉得一大堆人充满热情地搞一件事很让人享受。一直以来，在阿里巴巴团队里彭蕾扮演着一个特殊的角色，马云和其他的总裁像是率兵打仗的“将军”，而她则像一个“守护者”，看护着一群人，以及凝聚他们的那种力量。

危难思良将，2010 年以后，支付宝遇到了巨大的挑战，马云调任彭蕾接任支付宝 CEO。当时，内有财付通、快钱、银联等公司的竞争以及银行的严格规范，外有孙正义和杨致远对支付宝股权的争议，内外交困，公司发展受到了制约。马云调任集团的人力资源执行官，的确是万不得已之举，这也显示了马云对彭蕾的倚重。

上任之初，支付宝只是用户在淘宝上买东西时用信用担保促成交易时使用的工具。人们无论在支付前或者支付后都不需要进入支付宝账户，支付宝里的一些功能很少有人知道。于是，彭蕾从小事做起，通过交电话费、水电煤气、用支付宝给信用卡还款等鸡毛蒜皮的“小事”来吸引用户。一直到后来与天弘基金合作推出余额宝，支付宝从单纯的第三方支付工具演变成用户与商户之间的消费新平台，并且通过选择支付、寻找商户和优惠的支付来引导消费模式转变。

2012 年 9 月，阿里巴巴集团完成了雅虎 76 亿美元的股份回购，国家开发银行提供了 10 亿美元的银行贷款，成为阿里巴巴集团最大的融资支持方。于是，阿里巴巴集团借机引入了国开金融和中投公司。引入两者的意义，不仅是简单的资金相助，更为后续金融政策的支持埋下伏笔。在这里，彭蕾对香港上市公司私有化和股权回购项目的融资合作颇有贡献，这成为彭蕾执掌阿里金融的最大“加分项”。

这里，无论是支付宝商业链条的打通，还是后来的 VIE 风波，彭蕾至少是不辱使命。阿里巴巴集团内部人士评价道：她是阿里巴巴文化建设的操刀手及维护者，也是马云战略决策最坚决的执行者。

阿里金融版图马不停蹄地加快扩张步伐，2013 年 9 月，阿里金融筹划已久的“聚宝盆”已与 5 家银行合作并正式启动。9 月 29 日，“三马”合资的国内首家互联网保险企业“众安保险”获得保监会开业批复。10 月初，阿里宣布入股天弘基金。阿里透露，10 月底，增添公众服务号、“当面付”声波离线支付、拍银行卡支付等多项功能的支付宝新版钱包即将上市。年底，阿里金融称将有更多高收益理财产品上线。

从最初支付宝仅仅依托淘宝提供支付到阿里小贷实现放贷，再到利用余额宝吸引存款，控股基金公司，如今的支付宝和银行相比，只差了一个银行牌照。阿里小微金融事实上已经形成了类银行业务。而这一路走来，到处都能看到彭蕾的影子。

在阿里小微金融服务集团内部，除了此前的国内事业部、无线事业部、国际事业部和创新金融事业部外，还成立了理财事业部。彭蕾表示，该事业部的成立就是为了承载更多的金融机构合作，不排除与保险、基金、银行以外的金融机构合作。

在彭蕾的运作下，支付宝已经有了很大发展，在阿里巴巴集团内部形成了独立的阿里小微金融体系。阿里巴巴筹备建立阿里小微金融服务集团，旗下业务主要包括第三方支付、保险、担保和小额贷款。彭蕾受命为该集团CEO。

马云在阿里内部表示，阿里巴巴上市会有三个波次：第一次是阿里巴巴集团整体上市；第二次是支付宝及阿里金融；第三次是阿里数据。其他的高管也是异口同声，表示支付宝和阿里金融将不在阿里巴巴集团整体上市公司之中。

阿里小微金融服务集团明显是马云战略中未来十年的重要保证。

看来，彭蕾不管是不是接任马云，她在阿里巴巴集团内部的位置和影响仍是举足轻重，起码，也是和新任CEO陆兆禧平起平坐的。

从阿里巴巴创业时起，彭蕾作为“随军家属”曾经北上京城，南下杭州。后来，她亲自加入集团公司的管理层，并且掌管企业文化和价值观的培养，又出任支付宝CEO，在任何岗位上都干得有声有色，其才能已经得到公认。而在马云眼中她最值得称道的还是她的“态度”。无疑，在创业的人群中，彭蕾的忠诚也是有目共睹。

这里有一个“美丽”的桥段。在阿里巴巴有一个离岗培训制度，所有的高管在合适的时候会被派往某一个海外高级院校去离岗学习。2008年，公司决定孙彤宇卸任淘宝总裁赴欧洲学习。这一决定是董事局的决定，彭蕾作为人事主管参加了会议，但是，她始终保密，直到第二天将要公布时，她才将这一决定告诉孙彤宇。

孙彤宇是她的丈夫，当年她加盟阿里巴巴，原因就是她随军家属的身份。也就是说，她是作为孙彤宇的妻子跟进阿里巴巴的。

任何企业家和领导者，用人时所看重的，无非是两点：一者能力，二者忠诚。能二者具于一身者为上佳人选，彭蕾就具备这样的条件。

在彭蕾身上，马云打破了他创业之初的规定。而且，他也自我反思，认为那样的说法不妥。在后来的阿里巴巴大发展中，马云招聘了很多学历高深、海外归来的人才。可是，这些人才在阿里巴巴始终没有任何一个人能超越彭蕾，这绝对不仅仅是因为她的能力，最主要的还是她的忠诚。而老马对当初的反思、那句“关键还是态度”的话，就是针对彭蕾的。

在阿里巴巴这艘大船上，下船的不在少数，如曾经位居B2B首席执行官的卫哲。他是从百安居转而加盟阿里巴巴的高层管理人员，为B2B平台的建设立下了汗马功劳。可是，在一场涉及公司价值观的事件中，他由于“中国供应商”中的欺诈行为而引咎辞职。

马云没有手软，卫哲也是敢于担当的男人。在一个企业里，有人为了他人的一个错误行为——这仅仅是因为自己的失察或侥幸的默许——而在事发之后引咎辞职，估计这是首例，反正没有找到其他的先例。

当时这也在业界引起了轰动，没有人不佩服阿里巴巴在价值观方面的坚守。

这一方面当然应该归功于创始人马云，他给阿里巴巴订的规矩，自己也在带头执行。而彭蕾作为具体执行人、守护者，在日常工作中，对企业内部人员进行企业价值观的灌输、督促、教导，也是形成这种氛围的一个重要原因。

2013 年 5 月，马云正式宣布辞去阿里巴巴集团 CEO 一职，当下的管理交给了陆兆禧，未来的打造交给了彭蕾。业界评论，阿里巴巴集团现在是双 CEO，她和陆兆禧在前台打拼，而马云在董事局总揽大局。两个人就是马云的左膀右臂，共同驾驭和领导着这个国际化的大型互联网企业迈向未来。

是的，这也是马云的打算，他的眼睛也始终在盯着彭蕾和陆兆禧。下面就让我们看看阿里巴巴管理团队中的新任 CEO 陆兆禧。

陆兆禧

陆兆禧不属于马云的创业团队，也不属于海归精英，他学的是酒店管理，曾经做过酒店服务生。从“端盘子”一路走来，不可谓不艰辛。可天降大任于斯人，必先劳其筋骨，苦其心志。

马云要辞去阿里巴巴集团的首席执行官的消息早已传开，至于谁是继任者，坊间传闻很多，最终还是马云一封任命邮件揭开了最后的谜底。到底是互联网企业，公司的高管任命也是用电子邮件来完成的，这比红头文件更加时尚，效率也更高。尤其是阿里巴巴、尤其是马云的电子邮件。他是这样说的：“陆兆禧和我共同工作了 13 年，他对新生事物的欣赏和学习能力，对关键问题的判断和决断力以及强大的执行力令人印象深刻，更重要的是，在阿里巴巴集团 13 年的经历造就了他乐观且坚忍不拔的毅力和对小企业、消费者的忠诚和感恩。我深信他会在大家的支持和帮助下，带领阿里巴巴集团在商业生态建设上创造更大的奇迹。”

1988 年仲夏时节，美丽的西子湖畔，马云走出杭州师范学院，他的前方是杭州电子科技学院。凭借自己优异的英语成绩和学生会主席的名头，他被聘为该学院的大学教师。当时，他无论如何也想不到，相距千里之遥的南国羊城有一名少年刚刚走进考场，大学还是他的青春梦。那个少年就是陆兆禧！

很有意思，鬼使神差，这位后来成为国际化大公司总裁的年轻人竟然忘了看化学试卷最后一页。整整一页题他没做，高考的成绩可想而知。可就是这样，他竟然没落榜，只不过第一志愿不成，没有学成建筑，进了酒店管理系。也就是说想当一个城市美容师不成，反而去灯红酒绿的场所为他人服务。

毕业后，他就到一个四星级酒店做了一名服务生。于是，这位“行伍”出身的总裁就有了服务生到大堂经理到客户经理再到餐厅经理的经历。

不能不说，服务业打造了陆兆禧的性格：为人温和，行事勤勉稳重。这一性格的养成，使他极少与人争执，能够综合、包容、接受各方面的人。他有极强的亲和力，有广泛的人缘，在马云离开主管位置的时候，陆兆禧的确是阿里巴巴公司内部所有人都能够接受的一名新总裁。

但这决不影响他对新生事物的接受力、对关键问题的准确判断力、对上级决策的贯彻力。这三点是马云对他的评价，他也当之无愧。

当初他离开酒店，于1997年到一个网络通信公司做了销售经理。基本上算是跳槽改行，完全开始从事一个陌生的产业。他抛开了酒店，只剩下了管理。但这天下，估计管理是通用的。管人、管钱、管物，大概这就是管理学的一致内容。陆兆禧在销售经理的岗位上干得不错，对于电子行业初有接触并入门。

1999 年有人介绍让他去见见马云！

那时的阿里巴巴正是初创，马云手下全是班长和排长，急需一些更高级的管理人才。可陆兆禧的背景并不显赫：一不是名牌大学，更不是海归；二也不是什么网络高手，电子行业也就是刚刚入门。然而，马去与陆兆禧却是一见如故。

两个人互相有了好感，陆兆禧认为，马云这人很不简单，不管是他外星人的形象，还是口若悬河的高谈阔论，以及敏锐的眼光。总之，马云征服了陆兆禧，他感觉在马云的手下能比合伙的网络公司更有前景。而前景是每一个有志青年所追求的目标，何况是陆兆禧？他毅然决然地投奔马云，成了马云麾下的一名营销员。

马云也感觉陆兆禧忠实稳重，值得信任。根据他当时的工作特点，马云让他来负责南方的营销工作。由于工作出色，陆兆禧很快地就被马云提拔为阿里巴巴网络公司的华南区销售主管。

说是华南区销售主管，管的面很大，可实质上是“地广人稀”，他要负责的区域很大，而手下的人员却很少。每当马云来到深圳，陆兆禧就成了汽车司机，他拉着马云到处拜访客户，到很多地方去演讲，宣传电子商务这个神奇的未来之星。

在车上，陆兆禧会跟马云谈公司的销售激励措施以及他自己对公司政策的一些想法。而马云，则会大笔地勾勒公司大局，将他的想法不停止地灌输给陆兆禧。

陆兆禧后来说：“那段时间，我们才真正开始相互了解对方。他说我听，他睡觉我开车。”

在阿里巴巴公司内部，人们称呼陆兆禧常常是直呼“老陆”。一名他的老部下这样评价他：为人随和、低调、没有架子、简单、正直。在普通员工眼里，他是希望之星，不管当前的业务多么困难，听说是老陆带队，大家都会很兴奋。

从外表看，他和马云正好相反，如果说马云是外星人，陆兆禧就是地球人。马云可以天马行空，陆兆禧可能要在地球上踩好每一个步点。马云喜欢接触媒体，不停地演讲，从来不放弃任何一个说话的机会；陆兆禧喜欢低头工作，连续地加班，悄无声息地处理任何棘手的问题。但是有一点可以肯定，老陆从来不会犹豫，他的果断堪称雷厉风行。

华南区的工作，在陆兆禧的精心调理下运转良好，销售成绩日益上升。那个时段，马云最愿意去的就是广州。原因很简单，因为那一地区的销售业绩直线攀升。

2004 年，马云力排众议将陆兆禧调回阿里巴巴总部。这个时候，阿里巴巴正在经历一个艰难的阶段，与易趣激战正酣。硝烟弥漫中，马云有了新的想法。经过一番研究和努力，阿里巴巴在那一年推出了支付宝。这是一个网上支付的第三方平台，对于解决电子商务中的信任问题起到了很好的作用。

陆兆禧由华南区任上进入总部，立刻被马云委任为支付宝总裁、首席执行官。

区区一个地方销售经理，进入总部立即成为阿里巴巴希望所在的支付宝公司的总裁，对于陆兆禧而言，这是一步飞跃。对于马云而言，这是他的信任。对于公司上下而言，则总有一层担忧，毕竟老陆从没涉及电子商务的实际操作，更没接触过金融工作。

但他用最短的时间迅速吃透了这一行，那一段时间里，他的头发白了一半，夜夜咳嗽，不能好好入睡，每天都靠一杯红酒来帮助入眠。他的付出有了回报，3 年的时间里，在内有银联、信用卡，外有 Paypal 的重压下，支付宝生生占据了国内电子商务第三方支付产业过半的市场份额。而且，在零售行业的领域里培养起了人们使用电子支付方式的消费习惯。

2008 年，陆兆禧调任淘宝网总裁。当时的淘宝根本不赚钱，马云也有 3 年不让淘宝赚钱的指示。打造一个充满诚信的淘宝是阿里巴巴价值观的一部分，也是马云的战略思想。因此，陆兆禧一上任就修改了“恶意评价规则”，这引发了一些不诚信的卖家的谩骂和抵制。但当过酒店服务生的老陆不动声色，异常平静，默默地接受了这一切，并坚持下来。后来的实践证明，这个策略是正确的，淘宝网的“消费者保障计划”如今已经成为了整个中国网络购物的行业规范。

在工作中，陆兆禧异常刻苦勤奋，每天都要处理 300 多封邮件。即使马云劝他休息他也不肯，一次，马云在接受《金融时报》采访时说：“陆兆禧将 90% 的时间都花在了淘宝上，我没有理由认为我比他更懂淘宝。”

当然，从个人关系上讲，陆兆禧不见得就是马云最好的哥们，可在业务上他绝对是马云所倚重的不二人选。

马云说过这样的话：“在阿里这个大家族里，阿里巴巴是大哥，是个泥腿子，弟弟妹妹上学都靠它来供。淘宝是妹妹，性格活泼，可以拿着大哥给它的钱买花裙子，已经初中毕业，将来要念复旦大学。老三是支付宝，才上小学，但它最有志气，要在未来扛起养家的重担。大哥不惜一切代价供它上美国的哈佛，因为那里有先进的思想。”

不管是支付宝还是淘宝，在陆兆禧的精心打理下，都获得了长足的进步。这有目共睹，当然，这也打造了陆兆禧在阿里巴巴的地位。

2011年2月，阿里巴巴发生了一件大事：B2B平台爆出了“中国供应商”欺诈丑闻。为此，长期担任B2B首席执行官的卫哲引咎辞职。正如马云所说，B2B是阿里巴巴公司的大哥，这个摊子支撑着整个公司。临危受命，陆兆禧接任B2B总裁，兼任淘宝董事长。

由于丑闻，香港上市的阿里巴巴股票连续下跌，陷入了长期低迷。阿里巴巴内部也由于这一欺诈行为，意识到许多卖家必须封杀，团队也因为另一副总裁的辞职亟须整顿。陆兆禧再一次不负众望，整顿内部，果断封杀有欺诈行为的卖家。并且，在没有引起投资人动荡的前提下，成功率领B2B在香港退市，平稳地引领阿里巴巴软着陆。

2012年9月，在谷歌公开施压封杀阿里的手机操作系统云OS之后，作为阿里的首席数据官，陆兆禧又受命兼任云OS总裁。上任之后，他重新规划，理清了云OS的发展规划，避免了与安卓的冲突。

这样，陆兆禧就具备了在阿里巴巴公司所有重要岗位上任职的经历。

马云在对他的评价中说：“有独特的领导风格和魅力！”

什么是独特的风格呢？陆兆禧身边的员工觉得，马云的能言善辩和陆兆禧的沉默低调完全有一比，是两个极端。不过，员工还评价：他们也有相同之处，那就是他们都不是科班出身，都对写代码和系统架构一窍不通，但都坚信互联网还将进一步改变世界。

陆兆禧最敬佩的人是成吉思汗铁木真，他使用的网名就是“铁木真”。他认为铁木真深沉而大略，用兵如神。

一个“深沉”，一个“大略”，也许，我们可以从中品味出陆兆禧这个人来。

然而，这个“铁木真”直到成为阿里巴巴掌门人的时候，还是未婚，是个绝对的钻石王老五。不过，也许他已经选择阿里巴巴作为他的终身伴侣。

2013 年 5 月 10 日，陆兆禧出任阿里巴巴公司首席执行官。

无疑，这位“务实”的新任总裁任重道远，他面临着四大挑战。

一是适应角色，内部协调。首先要较快地找到 CEO 的感觉，管理团队，与董事会沟通，完成角色转变。

二是筹备上市，这是阿里巴巴集团重中之重的任务。尽管在香港成功退市，可这是一步策略，阿里巴巴上市是必需的。目前的阿里巴巴正处于上市的筹备的关键时期，陆兆禧任上完成这一任务应该属于必然。陆兆禧上任之后，很重要的一个职责就是去和投资者沟通，向投资者推销阿里。当然，也有人认为，资本层面还会是由马云和 CFO 出面，陆兆禧还是主要负责内部的发展、管理、运营。

三是整改 B2B。在阿里的几大业务中，支付宝和天猫发展得比较顺畅。B2B 则属于业务调整期，面临平台增速和模式改变上的问题。陆兆禧上任后，首先面临的将是 B2B 改革。

四是再造“服务的淘宝”。淘宝在平台、数据、渠道、金融等四大优势之外，其实最值得称道的是服务。

另外，在业务战略方面，陆兆禧的首要任务就是让阿里巴巴做好向移动计算领域转型的准备。阿里巴巴要开发“来往”，这是一款即时通信软件，它肩负着和腾讯“微信”竞争的任务。他要开发更好的应用，让消费者和企业通过手机平台来进行交易，这样将会更便捷。

至于陆兆禧的单身生活，主要由于他交际甚少、性格恬淡。他说：“你给我一个有山、有水、有竹子，甚至是海边的房子，只要很悠闲，我就很满足。如果我周末在家，你打电话说要过来找我玩，我往往会说不用陪我。假如你想玩可以一起玩，千万不要以为我一个人待着没意思。我生活很丰富，早上去打球，打完球回来洗澡休息，随后看书和电视，或是坐着发呆。”

他还说：“每个人到了一定年纪，反而对拥不拥有并不很看重了。假如你拥有了钱、名、利之后，没有精神上更升华的东西，你会很痛苦。所以有一句话我很认同，就是‘世界上90%的快乐跟钱没有关系，但是，90%的不快乐跟钱有关系’。如果解决不了这个问题，你越有钱就越不快乐。”

这就是老陆，由服务生到总裁的经历，有务实的风格，有果断坚硬的内涵，还有哲学家的风采。

曾 鸣

如果说在阿里巴巴，彭蕾属于元老，陆兆禧属于中生代，那么，曾鸣则属于新人。但是，在阿里巴巴公司内部谁都知道，无论是对于马云还是对于阿里巴巴公司而言，曾鸣的重要性不言而喻。原因很简单，他和彭蕾、陆兆禧不同，他是一个纯学者型的企业高管，负责阿里巴巴公司发展的战略性规划。他的脑海里会构思一个蓝图，而这蓝图就是阿里巴巴公司的蓝图。

他1991年获得上海复旦大学经济学学士学位，1998年在美国获得伊利诺斯大学国际商务及战略学博士学位。就经济学学术而言，曾鸣无疑有很高深的理论研究。

后来，他任教于欧洲工商管理学院，这是全世界最具影响力的工商管理学院之一。2000年至2002年，曾鸣兼职中欧、北大光华教授。归国后，与他人共同创办长江商学院，并在长江商学院任战略学教授兼EMBA和高层管理培训中心学术主任。可以说，曾鸣对长江商学院的建立与发展均作出了巨大贡献。

曾鸣还是管理学会会员以及国际商务与管理学会的会员。

2003年，经马云邀请，曾鸣任阿里巴巴公司的战略顾问，2006年正式加盟阿里巴巴。

曾鸣教授留学海外，治学著书，在企业开发，战略研究方面很有造诣。他经常在美国、欧洲、亚洲的许多商学院，为企业的高管、经理开办短期培训班；为许多知名企业提供顾问和培训服务，比如中国著名企业“海尔”、“联想”等；在许多高级管理会议上，被邀请发表重要演讲；其关于战略创新、战略转型、战略联盟与并购、电子商务以及国际化战略等方面研究的文章发表在许多国际知名杂志上；被《华尔街日报》《经济学人》等国际媒体所报道，其声望享誉海内外。

他有许多重要的作品和文章，其中关于海尔收购的战略案例，在欧洲管理发展基金会主办的案例评比中，曾于2000年获得声誉卓著的Pedro Nueno奖，并被广泛运用于商学院的教学中；在2003年于《哈佛商业评论》发表的关于中国企业国际竞争力的文章，在全球产生了巨大的影响，是近年来哈佛商业评论被引用最多的文章之一。

2004年，他出版《略胜一筹》，多次被评为最有影响力的原创管理学著作。

曾鸣教授还经常在国内重要财经媒体，如《中国企业家》发表专栏文章，探讨中国企业未来发展面临的战略选择。

国内的一些著名企业家给了曾鸣先生很高的评价。其中联想集团董事局主席柳传志说："曾鸣先生能够将国外先进的管理理论与中国企业的具体实践有机地结合起来。"

万科集团董事长王石说："曾鸣先生通过大量的理论分析和实证研究，帮助中国企业寻找持续发展的最佳路径。"

用友股份董事长王文京说："历史给了中国企业成为世界级公司的机会，对于如何把握这一机会，曾鸣教授以实证的方式，给了有志成就这一目标的企业家战略思考的指引。"

马云就是有志打造世界级公司的人，他需要曾鸣教授的指引。于是，马云在在聘请曾鸣先生为顾问的三年之后，正式邀请他加盟阿里巴巴，并且将他任命为阿里巴巴总参谋部资深副总裁。很快，曾鸣又在接任雅虎中国总裁之后，担任参谋部执行官，成为阿里巴巴公司的总参谋长，参与制订有关阿里巴巴发展的大战略。

而曾鸣自己说："我就是公司的'拼图师'。"一方面，他要理解和分解马云的异常灵动的想法，另一方面，他要让各子公司总裁在实际运作中的感受与马云的想法实现无缝对接，最终将这两张图拼到一起。

在这张图上，淘宝是非常重要的一块，他正试图将其定义为一种新的商业模式。淘宝脱胎于 eBay、亚马逊早期的电子商务理念，又受中国市场的独特性所催化，进而长成了别无分店的“新物种”。淘宝的交易额正以年均100%的增幅快速膨胀着，速度之快以至于这家公司的最高运营者们必须每隔3～6个月进行一次集体的自我诊断，防止迷失，并确认出现的赢利点。

淘宝的生长、诊断、调整，辅以这家公司一贯以来的传播技巧，演化成令外人眼花缭乱的“新闻更新”。此时，借助曾总参谋长的拼图技巧，外界可以更好地理解淘宝的进化及其背后迸发的行业趋势变动，进而把握在此种进化之中决策者与组织之间的互动关系。

“大淘宝战略”正是阿里巴巴公司所推行的战略，而这个定义每3～6个月就会有变化。因为定义是写在纸上的，但每个人做的时候都会有自己的理解，这就是为什么“大淘宝战略”一直在变化。尽管他们第一天就很明确，要把淘宝做成一个开放的平台，但什么叫开放、什么叫协同、什么叫平台，现在大概是每半年弄明白一点，一点点往前移。

对于曾鸣而言，这也是一种考验。他原来是偏向于想明白再做，可现在必须习惯边做边想的方式，而且，对于不确定性也要忍受。

阿里巴巴十周年总结，曾鸣有一个感悟：阿里的战略是总结比较好的东西，然后提炼出来作为战略，而后再通过战略的确定来放大、固化。

这是一个很大的改变，有了这样的认识，战略就不会太纠结。曾鸣说：“大家对大淘宝的理解不一样，没关系，先做，等到理解统一后，就该是成为哈佛商业案例的时候了。”

曾鸣对马云这样评价：“他特别难得的能力就是突发奇想，

跳跃思考，不是总能靠谱，所以我们的合作是比较难得的。我有结构性思考能力，所以我们经常是从一个不太靠谱的想法起步，最后落地成比较靠谱的发展。”

在接受《21世纪》的采访时，曾鸣谈到了很多公司的发展战略问题。

首先是关于大淘宝委员会的，他说：“就是把决策更聚焦，这也是拼图方法之一。大淘宝委员会成立的最重要原因，是（阿里巴巴）B2B的业务和淘宝的业务之间的差别越来越大，很多大淘宝的事情放在集团的层面讨论，效率越来越低了。大淘宝委员会做的是在大淘宝的层面上能有更加聚焦的讨论，这是我们业务复杂化的表现。”

在谈到另一子公司阿里妈妈时，曾鸣说：“2008年的战略会最重要的一个决定就是把阿里妈妈并入淘宝。此前，在一个相对比较成熟的企业里，创新是很难的，所以，阿里妈妈用独立创业的方式来做是很对的，但蛮大的偏差是，当时阿里妈妈画的图太大，我们发现它撑不住这张大图，所以最后并入淘宝。”

他还谈到了未来的无线战略：“阿里巴巴召开了集团战略会，把TOPIO跟无线相关的管理人员召集在一起定了大方向，做了一些重要决定。一是各子公司无线业务的负责人直接向总裁汇报，这是组织保障。二是我们的投资部门负责把市场上的新东西扫一遍，比如当时我们投资了UCweb等公司。”

但是，今年无线互联网的发展非常迅猛，淘宝发现去年的布局还不够，跨子公司的协同也有些困难，而且无线业务也需要一些新的思考，所以就整合了无线部门，成立了大淘宝无线事业部。

谈到平台，他说："换个角度来看平台，其实就是基础设施，大家都需要有相对一致的标准，有比较大的规模效应。"

所谓电子商务无非是把线下交易与交易相关的各个流程搬到网上的过程，这是一个新的生态系统。

谈到盈利模式，他说："我们两次承诺不收费，当时是为了培育市场。到今天我们才看明白，互联网最根本的收费模式，就是基础服务的免费加增值服务的收费。所以，淘宝的基础平台和基础服务会继续免费下去，因为互联网的基础服务就应该是免费的。但因为它增值服务的空间足够大，这部分的利润足够覆盖基础服务的成本。"

"在未来的互联网时代，一些带有公共基础设施性质的平台如何规范、如何管理，我们也不知道。我们目前没有任何既定的想法，什么样的方法都愿意尝试。无论将来是由非营利机构管理，还是政府直接管，甚至是我们一度狂想过的成立一半卖家一半买家组成的淘宝人民代表大会，我们都想过。"

可以看到，作为集团公司的参谋长，曾鸣先生对于阿里巴巴未来的规划是在探索中前进。的确，没有任何先知先觉，可曾鸣先生的理论修养，足以使阿里巴巴这个电子商务大公司在前进的过程中少走弯路。

他在雅虎总裁的位置上曾经有过一篇精彩的演讲，现在摘录如下：

"经过两百多年的技术发展，实际上全球的经济完成了工业化时代的大突破。第二次工业革命之后，形成工业化的商业模式，那个特点就是先生产，后销售。凭借'标准化'、'流水线'、'大规模'三个核心词以及由此带来的低成本，中国制造把这样的大规模生产推向了新的高潮。但是经过两百多年的发展，特别是第三次工业革命以及信息化革命的持续推进，我们认为世界经济正在转向后工业化时代，而后工业化时代最大的特点是按需生产。未来不仅仅是营销，既然叫电子商务，就应该覆盖的不仅仅是营销，也包括生产、设计、物流、销售、服务，它的核心是大规模定制，按需要生产。

“互联网的革命最终想突破的就是后工业化时代最大的瓶颈——个性化营销。任何大的技术革命要真正发挥影响，一般需要二三十年的时间，才能让技术革命真正变成大家生活的一部分，变成整个社会经济的基础，变成商业模式的大变革。从大的宏观角度来看，互联网刚刚完成了第一个阶段，走过了自己十几年的经历。

“互联网革命将进入第二个更加精彩、让人兴奋的阶段。过去十几年，从雅虎到 Google 他们都是在做媒体、做广告，但未来互联网一定会变成电子商务。这样的商业变革要求互联网突破媒体这样的狭窄领域，走向社会生活和经济，这是未来十年互联网最精彩的发展。互联网将全面从媒体转向工具。”

“要完成个性化营销，要想实现这样大的平台转变，就要求互联网的技术、性价比必须有一个质的飞跃，进一步大规模地降低互联网使用成本。虽然经过十几年发展，互联网在中国有了 1.6 亿网民，但实际上互联网使用起来，对于绝大部分人来说还是有相当大的壁垒。最简单的例子，讲到互联网总要有一个网站，但建一个站对大部分人来说还是高不可攀的，是非常复杂的技术冒险。怎样从根本上突破互联网大众使用的壁垒，这就是阿里巴巴集团特别是中国雅虎承担的大突破。”

“雅虎2007年年底逐步推广了一个新的互联网应用平台NCP，中国雅虎想做的就是提供后工业化时代互联网工具平台的集成。这个平台在技术上必须是一个整合了搜索以及各种社区化工具的大的应用平台，我们希望通过集成的、极为简单方便的互联网应用平台的推广，让绝大部分中国人可以不用费脑子、不用IT技术的积累，就能够利用互联网创造新的价值。大家可以随心所欲地建立站点，再也不用担心带宽，担心招聘人员。只有通过这样大的技术平台的突破，才能让更多的中国人把互联网作为生产力的工具好好利用起来，进一步释放互联网技术革命原本承担的大历史使命，突破未来互联网生产力发展的瓶颈，帮助整个社会经济从现在的工业化时代的大规模生产、大规模零售，走向未来的个性化生产、个性化营销。”

“这是雅虎NCP被评为最具潜力的商业模式的原因，我们抓住了未来互联网的大趋势，那就是从媒体向工具平台的转变，以及互联网第二阶段的技术革命必须完成的大规模降低使用门槛，承担了这样的一个重要使命。”

“我就是三个基本观点：第一，互联网的未来一定是电子商务，电子商务必将超越简单的媒体和广告，并全面覆盖所有商务的各个环节；第二，电子商务的本质是帮助全球经济完成从工业化时代的大规模标准化的流水线生产，到以个性化营销为龙头的后工业化时代的模式；第三是利用电子商务的平台，这是最让人兴奋的地方，阿里巴巴和中国雅虎希望利用自己的力量，为中国的互联网、为电子商务搭建一个技术平台，作出自己的贡献。”

在这篇讲话摘录中，我们可以体会到一个大战略官对未来电子商务的设想。说得简单一点，就是按需生产。这是后工业化时代的特征，电子商务的模式将向 C2B 模式转变。也许，曾鸣受命担任阿里巴巴公司的总战略官，他的理想和努力就在于此。

其实，在阿里巴巴的团队中，尤其是管理团队中，还有很多各具特点的人物。最值得一提的就是吴炯，他曾任阿里巴巴首席技术执行官。在美国的硅谷，他就已经大名鼎鼎，因雅虎全球搜索引擎而身价百倍。他受马云感召而加盟阿里巴巴，对于阿里巴巴各种产品的推出功不可没。电子技术方面即使放眼全球，他也是一流。

但要是提“后马云时代”，那么，陆兆禧、彭蕾、曾鸣则是阿里巴巴最重要的三个人。

如果说陆兆禧掌管的是现实的阿里巴巴，那么，彭蕾掌管的是看得见的未来的阿里巴巴，而曾鸣则是暂时还看不见的未来的阿里巴巴。

如果说“布局”，大概这就是马云的布局。

彭蕾有女性的细腻，也有男性的刚强。更主要的她有一个事业者的忠诚，对阿里巴巴忠诚不贰，这是一个非常重要的品性。一个人仅有才能不够，没有品德，那就可能是大奸大恶之人。有才能而无品德，其结果可能比无才无德更具破坏性。作为一个人力资源官，实际工作应该和官场的组织部差不多。面对亲情，她能守口如瓶，这是职业道德，也是一个人力资源官的品性。这品性难能可贵，而有了好的品性，又有好的才能，则更显难能可贵。阿里小金融，是企业之命脉，一个企业没有了钱还有什么？彭蕾执掌阿里小金融总裁，是马云知人善任，也是彭蕾堪当大用。

陆兆禧平实而刚毅，理性而练达。在集团内部，他能综合包容各方面的意见，又能很好地执行集团上层的意图。有在各子公司任职的经历，保证了他对于所有业务的熟悉和掌控。每每什么地方出了问题，将他放到那里，他都会坚守岗位并且保证手到病除。这说明他的应变能力超群，在他外表的波澜不惊之下是骨子里的坚毅与果断。阿里巴巴公司多年来在马云的掌控下，如一部高速运转的机器，突然交于他人，必须有一个缓慢的减速过程，这才能保证这部机器继续保持平稳和高效。陆兆禧确实是个最适合的人选，最理想的阿里巴巴新任总裁。

曾鸣是个学者，而且是一个知名学者。他的经济学理论、企业战略素享盛名。我们必须承认高深的理论对于现实的指导意义，没有理论的任何实践是无法升华的，也无法成为带有指导性的典型。曾鸣进入阿里巴巴，主政雅虎，也是为了打造和改变雅虎，让其为未来的阿里巴巴大战略服务。他对于电子商务的设想，对于阿里巴巴未来大战略的构想，都已经正在实施。不管是C2B也好，还是去中心化、建立生态系统、改革组织架构也好，都是曾鸣的战略构想。有了马云的梦想和激情，再加上曾鸣先生的理论探讨和现实研究，就保证了在“后马云时代”阿里巴巴驾驭时代潮流，走在电子商务领域的前列，创新、开拓、进取、发展，在国际化大公司的道路上继续前进。

9 文　化

使命感与价值观

每个成功的企业都会有自己独特的文化，这是企业的领导人和管理层所刻意打造的，并使其注入企业内心深处，随时指导公司的发展前程。其核心就是它自己的价值观。阿里巴巴公司的价值观是：

客户是衣食父母。

团队合作，共享共担，平凡人做非凡事。

拥抱变化，迎接变化，勇于创新。

诚信，诚实正直，言出必践。

激情，乐观向上，永不言弃。

敬业，专业执着，精益求精。

这六条价值观，也被阿里人和媒体解读为“六脉神剑”，而且，有以下更详细的解释。

客户第一的原则：尊重他人，随时随地维护阿里巴巴形象。微笑面对投诉和受到的委屈，在工作中积极主动地为客户解决问题。在与客户交流的过程中，即使不是自己的责任也不推诿。站在客户的立场思考问题，在坚持原则的基础上，最终达到客户和公司都满意的效果。具有超前服务意识，防患于未然。

团队合作原则：积极融入团队，乐于接受同事的帮助，配合团队完成工作。决策前积极发表建设性意见，充分参与团队讨论；决策后，无论个人是否有异议，必须从言行上完全予以支持。积极主动分享业务知识和经验，主动给予同事必要的帮助，善于利用团队的力量解决问题和困难。善于和不同类型的同事合作，不将个人喜好带入工作中，充分体现对事不对人的要求。

拥抱变化原则：有主人翁意识，积极正面地影响团队，改善团队士气和氛围。拥抱变化，迎接变化，勇于创新。适应公司的日常变化，不抱怨。面对变化，理性对待，充分沟通，诚意配合。对变化产生的困难和挫折，能自我调整，并正面影响和带动同事。在工作中有前瞻意识，建立新方法、新思路。创造变化，并带来绩效突破性的提高。

诚信原则：诚实正直，言行一致，不受利益和压力的影响。通过正确的渠道和流程，准确表达自己的观点，表达批评意见的同时能提出相应建议，直言不讳。不传播未经证实的消息，不背后不负责任地议论事和人，并能正面引导。勇于承认错误，敢于承担责任，客观反映问题，对损害公司利益的不诚信行为严厉制止。能持续一贯地执行以上标准。

激情原则：喜欢自己的工作，认同阿里巴巴企业文化。热爱阿里巴巴，顾全大局，不计较个人得失。以积极乐观的心态面对日常工作，不断自我激励，努力提升业绩。遇到困难和挫折的时候永不放弃，不断寻求突破，并获得成功。不断设定更高的目标，今天的最好表现是明天的最低要求。

敬业的原则：上班时间只做与工作有关的事情，没有因工作失职而造成的重复错误。今天的事不推到明天，遵循必要的工作流程。持续学习，自我完善，做事情充分体现以结果为导向的准则。能根据轻重缓急来正确安排工作优先级，做正确的事。遵循但不拘泥于工作流程，化繁为简，用较小的投入获得较大的工作成果。

而这“六脉神剑”的使命很简短：促进开放、透明、分享、责任的新商业文明。

马云创立阿里巴巴，缔造和发展了一个国际化的电子商务公司。这个公司从西湖畔的花园别墅里起步，现在已经遍布全世界。目前，它的总部在香港，而它的分支机构和办事处已经存在于全球各地。它的雇员也来自世界上许多国家，德国人、秘鲁人、韩国人……他们的生长环境和文化背景各不相同，可他们都要接受阿里巴巴的价值观，这价值观也凝聚着阿里人，使来自不同种族、世界各地的雇员形成带有阿里巴巴显著特点的一个真正的团队。

所有的阿里人进入公司的第一件事就是要接受公司的价值观培训，接受价值观的熏陶，而且在长期的工作实践中，这“六脉神剑”就如人生之圭臬，为阿里人所奉行。

如今，我们在淘宝网站购物，买家的评价始终会被卖家所重视，其原因就是阿里巴巴奉行的诚信原则。也就是说，阿里的六脉神剑，不仅让公司内部员工奉为圭臬，公司的用户也必须遵守。

这种长期运行始终贯彻的价值观教育和在实际工作中的严格奉行，使得阿里巴巴公司上下形成了一种氛围，一种看不见的心理底线，它潜移默化地影响员工，形成自觉的行为准则。

这是一种文化形式，一种带有潜在精神元素的东西。某种意义上它已经上升为灵魂式的存在，它虽然没有物质的表象，但却又无时无刻不存在于你的周围。作为公司的员工常常会为其包裹，也许你眼睛里看不到它，手也触摸不到它，可它就在你的脑海里、在你的心头构成一种指导意义上的规则。

其实，这正是创始人马云想要的效果，他想打造一个存在102年的公司，这就必须有一个企业独有的文化来让他的员工作传承，让这文化来凝聚和打造他的企业员工。而这文化的核心就是企业的价值观，围绕这一价值观形成独特的文化氛围，让它的员工一走进这个企业，立刻就会受到感染、受到熏陶，很快地从里到外认同这一文化的给予，成为享有这一价值观和文化的阿里人。

这是纯精神层面的，而打造这样一个堪称经典的精神财富是马云，也是他的管理团队长期追求的目标。从马云到彭蕾，他们为这一价值观设计了很多的方式、很多的层次，甚至是很多的方法来体现、来表述、来渗透，让阿里人完全接受并在工作实践中去完善、去实施。

他的员工进入工作实践后，各子公司也都有相应的管理措施，这些措施都是这些价值观的衍生品。它们像一棵大树的根茎，伸进员工工作中的每一个环节，潜移默化地指导他们，并反过来支撑起整个阿里巴巴公司的价值平台。

正如有用户所说，阿里巴巴的网站页面是最人性化的、最能让用户体验到方便快捷的页面。从用户使用的角度来看，页面的设计本身就是为了照顾用户的感受，为用户方便而提供最优良的服务。

价值观中的诚信原则是被马云奉为公司基石的准则，因为电子商务都是在虚拟的网络上完成交易，不管是作为卖家还是买家，诚信是他们担心的最重要环节。比如，一个网商推出某种低价产品，而用户因为淘宝心切，完全可能掉入“押金”陷阱。

2011 年引起极大轰动的“中国供应商”欺诈事件，考验了马云和公司的诚信原则。

当时这一事件让马云和阿里巴巴掉入信任危机，为了挽救阿里巴巴，为了拯救和重塑信任，马云采取了一系列措施。

他将处理这事件的一封邮件传到了网上，向社会公开。邮件中说，几个月前，B2B 公司的“中国供应商”部分签约客户被发现有欺诈嫌疑，而更令人震惊的是，有迹象表明直销团队的一些员工默许甚至参与协助这些骗子公司加入阿里巴巴平台，为此，集团迅速成立了专门小组，经过近一个月的调查取证，查实 2009 年和 2010 年分别有 1219 家（占比 1.1%）和 1107 家（占比 0.8%）的“中国供应商”客户涉嫌欺诈。据称，骗子公司加入阿里巴巴平台的唯一原因是利用阿里巴巴集团 12 年来用心血建造的网络平台向国外买家行骗，同时，阿里巴巴集团查实，确有近百名公司直销员工为了追求高业绩高收入，在明知是骗子客户的情况下还与对方签约。

同时，大批涉嫌欺诈的“中国供应商”客户被查封，并被提交司法机关。而在集团内部，马云似乎在等待应该为此事件负责的人的态度。

当时的阿里巴巴 B2B 总裁是卫哲。

卫哲毕业于上海外国语大学，翻译出身，曾经在英国伦敦商学院接受培训。2001 年，刚过而立之年的卫哲就任全欧零售巨头“百安居”中国区总裁。2006 年加盟阿里巴巴，成为首任阿里巴巴公司总裁、集团副总裁。

卫哲与马云相识很早，互相仰慕，他们一个在杭州，一个在上海，经常会在周末相聚。还是马云的一再邀请，卫哲才放弃百安居总裁之位，进入阿里巴巴。马云在员工大会上，隆重地介绍了卫哲，同时，将 B2B 平台交给了他。在卫哲的主导下，公司业务发展迅速。可是，他过于单纯追求业绩，致使“中国供应商”鱼龙混杂，进入一些不良商人。

终于，“基于对客户第一的使命感和阿里人为了组织健康的责任感”，卫哲和常务副总裁首席运营官李旭辉向公司董事会申请辞职。

卫哲为此事件进行了公开道歉，他说：“这四五年里，我刻骨铭心地体会到以客户第一为首要理念的阿里巴巴价值观是公司存在的立命之本！尽管我们是一家上市公司，但我们不能被业绩所绑架，放弃做正确的事！阿里巴巴公司存在的第一天就不在乎业绩多少，业绩是结果，不是目标！我作为阿里人要勇敢地面对并承担自己的责任。”

董事会接受了卫哲和李旭辉的辞呈，同时处理了近百名负有责任的公司销售人员。

有了错误决不推脱，引咎辞职！阿里巴巴人如此强烈的责任感是很多企业望主莫及的。要知道，当时的卫哲在香港上市公司的高管中，其收入已经位列榜首。

当时的首席人力官邓康明，也因为这一事件辞职另用。

对于阿里巴巴而言，这是一场前所未有的风暴，当天在香港的证券市场，阿里巴巴因此而停牌。业界、媒体的舆论铺天而来。

马云事后也向阿里巴巴全体员工发出了一封邮件，他说道：“过去的一个多月，我很痛苦，很纠结，很愤怒。但这是我们成长中的痛苦，是我们发展中必须付出的代价，很痛！但是，我们别无选择！我们不是一家不会犯错误的公司，我们可能经常在未来判断上犯错误，但绝对不能犯原则妥协上的错误。

“如果今天我们没有面对现实，勇于担当和刮骨疗伤的勇气，阿里将不再是阿里，坚持102年的梦想和使命就成了一句空话和笑话！”

“诚信，是阿里巴巴最珍贵的价值观基础，这包括我们员工的诚信以及我们为小企业客户提供一个诚信和安全的网上交易平台。我们希望释放一个强烈信息，就是任何有损我们文化和价值观的行为均不可接受。

“客户第一的价值观意味着我们宁愿没有增长，也决不能做损害客户利益的事，更不用说是公然的欺骗。”

2011年2月21日下午，阿里巴巴召开组织部门全体人员大会，宣布了对这一事件的处理结果。卫哲离开了阿里巴巴！

后来，一个支付宝的员工这样评价这起事件：“马云的每次大型演讲都能让阿里的员工的价值观原地满血复活，维护了阿里的价值观不致衰落。另外，马云很铁腕，所以阿里的价值观很明晰，且贯穿阿里整个发展之路。”

在“中国供应商”欺诈事件的处理结果公布5天后，阿里巴巴执行副总裁、总参谋长曾鸣给新到的员工做培训。他在培训班上放了一段阿里巴巴创立第一天（1999年2月20日）的视频，视频中有马云为创业的“十八罗汉”的演讲。在那里，他讲了阿里巴巴的愿景、使命、价值观。

曾鸣当时说：“我也是第一次看到，一看（价值观）在这12年里好像是一点儿都没有变。”

价值观、价值观！只要你进入阿里巴巴，你发现真的不是马云一个人在振臂高呼价值观。这是从外观形式（在B2B公司的围墙边，矗立着“诚信中国”几个红色大字；在陆兆禧的办公室里，挂着一幅金庸先生的亲笔字：宁可淘不到宝，也不可丢诚信），到考核激励（阿里巴巴的员工考核体系可以分为两类：KPI体系和价值观考评体系。其中的价值观考评，据说比重占一半以上），兵分多路浸染阿里员工，给他们植入这个公司骨髓的东西。

直到今天，不管阿里巴巴如何发展，它的核心价值观和使命感永远不会被丢弃。马云将其视为生命一样的东西，阿里的员工对这生命一样的宝贝也是时刻刻在心里，不敢稍有忘怀。只要进入阿里巴巴，这种生命一样的东西就如灵魂一样附在你的身体中，打造你的精神，重塑你的信仰。

激情与梦想

激情，激扬的情感。让人充满活力，让生活更加灿烂，让明天充满阳光。人不能没有激情。没有激情，树木会枯萎，花儿不会开放，人生将会充满灰暗。

梦想，梦一样的想法。让人生充满追求，让人生更加努力，让人信心百倍永不放弃。人不能没有梦。没有梦将没有明天，没有未来。

马云是最不缺少激情与梦想的人，或者说，他本身就是激情与梦想的化身。因此，如果说马云是阿里巴巴集团的灵魂，那么，这灵魂的激情与梦想就传给了集团的每一个人，化作整个集团的灵魂。

有一个记者参加过“诚信通”的年会，作为一个身临其境的局外人，他的感受也许能够说明阿里人的激情。现在，笔者把它实录如下：

“跟我住在一家酒店的那个阿里巴巴的团队，好像就是销售团队。身上还带着锣鼓，貌似有活动的样子，后来我在阿里巴巴上下打听，明示暗示，终于有人理解了我的意思，让我列席旁观了今天晚上的诚信通年度大会。我也参加过大小公司无数次的年会，不过马云说，十年来我是第一个旁观的外人。马云还说，他的大老板一直想看他都没让看，于是，我的虚荣心得到极大的满足。

“怎么说呢？这是我见过最直接，也最震撼的一次年会。但它只是阿里巴巴集团旗下上市公司的一个部门的年会，他们说，阿里巴巴太大了，全公司一起开会，很难！所以就分头开了。今天是‘诚信通’，明天是‘中国供应商’，后天是‘淘宝’……入场，倒计时，短片，颁奖，非常简短的舞蹈，各部门齐喊自己的口号，全体喊口号，散会拍照留念。我走出杭州体育馆的时候，正好是晚上9点钟，非常准时。

“马云给我发短信说，晕了吧？我说是，而且我还掉眼泪了。

“这是真的，并不是恭维他。我也没想到，走进体育馆的时候，正赶上倒计时，满满几千人齐声呐喊锣鼓喧天，欢呼声山呼海啸，在之后的两个小时的时间里，几乎没有停止过。年会的主题是梦想，所有人把梦想投进箱子里，有人想买房，有人想买车，有人想结束单身，更多的人想业绩做得更好，阿里巴巴能做得更好。第一次差点掉泪，是短片中一个销售人员：他下班回到狭小的出租屋，给自己打了一盆洗脚水，泡了一大碗泡面，吹吹气，埋头淅沥呼噜地吃起来，耳边同时爆发出震耳欲聋的呼声，我的眼睛就湿了。我想，我的哭点越来越低了，震撼的吧？不过，有激情有梦想，并能够为之勤奋努力，这样的人应该是幸福的吧！

“后来 CPO 彭蕾上台说起梦想，说起那一年，在马云家徒四壁只有几张凳子的家里开第一次员工大会。马云跟他们说他的梦想，要做一家中国人自己创造的世界上最伟大的公司。这时候大屏幕上出现坐在台下的马云那张百感交集的脸，我就掉泪了。我被一家我自以为很了解的公司，被一句我看过无数次的话给感动了。于是我想，作为一个记者，对一些公司指手画脚评评点点，已经成为一件太过草率的事情。很多时候，说话很容易，做事很难。自以为了解一件事情很容易，坐井观天即可；要真正了解一件事情，则远非那么简单。有的时候是没有机会，有的时候是一叶障目，自己欺骗了自己。马云说过很多名言，也有很多话曾经被我视为疯话。不过，他今天跟我说，他说过所有的话都是真话。当然，最重要的是，这一句得是真的。”

以上的文字是照本宣科的实录，记录的是一次子公司的年会。但作者并没有正面去写这个年会的过程，仅从自己的感受点滴地展示了这个年会的魅力。文章的结尾作者谈到了彭蕾，谈到了18个人在西湖边上的创业视频。这实际上是在侧面说明，马云的激情和梦想是创业的基石，是奋斗之后今天的现实。

真应该感谢马云的先见之明，在那一文不名却在做着创立一个国际化大公司的梦的时候，他搞了一段录像。这段真实的不朽之作，被注入了最伟大的天才企业家的灵感。这灵感的来源就在于他的梦想，就在于他在那个时候就相信这梦会成真。

正是这个梦想支撑着他，支撑着阿里巴巴。一路风雨他们向前走。没有钱，他们往前走；不赚钱，他们往前走。靠的就是梦想，就是坚信明天会很美好。正如那位记者所说的，吃着泡面，疲惫已经笼罩他的全身，但明天，他们依然会是激情满怀。

当蔡崇信推开西湖花园的房门时，那份激情，那份忘我工作的精神，也许在瞬间就感染了他。几名员工，打着地铺，挣着500元的月薪，已经将阿里巴巴推向世界了。也正是这份激情，让蔡崇信放弃六位数的薪酬投身阿里巴巴。

吴炯，雅虎搜索引擎的发明人，在美国硅谷，他身价百万。

曾鸣，国内外知名的企业战略家，有着高深的理论修养，丰富的学识。本来他顾问的身份可退可进，可他还是选择了进，原因就是阿里人的激情让他觉得这样的人生才有意义。

包括卫哲，他和马云相识之初，曾经认为马云的梦想太遥远。可是，很快他就发现马云的愿景已经越来越清晰，遥远的梦想逐步在成为现实。于是，他抛弃了英国最大的零售企业百安居中国区总裁的职位，加盟阿里巴巴。

坦诚地讲，进入阿里巴巴的人，从知名人士到草根，无不被那股原生态般的企业激情所感染。

马云是创造这份激情的人，他永远保持着富有激情的一切，他的举止，他的言谈，尤其是他的讲演非常有感染力。

有一次，他走进了哈佛，面对满堂学子，他的口才依然，滔滔不绝中一个个充满传奇色彩的创业故事让学子们鸦雀无声。终于，轮到学子们提问题了，其中一个哈佛的学生问道："请问马云先生，你的阿里巴巴成功的秘诀到底是什么？"

这是一个常识性的问题，按照惯例他应该将阿里巴巴一些成功的规则讲出来，可马云毕竟是马云，他反其道而行之。他的回答让哈佛的学子们目瞪口呆，他是这样说的："有三条：第一没有钱，第二不懂技术，第三不做计划。"

马云的回答完全脱离了学生们的想象，甚至与他们预期的背道而驰，这让学子们大惑不解，紧紧地抓住了他们的视觉神经。

马云又说道："如果你们希望听假话，我是可以给大家讲得很虚伪、很虚无缥缈的。但是我相信这儿所有的年轻人和我一样，希望听真话。世界上最难的是讲真话，最容易的也是讲真话。第一，不懂技术，我虽然在搞 IT，但不 I 也不 T，到目前为止，我就会在电脑上收发邮件而已，所以，我就更懂得尊重专家和技术人员的意见。许多技术创业者的通病就是总觉得别人不行，要么指手画脚，要么自己做。结果自己做得很累，也做不好。不过，不懂技术刚好可以当公司产品的测试员，要是新产品出来，我马云不懂得使用，那社会上 80% 的人就不会使用。第二，因为我们没有钱，所以我用每分钱都很小心。第三，至于商业计划，说实在话，在 1999 年，互联网企业的商业计划书越厚，就死得越快。因此，恰恰是这些不足，帮助我马云和阿里巴巴挺过互联网的低潮，迎来新的春天。”

马云对这些道理的阐述令人耳目一新，尽管违背了人们的常识，也违背了课堂上讲授的知识，可效果是惊人的。哈佛学子被这个神奇的东方经理人征服了。演讲结束，人们争相与其合影留念。而且，当场就有30多名应届毕业生报名申请加入阿里巴巴。

所有接触过马云的人几乎都会被他的激情所感染，都会在他的身上发现一股别人没有的劲头。不管你称其为“狂人”也好，还是说“疯子”也罢，总之这意思就是承认马云那不同凡响的激情的存在。

对于他的激情和梦想，有人会觉得不切实际，但更多的有识之士，会认为这才是创业的动力，这才是干大事的源泉。

正是这不同凡响的激情和梦想，让整个阿里人充满活力，朝气蓬勃地为了共同的事业而忘我地工作。正是这不同凡响的激情与梦想，让阿里巴巴获得迅速而惊人的发展，并用他们所从事的电子商务改变着地球人的生活。

梦想与激情会使他们走得更远！

创新与拥抱变化

创业伊始，马云就不希望跟着别人走，在B2B平台已经存在的情况下，他把目标对准了中小企业，打造了一个适合中国、立足江浙的阿里巴巴公司。

在中国，无论是制造业，还是工商业，始终有两条路供创业者选择：一条是模仿，一条是创新。前一条路为大多数人所接受，模仿成为中国人的一大特点，不仅是制造业、工商业，就是我们的文化领域也缺乏创新思维。比如体育这是我们喊了多年职业化的领域，可我们能看到的大多还是模仿，最具特点的、最能说明问题的就是篮球。中国的职业化联赛，简直就是东施效颦，紧跟着美国的职业联赛亦步亦趋，没有一丝一毫的创新。就连比赛中期的全明星赛，也是照搬美职篮。全明星赛程中的什么三分球、扣篮大赛，无不是以美职篮为参照。

创新不仅考验着选择者的能力，也带有很多风险。因此，在我们的国家里鲜有创新者。然而，一个国家，一个民族没有创新将永远不会有超越。

这就是阿里巴巴走向世界并为世界所瞩目的原因。因为它是一个不断创新的企业，它在拥抱变化，超越自我。

在我们这里，大型企业有很多，不论是从利润上看还是从拥有的资产上看都很庞大。凭借这庞大，有很多企业进入了世界500强。可是，在活力上，在生命力上，有哪一家如此庞大的企业能比得了阿里巴巴呢？

不是厚此薄彼，也不是扬张抑李，无非是针对现实说几句话。许多庞大的企业，其立足之本无非是强大的资源优势，但庞大也使它们举步维艰，缺乏竞争的灵活性。利润可以使它们跻身500强，可是如果比拼创新力，那么它们必然折戟。

而创新力是生命之源！

互联网本身就是创新的产品，只有创新，企业才能不断地发展、进步。

这创新不仅是技术层面的，更多的还是精神与理念，要求创办企业的人、管理企业的人具有创新思维，并将这创新思维种植于脑海里。

当初，电子搜索引擎的发明人、阿里巴巴首席技术官吴炯，在谈到他加盟阿里巴巴的原因时说道："我觉得阿里巴巴最吸引我的就是它的全新模式。这种模式是根据中国的经济状态而创新的，当时无论在美国，还是在中国，都是没有这样的模式的。阿里巴巴最吸引人的地方就是没有拷贝国外的模式，而是自己创造一种全新模式，是为中小型企业服务的。"

而这个吴炯在马云心目中，是可以让阿里巴巴由每小时跑 50 公里提速到 100 公里的人，为了这个人，阿里巴巴从创立时起，首席技术官的位置始终空缺，虚位以待。由此可见吴炯之重要，也从侧面说明吴炯在互联网在电子世界的位置。当然，他也经不住阿里巴巴公司创新思维的诱惑。

吴炯曾经对《洛杉矶时报》说，中国国内几乎所有的网站都是拷贝美国现有的模式，只有阿里巴巴的模式是自己独创的。阿里巴巴首次找他的时候，他还当成是一个玩笑，可是不到一年他就成了阿里巴巴虔诚的信徒。于是，吴炯放弃了他在雅虎高达 8 位数的收入，来领衔打造阿里巴巴的电子商务平台。建设全球最大的网上交易平台的目标，对于精通互联网的吴炯来讲，是挡不住的诱惑。其原因，就是阿里巴巴的创新思维符合他的想法，在这里，他能够一展胸中之抱负。

而用户也有切身的体验，他们评价，阿里巴巴推出的产品不会跟在别人后面跑，他们的产品是崭新的。

也许，这与马云那标新立异的思想有关。而创新思维也是写进阿里巴巴的"六脉神剑"中的，被阿里人奉为精神支柱。尽管阿里巴巴创立之初，世界上有许多电子商务网站都取得了成功，比如 eBay，当时已经在全球范围内取得了很大的成功，几乎垄断美国和欧洲的市场。它的 B2B 平台有现成的经验可寻，但马云没有认同，他走了一条服务于中小企业之路。

在企业的发展过程中，创新思维永远主导着阿里巴巴的脚步。不管是淘宝的推出、支付宝的研发，还是近几年的阿里小金融、余额宝，每一件产品似乎都在领导着电子商务领域，指引着电子商务走向一个新的台阶。

现在，阿里人仍然是如此，永远不满足已经取得的成绩。他们已经在研发 C2B 了，这是一种颠覆，在 B2C 的基础上的颠覆。

人民网上有一篇报道，标题是“阿里巴巴：商业模式创新引领者”，其中有一段是这样写的：13 年来，阿里巴巴持续创新商业模式，在潜移默化影响国人消费习惯的同时，也改变了生产、批发、零售等整个产业链，大大提升了商业的协同效应。

点击团购网站，选择实惠的餐饮、住宿等生活类服务，许多人都尝试过。登陆淘宝或京东商城，货比三家后选择比实体店价格优惠的生活用品，也早已不是什么新鲜事。但是，上网定制自己喜欢的彩电，让大牌设计师给自己量身定做一件衣服，而且还不用多花钱，恐怕很多人想都没想过。

记者在报道中举了一个实例，事情发生在 2012 年 5 月 9 日。当天 10 点，在淘宝网聚划算平台上，由国内大牌设计师精心准备的 6 件女装设计稿和 3DT 台秀正式上线，直接面对消费者的检验。消费者的下单量将直接决定该设计是否投入生产。这其中，包括吴海燕、吴吉、邓立夫这样的国内顶尖服装设计师。

一个网友很快出手，一个礼拜后，她与全国各地的其他买家一样，不但收到了新鲜出炉的设计成品，而且还附有设计师签名证书和限量证明。

另一次尝试是定制彩电。2012 年 9 月，聚划算联合海尔发起“双节买家电，定制最划算”的活动。8 天时间里，就有 100 多万消费者针对电视尺寸、边框、清晰度、能耗、色彩、接口六大定制点投票，由海尔根据投票结果安排生产，最终成交 32 寸定制彩电 8322 台。

2013 年 1 月 5 日，阿里巴巴集团聚划算事业群宣布，启动 C2B（消费者驱动）战略，针对家电、家居、旅游、电信等市场，推出大规模消费者定制平台——聚定制，争取 2013 年定制商品成交 50 亿元。

而这里值得一提的是，这个聚划算群就是阿里巴巴创新的一个“产品”：改子公司为群。这种企业的架构调整，目的就是更好地与消费者对接。

报道中还说，C2C、C2B，只是阿里巴巴商业模式创新的一个缩影。阿里巴巴董事局主席马云曾明确提出：在新的属于互联网时代的商业文明中，大规模标准化的制造将遭到摒弃，制造者将以消费者的意志为标准进行定制化的生产；而阿里巴巴的使命就是不断创新商业模式，最终打造这样一个以消费者为开端和核心，由消费者、渠道商、制造商、电子商务服务提供商（CBBS）构成的生态系统。

报道中继续提到目前风靡消费者的“双 11”和“双 12”购物狂欢节：2012 年，“双 11”购物节，淘宝和天猫一天完成 191 亿元交易额，一举超越美国网络星期一，成为全球最大的网上购物节。然而，随后举办的“双 12”购物节，淘宝和天猫却改变了玩法。没有组织大规模的全场五折优惠活动，而是玩起了“小而美”。

对此，阿里巴巴总参谋长曾鸣说：“小而美”简单地说，就是电子商务服务提供商退到后面，把运营权完全交给卖家，做什么活动，折扣多少，完全通过卖家和买家之间的互动来决定。

曾鸣还说道，电子商务生态系统的核心是开放、协同和分享，这要求阿里巴巴在运营模式上摒弃传统，更多依靠卖家的创造力，自己的精力则聚焦在生态系统、规则、平台、数据与信息共享等基础设施上。只有这样，才能真正实现物种多样性，平台上的创新协同才会越来越多，有创造性的小企业才会更容易冒出来，阿里巴巴内部也才更容易涌现创新的想法。

他还举了两个例证。其一是淘宝数据。为了满足淘宝客户对于数据分析、挖掘、解读及相关资讯信息的商业需求，2010 年 3 月，被阿里巴巴集团视为核心战略资源的淘宝数据正式向全球开放。曾鸣对此解释道，人类社会正在从工业文明走向信息文明，未来将呈现“开放、透明、分享、责任”的新商业文明，数据会比以往任何时代都更加重要，淘宝向全球开放数据就是要真正地去运用数据，让数据为消费者、为小企业服务。

其二是社会化大物流体系。2011 年，“双 11”购物节带来的快递爆仓，许多人至今记忆犹新。然而，受益于大淘宝平台推出的物流数据共享系统，2012 年，“双 11”购物节海量的包裹却在一周左右的时间里投递完毕。淘宝打通了淘宝卖家、主要快递公司间的信息共享。这样，哪条线路拥堵，系统就会提醒卖家晚一点发货，或者选择其他的绕行线路。在这里曾鸣说道，在打造基于互联网的全社会物流信息共享平台之后，下一步阿里巴巴将打造一个供应链实施协同平台。只有当电子商务从网络零售发展到供应链实时协同，价值链的每一个环节才不是线上线下的一个个孤岛，其价值才能在互联网上真正实现。

人民网上的这篇报道，较详细地叙述了当前阿里巴巴公司推出的创新产品和意图。其实，这都是阿里人创新思维的延续和发展。

在这里，似乎一天没有创新，人们就无法前行。它的固有模式经常被突破，它的常规经营经常会起变化，于是，阿里巴巴就在这一个一个的否定和超越中不断前进，不断成长。

创新使阿里巴巴永远精力充沛，永远活力四射。

后来，又有报道称马云亲自到了郑州。他要将新创立的菜鸟公司总部放在四通八达的中原省会，让阿里巴巴开始插手快递行业。他要创立能在24小时内将阿里巴巴网上的商品送到用户手中的快递。

没有止歇，没有固步自封，永远用创新思维推动创新脚步，这就是阿里人信念的由来，也是阿里巴巴这个国际化大公司的文化内涵之一。

文化是什么？其实，很简单，文化就是魂。民族文化就是民族魂，公司文化就是公司的魂。人可以去，魂还在，这就是文化的魅力。它可以传承，可以潜移默化地影响你的行为和举止；它还可以无处不在，成为感召你的精神动力。

任何一个成功的企业都有其独特的文化。文化的支撑，文化的感召，文化的传承，会让一个公司具有鲜明的特点，使它能够走得更远。

阿里巴巴公司显然是一个有着鲜明特点的公司，在“中国供应商”欺诈事件中，它能够壮士断腕；在企业发展中，它会吸引那么多的有识之士；在企业发展中，它会具有那么鲜明的活力：原因很简单，它有支撑自己的独有文化。

阿里巴巴的文化不仅有特点，它还很有厚度，很有张力。它在教育着阿里人，也同时感染着这个时代。中国为有阿里巴巴这样的互联网公司而骄傲，世界也因为有阿里巴巴而精彩。

10 管理

野狗与小白兔

阿里巴巴有它独特的文化，有它良好的价值观，并在不间断地培训员工的过程中，将这些理念灌输到员工的脑海里。在这些已经建立的培训机制中，只要是进入阿里巴巴的员工，就必须接受关于企业文化和核心价值观的教育，牢固树立起这一理念。

这是马云和他的管理层为集团公司刻意打造的一种文化氛围，并且希望通过新旧员工的交流，让这样的价值观传承下去，成为阿里人的座右铭。

那么，经过这样的教育和培训，树立这样的价值观，打造这样的文化体系，是不是就可以毕其功于一役了呢？塑造一个有梦想、有激情，又刻有阿里核心价值观的阿里人，阿里巴巴集团就会一劳永逸地向前发展了吗？马云的回答是否定的。他为什么将阿里巴巴的运作称为“东方智慧，西方治理”？他认为东西方的管理理念各有不同。其原因，就是东方偏于人治，树立典型，坚持道德教育，以此来带动团队；而西方的管理，更多的是用制度来约束和治理。这种管理不是单纯依靠一个人的“觉悟”，它认为个人的道德层面是靠不住的。所有的教育和培训，最后还得落实到制度层面。用制度约束和考核一个人，才能保证一个企业凝聚起一个团队，沿着正确的方向前行。

在阿里巴巴公司内部，新入职的员工要经过严格的培训。然后，进入工作实践，每个季度要进行考核权重中。阿里巴巴的考核，业绩是一方面，遵守价值观、做一个合格的阿里人也占有50%的比例。

马云有这样的一个说法：“在阿里巴巴公司的平时考核中，有些员工业绩很好，但价值观特别差，也就是每年销售可以卖得特别高，但是他根本不讲究团队精神，不讲究质量服务，这些人我们叫‘野狗’，杀！我们毫不手软，杀掉他。因为，这些人对团队造成的伤害是非常大的。当然，对那些价值观很好，人特别热情、特别善良、特别友好，但就是业绩永远好不起来，也就是我们称之为‘小白兔’的人，我们也要杀，毕竟我们是公司，不是救济中心。不过，‘小白兔’在离开公司三个月后，还是有机会再进阿里巴巴，只要他能把业绩搞上去；而‘野狗’就没有这个机会了。”

从马云的这一说法中我们可以看到，阿里巴巴的管理制度是很严格的，对于那些将企业价值观忘在脑后的人绝不姑息。对于业绩太差的，虽然是网开一面，但也是要处理掉的。阿里巴巴公司内部将这两类人称为“野狗”与“小白兔”，很形象逼真地刻画了这两类人。

在阿里巴巴公司内部还有一类人，这类人被称之为“猎犬”。什么人是“猎犬”呢？很简单，那就是价值观遵守得好，业绩也很突出，按照我们通常的说法就是德才兼备，既有团队精神，又有销售能力的员工，这就是“猎犬”。通常这种员会受到管理层的青睐，经过更高深一层的培训，很可能进入管理层。

在公司的业务制度方面，有很多硬性规定。比如，不能作假，不能作弊，不能欺骗客户，不能夸大服务，不能给客户回扣，不能为客户垫款，等等。

这些规定成为制度，在职工的考核中是要反复验证的。有一个老职工说道：新来的员工业绩不好，没关系，可以在将来的工作中去争取；可如果违背我们的价值观去欺骗客户，好，你就一句话不要讲了，你死定了。

马云把这作为刚性的制度，如高压线一样，谁也不能碰。他说：“第一，阿里巴巴永远不给客户回扣，谁给回扣一经查出立即开除。否则会让客户对阿里巴巴失去信任。中小企业老板的钱赚得并不容易，你再培养下边的员工拿回扣，你不是在害他吗？第二，不许说竞争对手坏话。”

这里不是说说而已，制度既然为制度，那就不是针对某一个人的，它是刚性的，对谁都一样。这也是马云说的西方治理的一个要素，即法律是独立的，不受任何人干扰。在法律面前任何人都是一样的，只要是犯法，不看你是张三还是李四，不管你是明星还是专家。那意思就是说，不管你在某一方面有何专长，甚至是离开你就有些事不能办，但是，只要你触犯了法律，就只能按照法律办事。

马云在阿里巴巴集团公司的内部引进了这一条，制度是铁的，不能因为某一个人而有任何更改和变动。

2004 年，阿里巴巴的高管在抽查业务员的通话录音时，无意间听到了一名员工跟客户承诺回扣的事情。这让主管的人员大为吃惊，在阿里巴巴出现了这样的事？随即公司马上进行了调查，经过一番认真的调查，结果发现，这名员工原来是淘宝网的一名业绩一直很突出的业务员。据说，这名员工还是上一个季度的“销售冠军”，他在平时一直很遵守公司的规定，这个季度马上就要“冲线”，为了保住“冠军”，才急功近利地出此下策。可即使是这样，马云还是在调查清楚后，毫不留情地把这名员工辞退了。

还有人所共知的“中国供应商”欺诈事件，事涉卫哲。作为马云千方百计挖过来的人才——按照马云创业时的说法，属于师长、旅长级的人物——卫哲在阿里巴巴的位置堪称显赫：集团副总裁、B2B 总裁。在香港的上市公司高管中，他的收入雄踞第一。由此也可见马云对他的倚重，也可见他对于阿里巴巴的重要性。

面对这个事件，他引咎辞职！马云事后说很痛！

但是，对一个公司而言，制度就如同国家的法律。那是规则，人们必须遵守的规则。白纸黑字写下的是高压线，谁也无权触摸。不管你是人才难得，还是有什么突出贡献，法就是法，它是刚性的，与其他的什么都没有关系。只与一样东西有关系，那就是你的所作所为，你的行为触犯到哪一条，就用哪一条来处理。绝对不能因为这个或那个的原因，而使法律成为“变形金刚”。企业也是如此，制度如令，违犯了律令，谁也没权赦免。

马云亦然！尽管他很痛，但卫哲必须辞职！

辞职和辞退一字之差，保留了面子，但实质没有什么不同。这不是“挥泪斩马谡”也不是什么“铁腕”，这是东方智慧与西方治理的有机结合。

这是法治与人治之别！

在中国，大多数企业具有封闭和自我循环的特征，而马云则树立了另外一个公司标杆：阿里巴巴完全主动公开“成长的痛楚”，坚决彻底地“刮骨疗伤”。其对价值观和诚信的追求，其魅力和勇气震撼了业界。

在马云看来，公开、透明、诚信是阿里巴巴价值观的体现，勇气和担当是每一个阿里人的基因。阿里人有勇气面对成长的纠结，也敢于将自我修复的过程公之于众。他希望这次事件也能为中国其他公司提供一些借鉴，使它们可以参考在遇到类似事件时，应该如何应对。

在阿里巴巴内部，存在这样的广泛共识：价值观不是贴在墙上的，它体现在成长的每一个环节中。有问题就处理问题，没有什么需要掩饰的。主动发现、主动处理、主动公开、不犹豫、不回避，这才是应有的姿态。

马云说：“这个世界需要的是一家来自于社会、服务于社会、对未来社会敢于承担责任的公司。这个世界需要的是一种文化，一种信念。因为只有这些才能让我们在艰苦的创业中走得更远，走得更好，走得更舒坦。”

阿里巴巴的行为表明，作为一家以创造新商业文明为己任的公司，诚信是其对社会和企业负责的原则底线。没有任何集体或个人可以漠视这个基本的价值观，不管他们处于什么样的层级。

从阿里巴巴的普通员工到高级管理人员，都必须遵守阿里巴巴公司的制度。这制度是铁、是钢，是不容挑战的。当马云引进西方的管理模式来管理东方的企业时，这其中实际上却也蕴含着东方的智慧。

人性化

如果认为在阿里巴巴这个公司里只有制度，只有冷漠，只有铁的纪律，那就错了！阿里巴巴是一个非常具有人情味的公司，这和铁的制度并行不悖。

也许，人性化这个词对我们来说有点陌生。什么叫人性化呢？人性化是指让技术和人的关系协调，让技术的发展围绕人的需求来展开。

人的生理层面有三个自然属性：一，总是要求拥有快乐而不是痛苦；二，总是要求得到尊重而不是贬抑；三，总是希望有长久的目标而不是虚度一生。

那么，什么叫人性化的管理呢？一个很简单的定义就是：按照人的基本属性进行管理。

马云有这样一句话："做企业赚钱，赚很多的钱，许多人都这么想，但这不是阿里巴巴的目的。让员工快乐工作，让用户得到满意服务，让社会感觉到我们存在的价值，这才是阿里巴巴的社会责任所在。至于赚钱和社会回报，那是水到渠成的事。"

快乐工作，是马云和阿里巴巴团队一直在努力营造的企业工作氛围。

马云和阿里巴巴管理层一直主张企业文化要做到“润物细无声”，不要挂在墙上，而要印在员工心里。不依靠任何大张旗鼓的宣传，而是于细节处施加点点滴滴的影响，浸润每一个员工。比如，关心员工的生活起居，策划阿里员工的集体婚礼，举办趣味运动会、单身舞会，建立员工俱乐部，创办内部邮件杂志《感动阿里》，内刊《阿里人》等等。高管公开信箱，内网畅所欲言，网站有群体博客，令员工有任何不解和疑惑都有倾诉的地方，可以找到正确的答案。

在企业内部，马云经常会笑容可掬地走到某位员工身旁，拍着他的肩膀倾听其工作中的难题。这种领导方式不仅不会让下属感觉很唐突，还能及时了解其工作的状态。在整个互联网行业中，阿里巴巴的工资只能排在中等，但隐性的福利比较多。除了五险一金外，公司还主动给员工买意外伤害保险，并给员工子女报销医疗费用，午饭和晚饭免费提供，每年还根据职位发放几千元的福利费。

在工作环境上，公司的布置还体现出彰显个性和快乐的主旨。金属化的整体结构配以散发着大自然气息的岩石，墙面不做太多的人工处理，办公室也不堆放太多的东西，整个环境让人感觉轻松活泼。

前人力资源官邓康明这样说：“这是一个有趣、有生机的公司，面试时，马云给我递过来的名片上面写着‘风清扬’，而我们所聊的话题居然是金庸、武侠，马云一边聊，一边把玩着一把剑。我当时就想，这家公司和我以前待过的公司都不一样，这很有意思。”

于是邓康明放弃了比阿里巴巴高20%的薪水，加盟了阿里巴巴。

2005年10月19日，央视中国年度雇主调查活动揭晓，十家“快乐工作”指数最高的企业被选为最佳雇主，其中阿里巴巴居首。

“最佳雇主”概念体现了一个企业整体人力资源管理的水平，最佳雇主企业往往是择业者的最佳选择。

对于阿里巴巴当选最佳雇主，评委们认为，结合“快乐工作”的三个维度——成长感、成就感和归属感，根据企业员工数量和质量、员工培训的分量、企业目标与员工奋斗目标结合程度、收入分配在社会同行业中的状态、企业成长的速度和社会影响力的强弱、人力资源部门所运用的一些工作方法等多角度考核，阿里巴巴不管是在互联网行业还是在国内众多公司中都出类拔萃。

得奖之后，马云微笑着说道：“在阿里巴巴，员工可以穿旱冰鞋上班，也可以随时来我办公室，总之，一定要让员工爽。”

现代管理学之父德鲁克说，领导的本质就是“用人成事”的艺术。领导这个概念存在的意义，主要是为了弥补人的个体能力存在的局限性。很多事情必须依靠大家的力量才能成功，而领导的存在正满足了这样的需求。所以，“领导”是一个相对于众人的概念，对人的了解、使用是领导存在的基础价值。领导力说到底就是对众人的影响力，其中存在着目标、资源、控制、组织等一系列要素。但无论如何，其最关键的还是对人的理解和把握。

其中，对人的理解包括很多层面，以对人的尊重最为重要。

在马云的观念里，如果说员工表现不好，老板应该先反省自己，这就是尊重员工的意志的体现。他认为，只有尊重员工才能了解其需求，也只有解决员工的需求问题才能使员工尽最大的努力为公司制造价值。显然，尊重是一种激发员工最大工作动力的手段。

马云说道：“有几个问题，在每个老板招聘的时候都要明断。如果你对客户、产品没有梦想，觉得自己的产品就是一个简单的产品，那么就无须寄希望于员工的梦想，员工的梦想很现实，就是要生存。”

“如果员工拖沓还要求加工资，那么就需要反思一下是否问题不是出在员工身上，而是在老板身上。老板没有珍惜员工，员工自然不会珍惜产品。我们必须明白，你的价值和产品是你的员工制造出来的，而不是你一个人的功劳。所以，你要让员工感受到作为人的尊严。

“事实上，老板要反思自己是否倾听过员工的想法。如果员工基本的生活保障都无法得到满足，这份工作并没有为他带来荣耀、成就感和很好的收入，员工是不可能为你骄傲的。所以，我觉得问题在老板身上。只有你真正尊重员工，员工才会真心服务好客户。

“关于是否要涨工资的问题，答案是一定要涨的。让他们相信公司是对社会有贡献的，对客户也有贡献，而自己对公司是有贡献的——这样的员工容易管理。”

马云希望老板能够为员工创造一个无后顾之忧的工作条件，然后把员工的工作热情激发出来，从而为工作作出更大的贡献。

还有阿里巴巴的人文关怀，例如，阿里巴巴每年都会向每位女员工发一份糖果和红头绳，表示对她们的祝福。还会特殊照顾怀孕的女员工，给她们每人一条粉色的围裙，以便大家能照顾孕妇。此外，阿里巴巴还会在每位女员工结婚的时候赠送一套婚纱。从这一系列的动作中足以看到阿里巴巴对员工的人性化关怀，尤其是对女性员工的特殊关照，从而增强了员工们的向心力和凝聚力。

在雅巴合并中，为了消除两个公司团队之间的隔阂，为了弥补两个团队之间的文化差异，马云可谓煞费苦心。他动用了一辆专列，将雅虎中国的员工从北京拉到杭州。让所有的阿里巴巴员工夹道欢迎，递上可口的午餐，举办欢迎舞会。马云甚至穿上少数民族的服装，打扮成一个维吾尔族姑娘，跳起欢乐的新疆舞。

这不能简单地归纳为作秀，这是人性化的关怀。贴近你心窝子去办事，这是阿里巴巴公司的一大特点。

在这个公司里，各种各样的奖励是层出不穷的，最高的奖项是一辆汽车。只要你完成任务指标，奖励是马云从来不吝啬的。

了解人的自然属性，根据人性的基本特点管理企业。这和用规章制度管理企业是相辅相成的。前者为艺术，后者为铁律。

马云集东西方智慧于一身，糅合东西方管理艺术，打造了一个现代的国际化的阿里巴巴。这样的评价一点儿也不为过。

在这里，员工们充满活力，他们带着一腔的激情和梦想努力工作，管理层竭尽所能为他们解决一切困难。而且，给每一个有能力又尊重公司价值观的员工以未来、以更美好的前途。很多年轻的阿里人，一步一步走向管理层，既补充了阿里巴巴的新鲜血液，又增添了阿里巴巴的朝气，使这个团队永远充满阳光。

独立自主

时至今日，当初的“雅巴合并”日益显出它的不合时宜，雅虎中国对于阿里巴巴而言日显尾大不掉之势，特别是雅虎全球每况愈下，雅虎中国的效益也越来越差。甚至卫哲都愤愤不平地说，雅虎这个爷爷，早晚得死去。

想一想，在阿里巴巴集团副总裁的眼中雅虎中国都成了“爷爷”，这是什么意思？

事实上雅虎中国在阿里巴巴的眼睛里已经失去了意义。特别让马云和他的团队困惑的是，雅虎全球一度占有阿里巴巴40%的股份。按照股份比例，雅虎全球在阿里巴巴应该是占有主导地位的。而目前的阿里巴巴董事局，杨致远仅占1席，另外3席是孙正义、马云和蔡崇信。从董事局的架构来看，马云的阿里巴巴团队仍然有绝对的话语权。但是，这种局面由于杨致远所占的股份，早晚需要改变。

这是马云绝对不允许的。“中国黄页”的教训太深刻了，马云想实现自己的理想，他想按照自己的意愿来打造一个102年的国际化大企业，这是他的人生梦想。在实现他梦想的路上，他绝对不想受到任何人的掣肘。这会让他不爽，让他难过，让他无所适从。

这个时候，还有一件事深深地刺痛了马云。那就是“中国供应商”欺诈事件，这一事件，不仅让阿里巴巴B2B总裁卫哲辞职，而且也使阿里巴巴在香港的股票一蹶不振。

于是，马云以私有化为理由，由陆兆禧亲自操刀，开始让阿里巴巴股票在香港退市。另一方面，他亲自出面与雅虎全球展开回购股权谈判。

事情上溯至2005年，雅虎全球总裁杨致远用雅虎中国和10亿美金换取了阿里巴巴40%的股份，以此完成了阿里巴巴历史上有名的“雅巴合并”。从形式上看，杨致远的雅虎中国交给了马云。马云对于雅虎中国不仅有控制权，也有经营权，从这方面看，似乎是阿里巴巴吞并了雅虎中国。然而，杨致远从此掌握了阿里巴巴大量股权。两个人看起来似乎旗鼓相当，各有所取。可是，在后面的日子里，雅虎全球发展受挫，业务日益萎缩；雅虎中国的日子也不怎么好过。而阿里巴巴却如日中天，风风火火，不但有了更多的子公司，而且于香港上市。仅杨致远掌握的阿里巴巴股票就已经远远不止10亿美金，他已经是大赚特赚。

这时，由于中国央行的规定和政策，马云转移了香港阿里巴巴总公司旗下的支付宝的股权，将这家非常有希望的公司划归浙江阿里巴巴，从而分离于集团，成为与杨致远无关的企业。

那一次，由于媒体的参与，江湖也是沸沸扬扬，闹得不可开交。马云立即启动了赔偿谈判，在支付宝分离已成事实的情况下，日本的软银和美国的雅虎分别得到了价值不菲的赔偿金。那场江湖恩怨算告一段落，马云与杨致远、孙正义再一次握手言和。

这一次，马云是志在必得。恰巧，杨致远辞去了他在雅虎全球的一切职务，这给马云的计划扫清了最后一道障碍。经过艰苦的谈判，至2012年9月18日，阿里巴巴集团宣布：对雅虎76亿美元的回购计划全部完成。

阿里巴巴集团还宣布，以63亿美金现金及价值8亿美元的阿里巴巴集团优先股，回购雅虎手中持有阿里巴巴集团股份的50%。同时，阿里巴巴集团将一次性支付雅虎技术和知识产权许可费5.5亿美元现金。在未来公司上市时，阿里巴巴集团有权优先购买雅虎剩余持有股份的50%。

交易完成后的阿里巴巴集团董事会，软银和雅虎的投票权之和将降至50%以下。同时作为交易的一部分，雅虎将放弃委任第二名董事会成员的权力，同时也放弃了一系列对阿里巴巴集团战略和经营决策相关的否决权。

“股份回购计划的完成，让公司的股份结构更加健康，也意味阿里巴巴集团进入了一个新的发展阶段。”阿里巴巴集团董事局主席、首席执行官马云说，“过去七年，非常感谢雅虎对我们的支持，我们也非常高兴能为包括雅虎在内的阿里巴巴集团股东创造丰厚的回报。我期待与雅虎在未来有更多的合作。”

当然，马云和他的团队为了这一天的到来付出了巨大的代价。76亿美金，马云采取的办法无非是将股权进一步稀释，向国内银行和其他金融机构借贷。但是，这一切在马云眼里是值得的。金钱是挣不完的，而独立自主、保持对阿里巴巴的绝对控制是最重要的。辛辛苦苦打造的企业，按照马云的说法，那是一份社会责任，是不能用金钱来衡量的。

在完成对雅虎的股权回购之后，按照预定计划，马云又策动了阿里巴巴在香港的退市。这是以私有化为名的主动退市，这是又一次对常识的颠覆，是马云的又一次反其道而行。在很多国内公司想方设法想挤进金融市场，甚至是借壳上市之机，马云率领他的阿里巴巴主动申请退市了。

2012年2月9日，阿里巴巴B2B在港交所宣布停牌。11天后，阿里巴巴宣布因私有化而退市，以每股 13.5 港元回购股民手中的股票，为此花费了 190 亿港元。在以后的 4 个月里，阿里巴巴顺利完成了这一举措，成功地在香港退市，完成了一次软着陆。

谁都明白，上市机会是一席难求，可马云仍然是毫不吝惜地举起手术刀，割断阿里巴巴与金融市场的联系。这需要勇气，也需要智慧。

当然，也有媒体这样评价：此次退市的是阿里巴巴网络，也就是阿里巴巴的 B2B 业务，这实际上也与阿里巴巴发展的瓶颈有关。在目前情况下，如果再不对原有的 B2B 模式进行大刀阔斧的转型和改革，则很难在电子商务领域有进一步的发展。

阿里巴巴的这一次退市，就是为了对 B2B 业务重新整合。

所有的媒体还一致认为，阿里巴巴这是以退为进，他们早晚是要整体上市。马云也有准备在时机成熟后，再一次整体上市的表示。媒体还评价道，阿里巴巴网络公司退市之举，在某些方面其实是对融资、上市抱有很高期望的互联网企业提了个醒，也让中国电商行业打了一剂强心针，让那些仿制老旧运作模式的电商企业重新思考企业未来的发展。毕竟，一个健康的企业需在企业发展过程中掌握绝对主动权。

虽然媒体众说纷纭，江湖上也是各种流言，但是马云和他的阿里巴巴还是坦然进行了股权回购，毅然决然地告别港交所。然后在集团内部完成他的架构改革，将 B2B 业务重新整合。这一切都是在马云和他的管理团队自主选择、独立运行的。

很多金融界人士也说，阿里巴巴谋求私有化是在正确的时间，往正确方向迈出的重要一步。如果私有化成功，阿里巴巴公司正在力推的转型升级工作，将会更为稳健，有利于公司的长远发展。此举使阿里巴巴集团能够以长远利益为重作出策略决定，而不会受上市公司所涉及的市场期待、盈利可见度和股份波动的压力影响。

为了这次退市，阿里巴巴花费巨大。马云这样说：“我们上市的时候只融了17亿美元，但私有化要花出去20多亿美元。看起来是个赔本的生意，有人建议我们可以用低一点的价格把股票买回来。但这不是阿里巴巴的风格。”

其实，阿里巴巴的风格就是马云的风格，也包含他的性格。他没有愧对任何投资者，无论是对于巨无霸式的孙正义和杨致远，还是香港的中小投资者。他勇于承担责任，用发行价回购了自己的股票，仅这一举动足以让很多大型的上市公司汗颜，当然它们也可以不以为然。

马云这次向阿里巴巴员工发出电子邮件，他这样对自己的员工解释：“随着国际国内环境的进一步严峻，特别是中小企业在面临原材料、汇率、劳动力成本等巨大压力下，B2B业务模式面临着巨大挑战，需要加快转型和升级。局部的小调整已经没有办法对B2B进行根本性的完善。正是出于以上的思考，出于对B2B股东负责的精神，我们下决心把B2B私有化，对业务进行全面调整、改革和升级，以期更好地服务于我们的客户。”

虽然这次和任何一次马云特立独行的做法一样，再一次在业界、在舆论界引起了轩然大波。可众说纷纭中，马云还是用一个冠冕堂皇的理由，完成了他的一次重大战略调整。阿里巴巴平稳退市，波澜不惊地全身而退。

谁都知道，战争中失利之时，如何防止撤退演变为溃逃也是一门学问。马云从容布局，在安全撤退的同时，将阿里巴巴这个自己一手创立的公司掌控在自己手中。这是他智慧的体现，也是他最应该做的。

不久，也许他会有更惊人的举措，让世人瞠目。

关明生

谈到阿里巴巴企业的管理，有一个人必须提到，那就是关明生。

关明生，1969 年毕业于英国剑桥郡工业学院，后获得伦敦商学院的工程学和科学硕士学位。在国际企业管理领域有 25 年经验，在美国通用电气公司工作达 15 年。担任过财富 500 强企业中国区总裁。2001 年加入阿里巴巴，任首席运营官，2004 年任首席人力官。

2000 年互联网企业进入了自己的严冬，所有的泡沫开始破裂。阿里巴巴也不例外，网站不赚钱，新的项目还需要大量的投资，日子非常难过。外界的质疑，内部的疑惑，谣言四起。有人在新浪论坛上说，如果阿里巴巴能够成功，无异于把一艘万吨轮放到珠穆朗玛峰上。内部有人说，阿里巴巴的模式是假大空，上《福布斯》封面是黑金交易！

这个时候，有个“猎头”向马云介绍了关明生。

时间是 2000 年 10 月，地点是北京的一家餐馆，人物有马云和关明生，还有阿里巴巴的两名高管。他们谈了 4 个小时，堪称“相谈甚欢”。桌子上摆的是 80 元的饭菜，几个人根本没动筷子。他们谈阿里巴巴的目标、使命、价值观，谈得酣畅淋漓。于是马云当即决定：让关明生来当阿里巴巴公司的首席运营官，代理马云，正式管理企业。

2001年1月6日，关明生从香港飞往杭州。8日，他正式走进阿里巴巴。13日，马云、金建杭、彭蕾，几个跟随马云的早期创始人齐聚关明生的办公室。

关明生在玻璃白板上写下了“目标、使命、价值观”，然后，他手一指说：“这个，很重要，很重要！”他又直接问马云：“我们讲了这么久的目标、使命、价值观，有没有写下来？”

马云当即沉默，因为他们没有写下来。5分钟后，马云才回答道：“你讲得很对，我们没有写下来，从来没有把我们的目标、使命、价值观写下来，就是都在脑袋里，没有写下来。”

这是马云和他的创业团队第一次认真对待他们提出很久的目标、使命、价值观。

创业之初到那时的23个月里，维系阿里巴巴的仅仅是马云拍脑袋想出来的3个愿景，一群平均年龄不超过25岁的年轻人，迅速被聚拢起来，投入到一场轰轰烈烈的互联网创业大潮中。实际上，很多人是盲目追随者，这种盲从性，被充满激情的表象所掩盖。

而马云所醉心的也不过是一种“振臂一呼，揭竿而起”的所谓英雄气概。即便后来，“十八罗汉”之间的合作出现了问题——很正常的误解和矛盾，解决的方式也不过是马云把大家召集起来，一切都“摊在桌面上”，然后是整整一晚的宣泄、哭泣、辩解，再到和解。

一起创业多年，为什么会有那么多误解和矛盾？这种误解和矛盾，为什么没能让位于当时对阿里巴巴来说更为迫切的生计和发展问题呢？没人去细想。实际上，这种误解和矛盾是很可怕的问题。“一年合伙，两年红火，三年散伙”，这似乎是中国民营企业走不出去的一个怪圈。而在国外，也有研究证明，约有50%的创业团队，无法在头5年顺利合作乃至存活下去。原因很简单，一起创业时，大家满怀创业激情，为了一个看起来很美好的目标可以忽略一切，但如果没有一个真实的目标、使命与价值观作为“润滑剂”，这种激情、这种目标感将很快消逝。

在关明生之前，阿里巴巴集团有过蔡崇信，他曾经努力建造起一种规范的企业文化和价值观。比如，他为阿里巴巴走向国际化大公司的目标所制作的合同，规范了很多的合股事宜，解决了很多问题。但由于较强的风险投资背景，他更多是从投资人角度出发，注重权益、注重风险。然而，更为可惜的是，即便是他为之努力的这些，因为他后来去了香港，阿里巴巴也没能很好地坚持下去。

认真思索了关明生的问题，马云作出了一段极具风趣的回答：“关，你不知道，在阿里巴巴跟这么多聪明、有热情、充满创新精神的人一起工作，就好像是两百个人在踢足球。足球场上足球飞到那边去了，整批人都冲过去。结果还没到地方，球又把踢到另一个地方了，大家再一起冲过去，结果来回两个小时，足球都没摸到，出了一身臭汗。”

马云的确有才，他这段话，说出了阿里巴巴当时的真实现状。

于是，关明生回答：“所以我说不行，我们必须在我们的价值观上面找出一些东西来支持这个。很自然地就会有系统的理念出来。”

于是，“客户第一，员工第二，股东第三”作为阿里巴巴的理念被确立下来，多年不改。意识到了就去坚持，这不能不说是马云最大的优点之一。几年后，马云在谈及蔡崇信、关明生等人的加盟时，还是表示：“我不是让这帮人跟着我走，而是我跟着他们走。我每年向他们报告下一年度目标，这些报告里面的内容很多来自他们的提议。”

一个阿里巴巴的员工也这样评价道：“在原 COO 关明生在任期间，这个从美国通用公司出来的可敬老人极力推崇价值观，公司里的每个人不仅要对九大价值观（考核方式）倒背如流，而且也要在工作当中身体力行，并作为年终考核的重要部分，哪怕你工作业绩再好，但无法认同公司的价值观，那对不起，请立马走人！那时的阿里巴巴，人和人之间的关系非常融洽，公司上下充盈着一种团结祥和、奋发向上的气氛，并深深地影响着后来的新人。”

在彭蕾的眼里，这一年，阿里人有了清晰的目标感：大家都清楚地知道，我必须要在这个月当中完成什么，在今年实现什么目标。

金建杭说：“之前，我们从没提过价值观的事，但从 2001 年开始，马云开始重视使命、愿景、价值观了。”

而戴珊的记忆中，公司是从 2001 年开始入职培训的。

为了明确客户第一的原则，他们想用一句话来概括。想了好久，终于还是金建杭提出：让天下没有难做的生意。这成为阿里巴巴的经典！

然而，企业管理不是提出一个价值观就万事大吉了，更多的事还是要落实到人员管理上。为了企业的新战略，阿里巴巴必须收缩海外机构，把中心设在杭州。许多高薪的外籍员工必须裁掉，这是非常难做的一件事。

大年三十，关明生、蔡崇信飞往美国硅谷。在阿里巴巴看来，这是一场硬仗，关明生临走前，他的太太甚至让他穿件防弹衣。在硅谷，阿里巴巴有30名优秀的工程师，可现在，为了阿里巴巴的新战略，他们必须减员。关明生果断，甚至可以说无情地处理了这件棘手的事情。第二天，他们又飞到香港，将香港办事处的规模缩减为8个人。又关闭了韩国办事处，裁掉十余人。国内，昆明办事处关闭，上海缩减，北京迁址、租进简单的写字楼。

这一来，阿里巴巴的运行成本明显降低，每月的开支缩减一半。在关明生入职的一年之后，马云的阿里巴巴进入了正常运行的轨道。

事后回忆起来，正是关明生的这些举动及时撑住了局面，让阿里巴巴渡过了互联网之严冬。在许多网站相继倒闭之后，阿里巴巴迎来了它重大的发展时期。

关明生带领阿里巴巴实现了业务从起步到具有一定规模的增长，但其更突出的贡献在于帮助阿里巴巴这家初创企业引入了大型企业架构，梳理了阿里巴巴的理念。

关明生2011年离职阿里巴巴后，有一次接受采访时说道：“我现在很享受我的工作，一方面是阿里巴巴阿里学院的首席教授，有机会给中小企业讲课，我很喜欢跟中小企业分享我的经验，另外也有一个梦想，觉得中小企业是中国的弱势群体之一，面临很大的压力。我将来就走这个方向，给中小企业提供咨询、管理经验上的分享。”

一个老人离职远去，安享天年。但也许他并不远，他的许多经验仍然是阿里的瑰宝。

一个人的成功绝非偶然，那是很多积极因素促成的必然结果。

能带领一个团队，掌控一家公司，在波谲云诡的商战中脱颖而出者，绝非平庸之辈。许多事情说起来很容易，做起来很难。当一件事情突如其来，让你无法安枕之时，当如何决断？这需要你的毅力、机智、水平、勇气和才能。自吹如何才华横溢都算不得数能够过关斩将，在百万军中取上将首级，你才是汉家良将；否则，你只是一个言过其辞、终无大用的马谡。

建立你的价值观，打造你企业的灵魂，这一切顺理成章。可当实践中有人违背了这一价值观，而且，这个人对于公司、对于你来讲都无比重要，你怎么办？有多少人能过了人情关，有多少人可以壮士断腕？现实生活中这样的例子不少。发生重大事故之后，有几个人能够引咎辞职？又有几个人可以认真断案、一丝不苟地处理问题？这不仅是胆识，也是才略。

许多伟人，恰恰是从平凡的事情做起，让人在平凡中感受他的不同凡响。能够处理棘手的事件，还要能够带领你的团队，给他们以希望和阳光。在快乐的前提下，以充满人性化的管理方式，调动所有人的积极性。如果是一艘航船，那不仅需要船长，也需要大副、二副和水手们共同的努力才能穿过风雨，驶向前方。

船长能给全船的人以信心、以快乐，充满激情和梦想地与风浪搏斗，这需要的是高超的领导艺术，也需要其本身所具有的人文情怀。

也许，这就是人格之魅力。坦荡、厚道、与人为善，特别是对待自己的员工。将激情与梦想交给他们，同时也将未来交给他们。钱不是目的，目的是一个国际化的大公司，目的是所有人共同开创一个伟大的事业。于是，这事业吸引来四方的优秀人才。从蔡崇信到吴炯、关明生，包括引咎辞职的卫哲，哪一个在商海里、在互联网业界中不是大名鼎鼎？哪一个不是身价百万？可是，他们放弃了高额的薪酬，加盟阿里巴巴。这其中很大一部分原因是马云的个人魅力，可以说，他们基本上都是为马云所感染，为阿里巴巴的事业所吸引。到这里来，是做事来的，是想和马云一起将阿里巴巴这艘新型的互联网大船开向未来。

马云正是用这普通人所具备的人文情怀来管理阿里巴巴，将人性化的理念深入管理之中。因此，阿里巴巴永远是一个充满快乐的地方，人们可以吃着泡面，喝着白开水，心甘情愿地日夜奔波，精力充沛地创造效益。他们是一个团队，更是一个快乐而富有活力的公司。

在激烈的商战中，前进固然重要，可能够审时度势，安全撤退则是更重要的素质。商场如战场，在战场上的不利局面下能够将你的部队安全撤退出战区，很少以至没有人员伤亡，你就是上将之才。

当初的东北战场，杜聿明在硝烟弥漫中，于营口撤出辽沈战役的一个整编国民党军，蒋介石大加赞赏。其原因就在于那是很难做到的一件事。

回购雅虎股份，退出香港市场，这是非常艰难的两步棋。马云运筹帷幄，在陆兆禧、蔡崇信等副手的有力帮助下如愿以偿。终于使阿里巴巴在新的一次大飞跃前，重新凝聚了力量，改造出了合理的组织架构，健全了自身的生态系统，在电子商务大有可为之机，让阿里巴巴更健康。

这就如一艘航船，经过调整人员，达到整船人的同心合力，再对有关部件进行整合、修补、换新，那么，这艘航船将会以更强劲的动力、更富有战斗力的组合冲向未来。

11

离开的 CEO

企业 CEO 制度是与现代企业制度相适应的，在现代市场经济体制下，现代企业制度的法人治理结构一般由股东大会、董事会、高层经理人员所组成的执行机构 3 个部分组成。其中，公司执行机构由高层执行官员组成。这些高层执行官员即高层经理人员受聘于董事会，在董事会授权范围内，拥有对公司事务的管理权和代理权，负责处理公司的日常经营事务。该执行机构的负责人就称为 CEO，也就是首席执行官。担任企业 CEO 的，可以是董事长或副董事长，也可以是总经理。

由此可见，CEO 这个英文单词是与现代企业制度相伴相生的。当马云将他的目光放在 102 年的国际化大企业时，这个英文单词出现在阿里巴巴是理所当然。实际上，CEO 和总裁还是有区别的。CEO 是高层执行官员中的一个，当然是最主要的一个。他比总裁的权力要小一些，更多的是集思广益，拿出最后的决策，而不是拍脑袋出方案，说了就算，大权独揽的管理者。从这个名称来讲，它的共同商讨的意思要多一些，随意性要差一些。也许，这也正符合马云的本意。

的确，在阿里巴巴内部，马云虽然是一言九鼎，但他从来不会一意孤行。在管理方面，他依靠关明生；在财务方面，他依靠蔡崇信，后来是武卫；技术方面依靠吴炯；人力资源先是彭蕾，后是戴珊；各子公司都有各自的首席执行官，他们分工负责，各司其职。这样，阿里巴巴就像一艘装备精良、各部门有效协同的大船平稳前行，马云大部分时间是拿个望远镜，踱到驾驶舱里去察看一下航向。

这是他喜欢的工作，既有人操心，又不脱离他的大方向。他可以到世界各地去演讲，去淋漓尽致地发挥他的口才，去展示他“长相与智商成反比”的男人风采；用他永不会消逝的激情，用他永远超越的梦想，激励阿里人，感染地球人。

他是灵魂，也是阿里巴巴的精神领袖。

举重若轻就是他的风格，事实上，公司也用不着他事必躬亲。阿里巴巴集中着非常优秀的管理团队，不管是学识还是经验，在国内的大公司里都绝对是一流。他们非止是“师长、旅长”之才，实际上都足以担当“方面军司令”的大任。

随着时间的推移，随着阿里巴巴的成功，马云越来越清楚地发现了这一点。于是，他再一次颠覆了国人的传统，再一次跳出普通人的思维，再一次出人意料地作出了一个决定。

马云决定 2013 年 5 月 10 日起，他将不再担任阿里巴巴集团公司 CEO。

49 岁，企业负责人的当打之年，他却要离开这个岗位。放弃权力的同时，他选择了更大的责任：专注于战略大局以及企业发展和社会责任！

他还认为，如果创始人不能离开公司，这家公司是不健康的。没人能够绑架一家公司，一家公司应该由一代代年轻人、优秀的人去经营。

这就是循环，就如长江大河一样长流不息。只有长流不息，才会源远流长；只有长流不息，才会生生不息。公司才会健康，事业才会发展。一个人要取得突破，挑战极限，就只有不断地超越自我。一个公司亦然，有长江浪潮一样的人才涌出，一代超越一代，事业才会蓬勃发展。

从 B2B 到 C2B，这就是一种电子商务形式上的突破，也是通过互联网生产与销售领域理念上的一种飞跃。

世界上没有一成不变的事情，更没有能够让一个人永远管理的公司。变化是永恒的，停止是没有出路的。当然，这变化应该是良性的，是可持续的。

马云交出的阿里巴巴肯定是良性的。

他对阿里巴巴集团进行了大幅度的调整，并且进行了雅虎股权回购和香港退市的两项重大战略行动。这使阿里巴巴的布局更加健康，更具有竞争力。在实施陆兆禧、彭蕾双 CEO 制后，有识之士认为，马云或许会把能带动阿里巴巴发展的数据平台纳入囊中，亲自主管这项业务。这将是有关电子商务拓展市场、走向未来的一项重大举措。

除了作为董事局主席继续掌控大局之外，他还将目光投向了未来。这是战略，是阿里巴巴的战略，也是马云个人的胆略。

这胆略源于他的认识和信任，这认识是对于公司的认识，对于公司团队的认识，对于公司业务发展的认识。这认识是清醒的、是冷静的、是正确的。基于这认识，他也相信公司在他离开首席执行官这个位置后，仍然能够取得发展，甚至是大规模的发展。

鲁迅笔下的九斤老太，曾经摇着大烟袋，无限感慨地说：真是一代不如一代。

其实，很多地方、很多单位、很多项目的确如此。那么，为什么会产生这样的现象呢？原因都在于领导者。一是领导者贪恋权位，不想将手中的权力交去，年轻人永远无法施展才能。这种压抑让他们灰心丧气，无法取得突破。当由于某种意外的原因，权力突然到了他们的手中，他们竟然无所适从，所有的一切表现，比起前任都逊色太多。另一种原因，是领导者不放心，总希望后来者按照自己的想法去做。久而久之，年轻人产生了依赖心理，他们习惯于跟随长者去工作，创新能力和超越能力受到束缚，他们无法突破前者之极限，因此也无法创造更好的业绩。

因此，无论如何，领导者要果断放权。只有领导者信任自己的团队，信任年轻人，相信未来，才有一代超越一代的盛况，才有生生不息的长江大河，才有公司102年乃至更长远的发展。

许多人并不看好马云的这一举措，其原因并不是他们有什么远见卓识，而是因为他们因循守旧的脑袋里承受不了新鲜的东西，看不到马云这种反其道而行之的做法究竟是为了什么。因此坊间有很多议论，甚至在许多媒体上出现了“马云辞职内幕”、“马云辞职真相”等标题，很耸人听闻、很吸引公众眼球。这里并不否认媒体的新闻报道策略，但未免是“以小人之心度君子之腹”。其实，哪儿有那么多的真相与内幕？马云辞职的真正原因，就是他的高瞻远瞩，就是一个企业家的胆略。他让出首席执行官的位置，就是因为阿里巴巴这个企业已经很健康了。

马云是个干事的人，不是一个贪恋权位、爱财如命的人。

2013 年淘宝 10 周年庆典，马云在阿里人的注目下，面对世界各国的朋友，面对媒体发表了他的“退休感言”：“今天是一个非常特别的日子，但是对我来讲，我期待这一天很多年了，最近一直在想，在这个会上跟所有的同事、朋友、网商，所有的合作伙伴，我应该说些什么？

“但也很奇怪，就像姑娘盼着结婚，新娘子到了结婚这一天，除了会傻笑，真不知道该干什么了。我们是非常幸运的人，我其实在想 10 年前的今天是 SARS 在中国最危险的时候，所有人都没有信心，大家不看好未来。阿里人，十几个年轻人，我们相信 10 年以后的中国会更好，10 年以后电子商务会在中国受更多人的关注，很多人会用。但我真没想到，10 年以后我们变成了今天这个样子。

“这 10 年无数的人为此付出巨大的代价，为了理想，为了坚持，走了 10 年，我一直在想，即使把今天阿里巴巴集团 99% 的东西拿掉，我们还是值得，今生无悔。更何况我们今天有了那么多朋友，那么多相信的人，那么多坚持的人。

“其实自己在想是什么东西让我们有了今天，是什么让马云有了今天？我是没有理由成功的，阿里也没有理由成功，淘宝更没有理由成功。但我们今天居然走了这么多年，依旧对未来充满理想，其实我在想，是一种信任。

“在所有人不相信这个世界，所有人不相信未来，所有人不相信别人的时候，我们选择了相信，我们选择了信任，我们选择了10年以后的中国会更好，我们选择相信我的同事会做得比我更好，我相信中国的年轻人会做得比我们更好。

“20年前也好，10年以前也好，我从没想过，我连自己都不一定相信自己，我特别感谢我的同事信任了我，当CEO很难，但是当CEO的员工更难。在中国，所有人都认为这是一个缺乏信任的时代，但居然，你会从一个你都没听见过的名字叫‘闻香识女人’这里，付钱给她，买一个你从来没见过的东西，经过上千上百公里，通过一个你不认识的人到你手上。

“今天的中国拥有信任，拥有相信，每天2400万笔淘宝的交易，意味着在中国有2400万个信任在流转着。在座所有的阿里人，淘宝、小微金服的人，我特别为大家骄傲，今生跟大家做同事，下辈子我们还是同事。因为是你们，让这个时代看到了希望，在座你们就像中国所有的“80”后，“90”后那样，你们在建立着新的信任，这种信任就让世界更开放、更透明、更懂得分享、更承担责任，我为你们感到骄傲。

“今天的世界是一个变化的世界，30年以前我们谁都没想到今天会这样，谁都没想到中国会成为制造业大国，谁都没想到电脑会深入人心，谁都没想到互联网在中国会发展得那么好，谁都没想到淘宝会起来，谁都没想到netscape会倒下，谁都没想到雅虎会有今天。

“这是个变化的世界，我们谁都没想到我们今天可以聚在这里，继续畅想未来，我跟大家都认为电脑够快，互联网还要快。我们很多人还没搞清楚什么是PC互联网，移动互联来了；我们还没搞清楚移动互联的时候，大数据时代又来了。

“10 年以前我们看到无数个伟大的公司，我们也曾经迷茫过：我们还有机会吗？但是 10 年坚持、执着，我们走到了今天。假如不是一个变化的时代，在座所有的年轻人，轮不到你们，工业时代是论资排辈，永远需要一个 rich father，但今天我们没有。我们拥有的，就是坚持和理想！

“很多人讨厌变化，但是正因为我们把握住了所有的变化，我们才看到未来，未来 30 年，这个世界、这个中国将会有更多的变化，这种变化对每一个人是一个机会，抓住这次机会！我们很多人埋怨昨天、30 年以前的问题。中国发展到今天，谁都没有经验；世界发展到今天，谁都没有经验。我们没有办法改变昨天，但是 30 年以后的今天是我们今天这帮人决定的。改变自己，从点滴做起，坚持十年，这是每个人的梦想。

“我感谢这个变化的时代，我感谢无数人的抱怨，因为在别人抱怨的时候，才是你的机会。只有变化的时代，才是每一个人看清自己有什么、要什么、该放弃什么的时候。

“参与阿里巴巴的建设 14 年，我荣幸我是一个商人。今天人类已经进入了商业社会，但是很遗憾，这个世界商人没有得到他们应该得到的尊重。商人在这个时代已经不是唯利是图的代名词，我想我们跟任何一个职业，任何一个艺术家、教育家一样、政治家一样，我们在尽自己最大的努力，去完善这个社会。

“14 年的从商，让我懂得了人生，让我懂得了什么是艰苦，什么是坚持，什么是责任，什么是别人成功了，才是自己的成功。我们最期待的是员工的微笑。

“从今天晚上 12 点以后，我将不是 CEO；从明天开始，商业就是我的票友。我为自己从商 14 年深感骄傲，看到你们，看到中国的年轻人，我不希望有一天我们这些人再来一个“致我们失去的中年”。这世界谁也没有把握说你能红五年，也没有谁敢说你会不败，你会不老，你会不糊涂。解决你不败、不老、不糊涂的唯一办法，就是相信年轻人，因为相信他们，就是相信未来。

“所以，我将不会再回到阿里巴巴做 CEO，要回我也不回来，因为我回来也没有用，你们会做得更好！做公司到这个规模，满足了我小小的自尊，我很骄傲，但是对社会的贡献，我们这个公司才刚刚开始，所有的阿里人我们都很兴奋、很勤奋、很努力，但我们很平凡。认真生活、快乐工作，我们今天得到的远远超过了我们的付出，这个社会在这个世纪希望这家公司走远走久，那就是去解决社会的问题，今天社会上有那么多问题，这些问题就是在座的机会，如果没有问题，就不需要在座。

“阿里人坚持为小企业服务，因为小企业是中国梦想最多的地方，14 年前我们提出了‘让天下没有难做的生意’，帮助小企业成长，今天这个使命落到了你们身上。我还想再为小企业讲，有人说电子商务、互联网制造了不公平，但是我的理解，互联网正制造了真正的公平。请问全国各省、各市、各地区有哪个地方为小企业、初创企业提供税收优惠？互联网给了小企业这个机会。有些企业三五年内发展了五六个亿的用户，他们呼唤跟小企业共同追求平等。小企业需要的就是 500 块钱的税收优惠，请所有阿里人支持他们，他们一定会成为中国将来最大的纳税者。

“感谢各位，我将会从事一些自己感兴趣的事：教育、环保。刚才那首歌《Heal The World》，这世界很多事我们做不了，这世界奥巴马就一个，但是太多的人把自己当奥巴马看。这世界每个人做好自己那一份工作、做好自己感兴趣的那份工作已经很了不起，我们一起努力，除了工作以外，完善中国的环境，让水清澈、让天空湛蓝、让粮食安全，拜托大家。

“我特别荣幸介绍阿里未来的团队，他们和我一起工作了很多年，他们比我更了解自己。陆兆禧工作了13年，在阿里巴巴内部经历了很多岗位，经历了很多磨难，应该讲13年，眼泪和欢笑是一样的多。接马云这个位置是非常难的，我能走到今天是大家的信任，因为信任，所以简单。

“我相信，我也恳请所有的人像支持我一样，支持新的团队、支持陆兆禧、像信任我一样信任新团队、信任陆兆禧。谢谢大家，明天开始，我将有我自己新的生活。我是幸运的，在我48岁，我就可以离开我的工作，在座每个人你们也可以。48岁之前，工作是我的生活；明天开始，生活将是我的工作。欢迎陆兆禧！”

这篇感言值得一读，非常值得一读。就让它作为这部书的结尾！仁者见仁，智者见智，请您用自己的思维去评价，去理解“马云”吧！

按一般规律，CEO主动辞职，大抵有主客观两方面原因：从客观看，一是竞争压力越来越大，勉力为之太吃力；二是班子闹不团结，钩心斗角，别别扭扭，干得很不痛快。从主观看，一是太累太辛苦，身体已不如前，再干下去吃不消；二是钱挣得差不多了，即使再干，无非存款后面添几个0而已，莫如及早卸下担子，好好享受生活。

马云也如此吗？从客观看，应该不是。其一，阿里集团面临的竞争压力虽然一向很大，而且越来越大，但在十余年激烈拼搏中，这位马 CEO 常能凭借智慧和胆识，夺关斩将，化险为夷，企业不但未跌跟头，反而越做越大。其二，阿里集团领导团队虽然曾有流动更替，行进中也并非完全步调一致，但从总体看是和谐的，对马云这位创始人，其核心地位大家也是公认的，从未有过动摇。

主观原因呢？其一，马云身体怎么样？这位 CEO 虽然瘦瘦小小，但是，正值壮年的他精力还是蛮充沛的。其二，钱挣得差不多了？确实，作为中国互联网最赚钱公司之一的 CEO，身家过百亿是毫无疑问的。钱对于他即使再多，充其量也只是存款后面增加若干个 0 而已。如此说来，人们只能得出结论，马云已经挣得差不多了。

果真如此吗？马云在接受采访时曾谈及此事。“说真心话，我觉得自己对互联网来说有点老了。我见过很多苍老的领导者，七八十岁了还在开大会，我问过自己，要不要成为这样的人？我和朋友开玩笑说，如果有一天我和员工说话时垂头瞌睡，他们肯定不好意思说我；但我还死守着位置对大家都不好。你爱自己的孩子，就要让他独立起来。爱自己的公司，就让比你更懂这家公司的人去驾驭。”

因为太“老”，所以退休。这是马云的真心话吗？我相信是的。48 岁，对于一般职业，尤其是从政当官和在国企做老总而言，或许正当年。但是，对于日新月异、变化多端而且竞争异常激烈的互联网来说，年近知天命之年尚在一线带领大家打拼，确乎是有点“老”了。不妨看看美国，近些年屡创奇迹频出颠覆之举者，不都是二三十岁的年轻人吗？五十来岁的人要与这帮小伙子比，无论体力精力还是创新思维，恐怕真是有些相形见绌了。

如此明智的人，因为不多，而愈加难能可贵。马云坦露心迹说：“今天我对这家公司还是正能量，但我总在变老，我不想明天变成负能量。”此话真值得我们某些一大把年纪还恋栈不肯退下的官员、老总们深思！当然，马云辞去阿里 CEO 一职，并非完全彻底退休，他还担任阿里巴巴董事局主席，还得为阿里集团的发展战略和总体走向负责。而且，他还牵头组建“菜鸟网络”，力图打造遍布全国的开放式、社会化物流基础设施。我们且祝福这位开明豁达的阿里创始人愉快地翻开他人生的新篇章吧。

后　记

马云是成功者，他成功得让人目炫，他成功得让人仰慕，他成功得让人惊叹！一个没有强大背景、没有高深学历的普通草根，竟然借助互联网成就了他的惊天伟业。在我们中国，这样的例子实在是绝无仅有。

如同他的公司名字一样，阿里巴巴真是一个神话。就如阿里一声“芝麻开门”，阿里巴巴在香港上市。身价百亿的马云，怎么能不让世人顶礼膜拜？尤其在我们中国，尤其在拜金主义盛行的当下！真金白银，多少人在梦寐以求？巨大的财富，世人哪一个不明白它代表了什么，它意味着什么？

尊严，地位，名气，天上的飞机，地上的汽车，岛上的别墅，都市的洋房，这一切都能随着财富而到来。

于是，他成了传奇！一个新时代关于财富的传奇！由于这个传奇与财富紧紧相连，就更加吸引世人之眼球。记者、作家、媒体、出版人，包括央视的镜头都给了这个小个子男人。他的名字就是畅销的代名词，他的名字就是轰动的源泉。

是的，在众多媒体的关注中，他走向神坛！

于是，马云急忙声明：他就是一个普通人，一抓一大把的普通人！

有人在造神，有人在去神，这就是大千世界！然而，造神有造神的目的，去神有去神的品格。

本书罗列的是马云从少年到创业，从创业到退隐幕后的故事，这故事由事实组成。至于他是“神”还是“人”，交给读者判断，仁者见仁，智者见智。当然，作者也有自己的看法，也不妨将这看法放在这里。读者大人或拍砖，或送花，敬凭尊意！

马云的确是一个普通人，从头到脚、从皮肤到内脏他都很普通。应该坦诚地说，他和其他的普通人没有什么两样。喜怒哀乐，衣食住行，都是一样的。但有一样不同，那就是他的“魂”不同。

什么意思？前文说过，文化就是魂！但这里说的魂绝对不是单指文化，而是指他的灵性、悟性、感性、韧性、敏锐性，或者说是认识力、分析力、综合力、组织力，总之是所有的精神层面的东西。

有这样一个段子。说他在电子科技学院任教，成立了“中国黄页”。然而，在辞职还是不辞职方面他还在犹豫不决。毕竟，电子科技学院教师的职位是可遇不可求的。那还是个铁饭碗，得捧住！半个腿插进商海，也许，这是一个可进可退之计。

可有一天，他遇到了自己的教务组主任。主任骑着一个自行车刚刚从菜市场归来，他看到马云立即跳下自行车，扶了一下车把上挂着的刚买的菜，热情地对马云说：你不能辞职，你得想想未来；年轻人前途远大，不能为了“钱”害了自己的前途。

一番热情的说教之后，主任重新骑上自行车扬手再见。

可就是这一幕让马云当即下定决心，毅然辞职下海。那个主任万万没有想到，一番至理之言，竟然是适得其反。原因何在呢？后来，马云说，他看到主任，骑着个自行车，车把上挂着两把菜。如果说，这就是前途，就是未来，那他还有什么犹豫的呢？

因为，马云也许还得熬个十年八年，才能坐上“主任”的位置。那么，这个前途不要也罢。

话再说回来，个人遇到这样的事，结论可能千奇百怪，无论如何也不可能都和马云同一个想法。这就是精神层面的东西！换一个人遇到这样的事，也可能感觉那个主任说得对，等一等再说；也可能直接认定还是当个主任好，没有多大风险，从容上班从容下班。

虽然都是普通人，可每一个人的魂是不一样的。因这不一样的精神层面的东西而得出的不同结论和决定，往往会创造某一个节点，这节点可能要影响你的一生。这连续的节点，将连续地引导你走上一条与他人不同的路。久而久之，一个普通人可能会离开普通人的人群，成就某项事业。在一眨眼的工夫，你会突然发现他的身上已经围绕着成功的辉煌光环，让你另眼相看了。

回首往事，每一个人都会清楚地看到人生节点上正确的方向。可是，在身临其境之时，能够准确地把握这些节点，是非常难的！特别是一些突然而来的事情，考验着你的精神层面的东西，需要你拿出准确的判断力、分析力、综合力，解决面前的问题。这就是你的“魂”在起作用！现在，回首阿里巴巴创业之后一路走来的那一个个节点，我们怎么能不佩服马云先生的智慧和勇气？

实践是检验真理的唯一标准！

当毛泽东率领他的中央红军与四方面军汇合，一系列问题来了。外有强敌，内有张国焘的八万大军不甘于中央的指挥。于是，一个又一个的节点摆在了他的面前。毛泽东凭借他的智慧和勇气，凭借他的才能，北上陕甘，落户延安。而张国焘南下失败，无奈地再一次过草地，会合中央。野心崩溃，人心丧失，他只能臣服。

事实面前，周恩来由衷地说道，我们党找到了真正的领袖，那就是毛泽东同志。有这种想法的人，包括了当时党的总书记张闻天，也包括了在遵义会议上曾经反对过毛泽东的凯丰同志。原因很简单，毛泽东在一个个红军前进的节点上正确地把握了方向，将红军带向了胜利。

事后诸葛亮是最容易的，评判他人也是最容易的。可领导一个群体，驾驭一个公司，在商海中拼搏，将一个个梦想落到实处，这其中所遇到的困难、碰到的难题，也许只有马云自己最清楚。而面对这种种困难，马云的选择是——担当！

这种担当，这种精神层面的东西，这种属于一个人灵魂的东西，的确是因人而异的。因此，作者的看法就是：马云是普通人，可他有普通人所不具备的灵魂。那灵魂的核心是什么？那就是坚持，就是不屈！

正是这“不屈”成就了马云！永不放弃，是他写在海博翻译社门脸上的四个大字，也是他精神层面的核心。不停地追求，不停地奋斗，不为世俗所包围，不为习惯成怠性。他永远在创新中打造新的起点，他的人生永远是新的里程碑。

是的，马云为了他的梦想，从来没有屈服过。哪怕是香港退市，巨额回购雅虎，他都迎难而上。

正是这个不屈的灵魂，打造了阿里巴巴，使阿里巴巴不断地创新，不断地变化，也迎来不断的成功。

他让阿里巴巴充满了活力，他永远不会一成不变，他永远不会墨守成规。阿里巴巴像一个活力四射的变形金刚，随着市场、形势的变化永远去领先潮流，去占领高地。

分拆子公司，建立七大事业群，这都是适应变化的领先之作。

目前，阿里巴巴正在数据平台上下功夫。他们的中小企业诚信数据贷款，已经比银行的实物抵押贷款领先了一步，而更大的数据平台正在研究和推广中。据说，以数据平台为基础的现代物流体系已经日益成熟，不日即可推出。

创新与拥抱变化，这的确是我们中国人最需要的一种精神财富。不要总是跟在别人后面去模仿，要勇于创新，走自己的路。不管是哪一个行业，推陈出新是最难能可贵的。随时准备拥抱变化，适应变化。正如马云所说，我们很多人埋怨昨天，抱怨30年以前的问题。中国发展到今天，谁都没有经验；世界发展到今天，谁都没有经验。我们没有办法改变昨天，但是30年以后的今天是我们今天这帮人决定的。改变自己，从点滴做起，坚持十年，这是每个人的梦想。

许多年轻人习惯了抱怨，而抱怨是最没有用的。马云说得好，我们没有办法去改变昨天，但我们可以改变眼下的自己。从点滴做起，坚持下去，你的梦想就会成真。

非常感谢张刚先生、赵建先生以及他们的《马云十年》、《马云传》，还有许多媒体的翔实报道。没有他们就没有这部《马云·路有多远就能走多远》，感激他们！

参考资料及来源

1.《马云十年》 张刚 著 2009 年 9 月 中信出版社

2.《马云传》 赵建 著 2013 年 5 月 中国画报出版社

3. 马云之痛：支付宝 VIE 的罪与罚

搜狐网 http://it.sohu.com/20110711/n313041806.shtml

4. eBay 再投资 1.5 亿美元全资收购易趣 成易趣最大股东

搜狐网 http://tech.163.com/tm/030613/030613_98078.html

5. 崛起，还是失败？ 淘宝网与易趣的“战争”

站长之家 http://www.chinaz.com/biz/2008/0415/26879.shtml

6. 中国 CTOC 巨头：淘宝与易趣的竞争分析

中国在职教育网 http://qg.onjobedu.com/zlgl/19565_7.html

7. 淘宝“篡位”跃居 C2C 第一 eBay 遭遇釜底抽薪

迪赛网 http://news.ccidnet.com/art/1032/20040707/128746_1.html

8. eBay 易趣 PK 淘宝

搜狐网 http://business.sohu.com/20051231/n241230513.shtml

9. eBay 易趣价格调整遇尴尬 收费还是免费两难

中国经济网 http://www.ce.cn/cysc/ceit/ityj/200512/24/t20051224_5618515.shtml

10. 阿里巴巴支付宝“圈店”备战 eBay PayPal
京华网 http://epaper.jinghua.cn/html/2005-07/08/content_421315.htm
11. 阿里巴巴曾鸣：淘宝正在试图定义一种新商业模式
中国高速网 http://www.cngaosu.com/a/2010/0719/65283.html
12. 阿里巴巴曾鸣：互联网的未来一定是电子商务
和讯网 http://tech.hexun.com/2008-01-08/102693802.html
13. 阿里巴巴：商业模式创新引领者
IT 专家网 http://ec.ctocio.com.cn/161/12673661.shtml
14. 马云：B2B 面临巨大挑战 私有化是对股东负责
腾讯网 http://tech.qq.com/a/20120221/000406.htm
15. 马云十年：揭阿里巴巴成功秘密
新华网 http://news.xinhuanet.com/book/2009-09/02/content_11982455.htm
16. 隐藏的对手？马云重构阿里巴巴应对危机
创业邦网 http://news.cyzone.cn/news/2012/12/17/236812.html
17. 马云重构阿里：或分拆成 30 家公司 整合为 3 家上市
网易网 http://money.163.com/12/1218/09/8J0D8TEB00253G87_2.html
18. “未来 30 年，变化的中国对每个人都是机会”
网易网 http://money.163.com/13/0511/08/8UJ5EBRN00253B0H.html
19. 马云接班人猜想：彭蕾曾鸣陆兆禧姜鹏谁有机会
全国高校网络联盟 http://wm.youth.cn/2013-01-16/201853007.html
20. 当 eBay 遭遇淘宝
网易网 http://blog.163.com/cclbanana@126/blog/static/1069087420084133255723 2/
21. 马云说：我是这样创业的
新浪网 http://blog.sina.com.cn/s/blog_521525c901009nbs.html